女人 受用一生的 理财课

全面提升女人的财商，点亮你的财富梦想

谁能给你安全感？经济独立！
脑袋决定口袋，口袋保障自由，
自由是你脸上的笑容，是你一生的幸福。

韩 菲◎编著

Nüren shouyong
Yisheng de Licai ke

中国华侨出版社

图书在版编目（CIP）数据

女人受用一生的理财课 / 韩菲编著. — 北京：中国华侨
出版社，2015.3

ISBN 978-7-5113-5237-8

Ⅰ.①女… Ⅱ.①韩… Ⅲ.①女性—私人投资—通俗
读物 Ⅳ.①F830.59-49

中国版本图书馆 CIP 数据核字（2015）第 042797 号

● **女人受用一生的理财课**

编　　著 / 韩　菲
责任编辑 / 严晓慧
责任校对 / 孙　丽
装帧设计 / 环球互动
经　　销 / 新华书店
开　　本 / 710 毫米×1000 毫米 1/16　印张 /17　字数 /219 千字
印　　刷 / 北京柯蓝博泰印务有限公司
版　　次 / 2015 年 5 月第 1 版　2015 年 5 月第 1 次印刷
书　　号 / ISBN 978-7-5113-5237-8
定　　价 / 35.00 元

中国华侨出版社　北京市朝阳区静安里 26 号通成达大厦 3 层　邮编：100028
法律顾问：陈鹰律师事务所　　　　编辑部：（010）64443056　　64443979
发行部：（010）64443051　　　　传　真：（010）64439708
网　址：www.oveaschin.com　　E - mail：oveaschin@sina.com

序

　　财富之于女人，不应该仅是一粥一饭、柴米油盐，而应该是独立的根脉，是自由的双翼，是悠长人生里的坚实屏障。

　　成功不是一蹴而就的，财富也不是与生俱来的。即便是那些含着金汤匙出生的人，如果没有良好的理财意识和理财技能，也终将一无所有。在女人的一生里，若是对理财毫无概念，那么这一生所得也将局限在一个狭小的领域里。没有天高云淡，只有蜗角之争；没有草青风暖，只有混沌生活。发了工资就维持着基本生计，物价涨了也只能无可奈何，添购一件名牌服装要再三踯躅，换一套家具后也只能捉襟见肘。生之短暂，不过百年，譬如蜉蝣。所有往日已不可追，而在余下的所有日子里，我们若想度过一段舒适美好的旅程，就必须学会理财，让理财成为我们受益一生的习惯。

　　所有的知识都需要积累，理财也不例外。它是一门教你如何打理财富的学问。女性在社会中扮演的角色总是纷繁复杂的，在职场上我们与男性各司其职、平分秋色；在家庭里，我们是女儿，是妻子，是母亲。可无论作为哪一个身份，金钱在我们的生活里总是无法避开的课题。只有学会理财，我们对生活的掌控才能更加游刃有余，而依靠着理财的智慧，我们才能更好地经营财富、投资人生、愉悦生活。而我们要从哪里去寻到引路的明灯、导航的青鸟呢？

打开这本书，你就会有所收获。本书以深入浅出的形式，向众多女性朋友展示理财的基础概念和实操方法。它规避了艰深晦涩的理论，以具体的案例和简明的讲解为大家传授理财秘诀。在轻松的阅读体验里，你会在不知不觉中收获良多。

理财之于财富，就像劳作之于稻谷。你越早学会种下财富的种子，你越勤恳地去打理照料它，它就能越早地提供你庇荫，回馈你硕果。而且这赐予中往往有出人意料的惊喜。因为财富就像魔法一样，你永远猜不到它的极限。本书会成为你手中最得力的魔棒，为你展现出无尽财富里那绚烂而迷人的魔力！

目录

Part 1
理财是成就女人的必修课

财富给予女人自由之翼

Part 2
理财常识知多少

☆ 艾丽斯问道："请你告诉我，从这里可以去哪儿？"猫回答："这要看你想去哪儿。"

财商——"财女"利器

☆ 财商不是钱，但财商可以创造钱，财商是因，钱是果；财商是种子，钱是果实。

☆ 没有市场需求的机会不叫机会，任何一个机会都是给他人满足某种需求。

☆ 我宁愿相信女人的直觉，也不信男人的理性。

☆ 打破常规的道路指向智慧之宫。

Part 3
"财女"爱财，取之有道

财富的来源

☆ 知识的价值不在于占有，而在于使用。

☆ 信息是人类传承文明、把握未来的载体。

☆ 一个成功的创业者，必须具备三个要素：眼光、胸怀和实力。眼光决定你事业的长度，胸怀决定你事业的宽度，实力决定你事业的深度。

工作：最直接的"芝麻开门"

创业离我们并不远

Part 4
理财三部曲：消费、储蓄和投资

投资要有经济头脑

理财计划里的聚财窍门

理财，这些事项要警惕

Part 5
一些过日子的小学问

花钱花在刀刃上

节俭而体面地生活

Part 1
理财是成就女人的必修课

　　财富是要靠经营的。只有学会理财，我们才能利用手中有限的资源，打造属于自己的王国。但在很多女性的认知中，理财往往意味着艰涩枯燥的数据表，抽象难懂的概念，还有一堆烦琐而不知所云的理论。这些都会让人望而却步。但在女人的一生里，如果对理财毫无概念，那么她就失去了让自己生活幸福的前提。没有对财富的规划，那你的一辈子可能就只能依靠男人生活或者在固定工资的支撑下应付来自家庭和社会的双重压力。没有理财意识的你只能像无根之萍、无主之舟一样在生活的浪潮里浮沉无依，所以真正成熟、优雅的女性必定会将理财作为自己人生的必修课。

财富给予女人自由之翼

女人是感性的动物，她们总是容易被很多事、很多人所牵绊。她们情感细腻，乐于付出，有着一种天生的牺牲精神。社会从来都是苛刻的，可她们惯于忍耐。她们有意无意地被束缚着，这些束缚的因素可能是伴侣、孩子、家庭、伦理、爱情、责任，等等。

或许她们心甘情愿背负，但渴望自由却是生而为人的天性。而财富是将女人从苍茫大地带向广袤天空的前提条件。因为当一个女人真正在经济上实现了独立，在物质上没有了后顾之忧，现实的压力就会失去它大部分的重量，她的重心才会从"生存"转移到"生活"，进而开放到"人生"，她的精神才会开阔起来，她的思想才能实现真实的自由。正是财富赠予女人自由之双翼。

1. 获得经济独立，拒做攀附的菟丝花

☆ 在两性关系里，经济上依赖男性的女性很少具有话语权。

☆ 不管承担着怎样的社会角色，女人需要从经济独立开始，拥有自己的朋友和社交，作为独立的个体，在为自身建立安全感的同时，获得生而为人所应有的尊严和自由。

张小娴曾说："女人想要的东西不外三样：男人、爱情、安全感。"前两者都好理解，可你有没有考虑过"安全感"到底从何而来？你又是

否意识到，这个安全感包括了精神与物质两个层面。所以矛盾就变得异常突出。找一个能给你爱情但没钱的男人，你在物质上就会缺乏依靠；找一个有钱但没有感情基础的男人，你在爱情上就会没有寄托；如果一个男人既有钱又能给你爱情，你又要担心这美好的一切是否能够经受时间的考验. 说到底仍是没有安全感。因为白马王子可以把你拉上马，也能把你扔下马。只有在你自己也拥有一匹马时，你才能和他并肩而行，甚至加速甩开他，去寻觅更远的风景。可惜很少有女人会意识到这点。

《倾城之恋》中白流苏长在大家族中，是一个在时代洪流中平凡得不能再平凡的普通女子。离婚后，她在一个偶然的场合下结识了富商范柳原。"在日常世界里，他们间存在一场征服的战争，他们内心明争暗斗。什么是真的？什么是假的？她只喜欢他用更优厚的条件前来议和。但是在这个不可理喻的世界里，谁知道是什么因？什么果？谁知道呢，也许就是因为要成全她，一个大都市颠覆了。"

香港的陷落成全了白流苏，她如愿以偿地成为了范太太。但范柳原不再"跟她闹着玩了，他把他的俏皮话省下来，说给别的女人听"。这场水到渠成的婚姻仍旧折射着怅惘的世情和女性的无力。正如张爱玲的反讽"到处都是传奇，可不见得有这么圆满的收场"。一个女人以仅剩的青春和命运作为赌注，来获得稳定生活的保障和依靠，没有什么比之更可悲的了。

在炮火纷飞、颠沛流离的时代，女性总是显得弱势而无奈，只能任凭命运的摆布。而在当代生活中，女人应该占据怎样的社会地位呢？在职场和家庭生活中，女人又应该如何定位自身呢？

独立是女性成全自己的一种很高的境界，它需要全新的价值观和良好的心理素质。在不少婚姻关系中，女人为了家庭做出了诸多牺牲。事实上，女人应该具备这样一个基本意识：家庭的幸福并不是以牺牲自我为代价的，无论是作为妻子还是母亲，都应该实现自己的价值，而不是

在日常琐碎的消磨中成为一株习惯攀附的菟丝花。在两性关系里，经济上依赖男性的女性很少具有话语权。而经济上独立的女人则占据了这样一种优势：在与自身权利与地位相关的问题以及家庭大小事务的决策上，她们具有选择的资格和抗争的力量，而不是寄希望于另一方的态度和立场。从这个层面来说，只有经济独立的女人才能获得安全感，因为她们的思想和行为都可以按照自己的意愿支配，而不是作为一个傀儡任由他人主宰。

不管承担着怎样的社会角色，女人需要从经济独立开始，拥有自己的朋友和社交，作为独立的个体，在为自身建立安全感的同时，获得生而为人所应有的尊严和自由。

陈燕妮的媒体从业经历十分传奇。她曾任美国中文电视台记者，后为《美洲文汇周刊》的创始人，曾出版过《告诉你一个真美国》《纽约意识》等畅销书。

在她看来，一个女人首先应该独立，有了成功事业的女人才会有足够的自信体现出气质的优雅，而这种自信比年轻美貌的自信来得更有底气。

一次访谈中，记者问道："听说在美国有很多全职太太，她们的生活全部围绕家庭，相对简单而压力较小，你有没有考虑过这样的生活呢？"

"从来没有。"陈燕妮坚决摇头，"我无法想象向别人伸手要生活费的滋味。我曾经因为工作的转换而在家待了几个月，那段时间太可怕了。除了老公以外，精神没有任何依托，整天无所事事，到后来看见老公都小心翼翼的，现在想想有点好笑。美国的报刊竞争非常激烈，我做的事等于和美国的男人们抢饭碗。但我宁愿在外拼搏，争夺自己的天空，也不愿待在家里洗衣做饭，等老公回家。"

拥有独立的经济来源，以付出劳动的方式来获得金钱是辛苦也是快乐的，看到自己中意的衣服和化妆品可以不用顾忌他人的阻挠而理直气壮地获得，这与寄希望于找一张"长期饭票"的生活方式是截然不同的。且不说你能不能找到，就算找到了，万一这张"饭票"脾性不定、独裁专断，你就会事事受制于人，甚至长期在他人脸色下行事。而经济实现独立的女人不仅在物质上摒除了这一烦恼，也从精神上得到了有力的支持。而事业上的成功又从侧面证实了女人内心的强大和成熟，无疑这样的女人会更受周围男人的尊重和青睐。

所以经济上的独立才是实打实的，世界上最可靠的人只有自己，世界上对自己最好的人也是自己，只有好好管理自己的财富，在经济上实现自己的独立，才能在生活和事业上更加淡定从容，在心态上获得一种稳定的安宁状态。

2. 柴米油盐皆是钱，游刃有余人人羡

☆ 爱情可以用今生一世眼泪还昔日浇灌之恩，婚姻却必须用一辈子的柴米油盐来施肥，方得尘世间的点滴幸福。

☆ 双十年华时，你或许正憧憬着一隅温馨小居；而立之年时，你可能正在辛苦经营着家庭与事业的微妙平衡；不惑之年时，你也许已经真正平和。可任何时候，我们都必须面对一个现实：那就是我们随时随地都在与钱打交道。

"不当家不知柴米贵"，这是长辈常用以教育小辈的话。事实上，也的确要到当家后你才会突然发现：一粥一饭都来之不易，油盐酱糖也都要精打细算。生活中要花钱的地方实在太多了。如果将我们的生活比作一场盛宴，那么我们要做到的就是让我们的金钱像汤中的盐一样，在恰

当的火候上，适时适量地分散在生活这道珍馐中。

掌握好日常开支的"火候"，对于金钱的分配分清轻重、缓急、多寡，那么你就能收到事半功倍的效果，这样游刃有余的生活步调自然会人人称羡；反之，你没有恰当的财务规划，那你的生活很可能因为一点突发的状况就乱了节奏，陷入混乱浑噩的灾难里。

一对热爱音乐的男女因为偶然的机会相识了，他们彼此欣赏、一见钟情。不久，在家人的反对声中，他们毅然地选择了结婚。他们相信爱情能够战胜一切，他们不怕贫穷，在外面租了一间便宜的房子，依靠教授音乐为生。一年之后，他们的孩子也出生了。

现实的婚姻生活是琐碎的。那些原本温馨甜蜜的日子，开始渐渐地平庸起来，吃饭、交房租、水电费、奶粉钱等日常开销常使他们应接不暇，捉襟见肘。他们有限的生活费是固定的，几乎是一分钱掰成两半花。为了节约开支，他们每天不是吃酱油炒饭，就是吃清汤挂面，一盘青菜炒肉丝就算是改善生活了。他们不再以恪守清贫为乐，以相依为命为美了，遇到下雨天，看着漏雨的房子，再也没有了隔窗观雨的闲情雅致。

一天，他们在练琴时听到了窗外卖梨子的吆喝声，丈夫想要买几个梨子，而妻子不让，两个人激烈地吵了起来，妻子一气之下回了娘家。

屋漏偏逢连夜雨。几天后，小偷又将家中剩余的家当洗劫一空，他们的小屋显得更为空荡了。为了赚钱，丈夫和别人去赌钱，结果把家里的生活费、儿子的奶粉钱都输得精光。看到丈夫堕落颓废的样子，妻子无奈，她只有作更多的兼职。可是这一切仍然无法改变他们的生活，最后他们还是离婚了。年轻的妻子带着幼儿过得孤苦伶仃、心力交瘁。

现实总在无数次地告诉我们：当爱情遭遇面包时，曾显得无比忠贞与无垢的爱情常常是完败的一方。"白首不相离"的美好愿望在贫贱夫妻的日常生活里最终会被磨成齑粉。当争吵与疲惫无数次地发生，所有的美好都将在记忆的角落里蒙尘。显然，现实不是童话，更不是戏剧，物质上的匮乏带来的压力也会在精神上造成伤害，让无数佳偶变成怨侣。有些清高的女孩会觉得将金钱挂在嘴边过于庸俗，可一旦脱离父母的保护圈，真正进入生活，你会突然意识到，没有钱，我们真的寸步难行。

反之，如果你能游刃有余地应付各种生活开销，井井有条地安排柴米油盐，就不用为一日三餐、孩子升学、父母养老愁眉不展。

李维珊结婚多年，平时由老公负责家庭生活的大部分开支，而她自己的工资则主要用于购买衣服首饰。一天，儿子在放学途中发生意外，因未留意红绿灯而让车刮了一下，直接被送到医院，李维珊一下就手足无措。自己的钱被投入了衣饰消费里，老公的钱都用在了投资里，婆家和娘家又指望不上。突发的状况让她陷入了前所未有的困境。向朋友借钱时，有人还露骨地表现出了很不情愿的态度。

她从这次事件里突然明白：女人必须学会理财，绝对不能当"月光族"。月有阴晴圆缺，人有旦夕祸福，"无常"二字可能出现在平淡生活的各个角落。只有学会未雨绸缪，才能在意外来临时冷静应对，理智处理。

人不可能永远平安顺遂，就像生活不可能充斥风花雪月。偶像剧中的王子不会在你身陷泥淖时从天而降，少女漫画里的骑士也不会拯救你于危难。平淡琐碎才是生活的主旋律，而日常节奏里，惊吓出现的概率也远远大于惊喜。

在现代家庭中，女性往往掌握着财政大权。从柴米油盐酱醋茶到婚丧嫁娶乔迁礼，从孩子的教育升学到父母的安顿赡养，从家庭投资的"钱生钱"到人身安全的保障金，如何让现有的钱财利益最大化，就是理财的哲学。女人应该明白，家庭理财之道贵在细水长流，要让口袋里的钱花得有痕迹，去得有效益。

3. 物质富足：现实不再是理想的深渊

☆ 从此我不再仰脸看青天，不再低头看白水，只谨慎着脚步，我要一步步踏在泥土上，留下深深的脚印。

☆ 有时候，赚钱与实现理想之间只有一线微妙的距离。你不能离任何一端太近，离钱太远，理想终究会变成幻想；而向赚钱靠得太近，理想也就失去了激荡人心的魅力。

☆ 当现实折过来贴在我们长期的梦想上时，它盖住了梦想，与它混为一体，如同两个同样的图形重叠起来合二为一一样。

理想是因为有实现的可能才不是妄想。很多女性朋友在少女时代就会有很多憧憬，有时从中就可以窥见理想的萌芽。待年岁渐长，理想逐渐从雏形中成长起来，有了完整清晰的面目，它就演变成了学习、工作的动力，成为一个看似遥远却具有可行性的目标。可在社会摸爬滚打几年后，很多女性却被越来越紧迫的现实节奏磨灭了棱角。匆匆地恋爱、工作、结婚、生子。曾经为之燃烧的理想就这样被埋葬在现实的深渊里，也许只会在午夜梦回时悄悄探出一点触角。

等我有了钱，我可以恣意地去装点我的森林木屋，我可以建造我的奢华宫殿；等我有了钱，我可以游遍五湖四海、人间仙境；等我有了钱，我可以在事业的巅峰去把一个成功女人的故事演绎成一个只可仰望的美丽传说，去体验一把奇迹的再现；等我有了钱，我还会经营一个心仪已久的咖啡店，那里有摇曳的灯光和温馨的桌布，我可以在怀旧的旋律中去倾听一个个或婉转或多情的誓言……

这是小艾发在微博上的一则日志。她的文字虽然带着点梦幻色彩，但确实描写了自己理想中的美好生活，更是道出了无数同龄女孩在向往未来时或多或少会拥有的期许。可是显然，这些看着十分瑰丽华美的梦想，如果没有金钱的支撑，那么无异于雨后的彩虹，看着的确让人心旷神怡，但终究可望而不可即。那只是虚幻的空中之桥，从来不能让人到达未知的彼端。由此可见，只有物质上的富足才能让你的理想跨过现实的深渊，在歧路横生的大地上走出坚实的脚印。

金钱从不万能，但它的缺失会让人觉得万万不能。金钱买不到食欲，但它可以买到食物。如果连食物都买不起，食欲只会是一种折磨。金钱买不到理想，但它可以买到实现理想所必需的硬件储备，如果连基本的物质基础都不具备，理想只会是一种奢侈的负担。而聪明的女孩会采用更为迂回的方式达到自己的目的，或许你可以从下文得到启发。

薇薇大学毕业就只身去了深圳打工，她去深圳纯粹是为了赚钱。她的理想就是将来能够专心地搞自己的文学创作，但照现在的情形来看，一个助学贷款还没还清的人，在家专心创作根本不可能，毕竟作家也不能餐风饮露，得靠吃饭活着！

对于她的决定，很多朋友都表示不解："你那么喜欢写小说，为何要放弃自己的理想去做自己不喜欢的事呢？精神比物质要重要，你刚毕业就这么媚俗，将来怎么能够写出好的作品来呢？"

薇薇说："基本的生存问题都没解决好，我能安心吗？我总不能天天饿着肚子去写小说，向别人宣扬精神比物质重要！虽然，大多数人可能认为我的想法很俗，可摆在我面前最现实的问题就是：我得生活。金钱和远大的理想无法相提并论，但是金钱在实现理想的过程中必不可缺，有了钱我才能更快地靠近理想。"

为了自己的理想，薇薇在深圳待了几年。起初，她只是在服装厂做设计，因为她工作勤奋，两年后就成了厂里的中层干部。在积累了大量

的人脉资源后，她毅然离开了这家服装厂，在朋友的帮助下开了家服装店，生意很不错。一年之后，她就赚到了比当中层管理者多两倍的钱。有了经济基础的她也终于可以安心地搞自己的创作了！她让在家务工的妹妹和表弟到深圳帮她照看生意，她只身一人在家搞创作。如今，她在文学界已经小有名气了。

在传统的论辩中，金钱与理想仿佛是鱼与熊掌，永远不可得兼。为了赚钱，理想就必须束之高阁；为了理想，金钱就必须被视若粪土。而事实上，这两者并非不能互相成全。从薇薇的事例可以看出，一个理智的女孩在追求理想的过程中是需要讲究策略的。文学创作需要想象，但不能脱离现实。如果薇薇刚毕业就决定恪守清贫、潜心创作，那么她面临的可能不仅是经济上的拮据，更可能是理想的夭折。没有物质基础的理想，就是一座空中楼阁。横亘在理想与现实之间的并不是金钱，而是面对现实的勇气。聪明的女孩应该这样想：我们匍匐在地上，不是为了向现实屈膝，而是为了离地心更近，可以更好地聆听花开的声音。

4. 一个"养"字几多屈辱，自立人生不要辜负

☆ 舒婷这样写过，我必须是你近旁的一株木棉，作为树的形象和你站在一起。根，紧握在地下，叶，相触在云里。每一阵风过，我们都相互致意。

☆ 女人无法在厨房中要求独立，学会理财才是让人生归属自己的基础。

☆ 谁敢保证会照顾你一辈子？所以非自立不可。

可能会有女性朋友觉得："自古以来，男人养女人天经地义。"相对地，如今的男性也会理直气壮地说："我娶的是老婆，不是公主。"事实

上，当一个女人在经济上只能依赖男人时，那么但凡婚姻关系出现波折，女人只能处于被动退让的地位，甚至在婆婆面前也永远无法挺直腰杆。即使过错方在男方，有恃无恐的也是男性。因为需要靠男人养的女人一旦脱离家庭，今后的生活将无以为继。

发生争执时，女性可能会诘问："你凭什么这样对我？"男性只用一句话就可以堵回所有的指责："就凭我养你。"一个"养"字透露出的却是女人难以与外人道的辛酸和屈辱，所以女性一定要自强自立，只有经济上实现独立，人格方能独立，这才不会辜负本应美丽优雅的人生。

叶田田在校时一直是"女神"式的人物，她五官端正、气质出众，而且无论是艺术还是体育，都是各领域的佼佼者，是名副其实的美丽才女。人人都觉得她前途不可限量。可在几年后的同学聚会上，却有人说起了她的负面消息。原来，她一直将找个高富帅男友作为自己最大的人生目标。她纤纤玉手一指，老公乖乖埋单的生活才是她的期望。因为要求过高，直到30出头，她才找到一位在风投公司工作的男友。美好生活过了不到一年，男友便开始质疑为何她整天在家闲逛，既不出去工作，也不承担家事，争执和矛盾日渐激化。

把全部希望寄托在男友身上的叶田田一点存款都没有。同时，由于感情基础尚浅，男友很快找到了新的年轻女孩交往。而头上出现白发，眼角处细纹隐现的她自然无法接受韶华已逝的事实，仍在寻寻觅觅找她梦中的理想男友，只能令旁人扼腕。

俗话说："拿人钱财，矮人三分。"女性尤其如此。如果女人事事依靠男人，靠男人养活，一旦发生变故，无论是生活还是感情，所剩下的便只有怨恨与无措了。而很多需要从零开始的女性，不但青春不再、良机失尽，甚至连维持自己的基本生活需求都成了问题。故而不要再把"嫁得好"作为人生的终极目标，因为婚姻可以成为"财"之源泉，亦可变成"债"之枷锁。

在现代社会，男女双方对于自己伴侣的期待度是不一样的。女性希望找能让自己免于吃苦受累、奔波劳碌的男人，而男人求的是能和自己同甘共苦、并肩而行的女人。如果将男人比喻为一棵大树，那么真正睿智的女人除了去找到适合自己的那一棵树外，更重要的是将自己也培养成一棵坚实可靠的树，就像舒婷《致橡树》里吟诵的一样，作为爱人身旁的一株木棉，"你有你的铜枝铁干，像刀，像剑，也像戟；我有我的红硕花朵，像沉重的叹息，又像英勇的火炬，我们分担寒潮、风雷、霹雳；我们共享雾霭、流岚、虹霓，仿佛永远分离，却又终身相依"。

无论单身还是已婚的女性都应该早日确定下人生的目标，找准自己的人生定位。况且现代女性多数能力并不低于男性，独立承担自己的衣食住行绰绰有余，只要认真打点、悉心经营，完全没必要用自己的年华和美貌去交换男人的财富和权力。

山谷里有一株百合，它有着清雅的花色和淡淡的香气。一只云雀被百合的美丽吸引，来到它身边。云雀说："你的美丽真令人惊叹！可惜你长在深山，如果和你的那些同伴一样，被养在繁华的闹市，不知会惹来多少赞赏的目光。"百合但笑不语。

云雀继续说道："你看，身为百合，你有更胜于百花的姿色，却偏偏因长在荒野而无人问津，它们却是娇生惯养，每日被人称美。我听人说'心比天高，命比纸薄'就是你这样吧？"

百合淡然道："你不过是个过客，又怎么知道我的幸与不幸呢？我每日饮晨露，伴朗月，与清风耳语，与彩蝶论交，自食其力，不会指望着他人的灌溉，不会生活在他人的目光里。若是长在闹市，我就要乞怜于他人的怜悯和施舍。花无百日红，一旦他朝凋零，曾经赞美的看客都会变成践踏的路人。到时，我又能在尘世徘徊多久呢？"

云雀听了，悻悻地飞走了。

百合长在山间，而得逍遥与自在。如果它如云雀所想，选择栖身闹市，依赖人群，那最终也逃不过委顿成泥的下场。人同此理，习惯依赖就容易迷失自我，迷失自我更深一层就是丧失自我。不再自我思考，不再自我选择，不再自我决定，不再自我负责，一旦可依赖的人离开或消失，那么被留下的人将会丧失继续生活的能力和重新开始的魄力。

夏娃由亚当的第二根肋骨获得了生命，女人却不能就此成为男人的附属品。身为女人，你必须拥有自己的生活方式，同时也留给自己的爱人足够的空间。当你学会与爱人并肩，而不是习惯依附时，生命将会呈现出一种更加优雅而绚烂的绽放之姿。

5. 有钱、有闲

☆ 面对生活，我们总是不知满足，脚下的步子迈得草率盲从。焦躁的渴望让我们的人生在忙碌中变得流俗粗糙。

☆ 走出用时间换金钱的误区，学会去享受你所拥有的金钱，也不要拒绝那些不期而至的空闲。

"有钱才能有闲"这个理念中的"闲"并不是无所事事的闲，而是指在衣食无忧的前提下拥有更多可以自由支配的时间。相信很多职业女性都会面临这样一个尴尬的境地，那就是：没钱，没时间。因为没钱，所以在现实的压力下就必须低头。为了维持自己的生计就必须拼命做好自己的工作，不能因为任何一点疏忽而失业，然后就只能出卖自己的时间和自由用以赚钱。除了法定节假日，时间对这些女性来讲只能是一件奢侈品。

很多人都曾有过这样的体验：每日忙忙碌碌，行程总是满满当当，

却会在偶尔的空闲时感到一阵茫然——我到底在忙什么？真正的知足在于内心，可忙碌并不能带来踏实的感觉。所以现代人特别容易陷入的一个窘境就是"忙、盲、茫"。在心理状态上，忙碌只是带你陷入更深的盲目和茫然之中。更可怕的是，这种空虚无着也不能挽救你岌岌可危的财务状况。没钱没时间，越穷越折腾，这是一个无解的恶性循环。

那些拥有经济独立的女人才有可能真正做到"有闲"，因为不为钱所累后，就不用为薪水而发愁，也不用担心几天不去上班，生计会出现什么问题。如此一来，闲暇时间自然就会多起来，而且人的心情也会清闲起来。拥有了这"双闲"后，你也自然会成为生活的主宰者，看庭前花落，观天上云舒，何处不得自在呢？

再者，如果能够拥有足够多的钱，你的休闲活动就不必再局限于平常人都想去的山水之中了，你可以自由随性地选择，可以自驾出去旅游，可以自由地选择蹦极、潜水、漂流等运动，还可以去参加各种画展，去看演唱会，去世界各地了解异域民俗等。你可以尽情地参与到各种有益身心的活动里，待度假归来，你会有更大的动力去从容安排工作，从而让有闲生活继续发挥其良性功效。

麦可·勒巴夫著有《钱与闲——享受财富人生十大选择》，他是个彻底实践有钱有闲生活的人。曾在大学商学院任教的他，在35岁时就充分地认识到有钱有闲人生的重要性。他为了早日让自己告别"没钱，没时间"的日子，便积极地探寻又富闲的方法，并将这些理论付诸实践之中。最终，在他47岁的时候就过上了有钱有闲的生活。

那么，在生活中，达到什么样的财富标准才能彻底告别"没钱，没时间"的生活呢？

麦可·勒巴夫在他的著作中，回答了这个问题。他告诉我们要彻底实现有钱有闲的生活目标，必须要熟练地掌握以下四种技能。

第一，有赚钱的能力，并且有足够的闲钱进行投资。

第二，要熟谙消费之道，洞悉省钱之道，要过"有钱有闲"的生活，并不是要将赚来的每一分钱都花掉，也并不是靠借钱来维持这种生活。

第三，要精通投资之道，无论市场兴衰起伏，都能想方设法让你手中的资金持续不断地升值。

第四，要懂得如何去享受你所拥有的金钱，因为怎样合理地花钱比如何去挣钱是更为困难的一件事情。

这四种技能能帮助我们更快地掌握有钱有闲生活的诀窍。能赚钱、善投资，消费时可以克制膨胀的欲望，会攒钱更会花钱，对自身的财富有明确的把握。既不能一味守成，也忌讳一意铺张，只要在心中有一本收支的明账，就能真正开启有富又闲的生活。

6. 知性"财女"的勇气——不一样的道路

☆ 除了丰富的知识和可靠的判断外，勇气是你所拥有的最宝贵的财富。

☆ 世界上的每一朵玫瑰花都有刺，如果因为怕扎手，就此舍之，那么你永远得不到玫瑰的芬芳。

☆ 泪水和汗水的化学成分相似，但前者只能为你换来同情，后者却可以为你赢得成功。

在"精品女人"的评定标准里，"三Z"是一个极为流行的概念，分别指：姿色、知识、资本。显然前面两条还是挺符合传统标准里的"才貌双全"一词，第三个"资本"却较少有女性可以达到。因为女性的理财意识相对淡薄，不会投资，对财富没有规划的女性是很难完成从

"才女"到"财女"的转变的。如果选择完成这一华丽转身，那么你需要的是破釜沉舟的勇气、富有远见的规划和持之以恒的行动。这是一条少有人走的路，它可能陷阱重重，也可能暗藏宝藏，就看你是否有意踏上这条注定不一样的道路。

肖辰毕业时因为成绩优异、能力突出，而被一家外资企业签下，成为该公司的企划专员。这一顺利的过程被很多东奔西跑忙着求职的同学所美慕。然而出人意料的是，肖辰在一年后就向公司提出了辞职。她选择了和朋友一起创业，把手里所有的存款都用于公司的筹办上。在身边多数人的反对和不解中，一家小型的广告公司在肖辰的坚持下正式成立。

公司起步阶段，肖辰白天与客户商谈，晚上还要俯首文案，身心承受力都被拉到了极限。家人也劝她放弃，认为这样的生活既艰辛又看不到成果，还不如待在一家公司里，安稳又踏实。面对众人的质疑和责问，肖辰总是沉默以对。

功夫不负有心人，肖辰的创意渐渐为客户们带来了巨额收益。客户越来越多，口碑也越来越好。仅仅三年时间，肖辰的公司就从四人扩展到30人的规模。最终肖辰在自己的努力下，拥有了自己的事业和家庭。

拥有独立思想的女人才是勇敢的女人。做自己认为对的事情并坚持下去，不因外物而动摇，才能说是真正成为了自己命运的主宰。人之一生，短如蜉蝣，女人的青春则更为短暂，在那些最美好的年华里，用力地活出自己，在无数的荆棘环绕里，探索那条少有人走过的路，就像肖辰的个案，事业上的奋斗带来财富上的满足，财富上的满足又会进一步拓宽你人生的道路，赋予你选择的自由，真正为自己的人生掌舵。

著名作家梁凤仪14岁那年，父亲的股票生意遭遇滑铁卢，家道因此中落。在父母的辛苦支撑下她才顺利完成学业。

在与男友何文汇完婚后，梁凤仪侨居英国，后又随丈夫到了美国。

身处异国，工作极为难找，虽有丈夫的工资支撑，生活依旧很是艰辛。在这样紧衣缩食的日子里，梁凤仪到一家中餐馆身兼数职，一分一角地攒下了日后白手起家的第一桶金。

后来她回到香港后，发现身边很多朋友因工作关系，在照顾小孩、料理家务上分身乏术。联想到以前自己的兼职经历，她产生了雇女佣帮人解决这一生活危机。她敏锐地从中嗅到了商机，投资创办了碧利菲佣公司，为香港家庭引进菲律宾女佣，可以说成为了香港社会发展史上不可磨灭的一笔。

即使在捉襟见肘的异乡生活里，梁凤仪仍然依靠省吃俭用积累了创业的起步资金。由此可见，眼光长远的"财女"无论处于何种境地，都会在理财上有自己缜密的打算，在未来的规划中占据主动权。这样的魄力使她们走上了不一样的道路，看到了不一样的天空，最终也进入了不一样的世界。

理财是一项长期的系统工程，它应该贯穿于你的一生。知性的"财女"懂得存钱，也懂得花钱，不乏细心，更舍得坚持。也许在未来的某一天，这份长效投资就会给你带来命运的转折，那可能就是你生命里意料之外的礼物。

人心有参差，金钱无善恶

"金钱是万恶之源"这种说法在有一段时间内非常盛行。金钱就真的如此罪大恶极吗？显然这一说法是有失公允的。就像"水能载舟，亦能覆舟"，金钱本身不过是人们用以交易的货币，并无是非善恶。只不过因为使用的人不同，才导致其结出了善果或恶果。

在一些女性眼中，尤其是那些天真尚存、不谙世故的女孩们，金钱几乎就是"庸俗""肮脏"的代名词。而事实上造成这些"污名"的根本是人心的差异。你可以试想一下：如果一个人拥有大量财富，却没有健康的心智，那么就可能在欲望的诱惑下失去理性，用钱作恶；反之，如果一个同样富有的人却有悲天悯人之心，那么他就可能用钱来济世行善。可见，在学习如何理财之前，树立正确的金钱观是十分重要的。

1. "女强人"不只是个梦

☆ 虽然女性的体力比男人稍差一些，但是在其他方面她们和男人是没有任何区别的。只要你有智慧，有进取心，有好的人品，你也可以取得成功。

☆ 女人，你的名字是弱者；女强人，你的名字是强者。

女强人总能引起人们更多的探究和关注。她们的领袖气质和强者魅力都深深吸引着大众的目光，因为与女性传统的"柔弱"相悖，她们总是展现出一种近乎疯狂的创造性和坚韧得如同钢铁般的意志力。相信每个女人都是一支潜力股，套用玫琳凯·艾施的一句话："如果你想你能，你便行；如果你想你不能，你便绝不行。"

尤拉莱蒂从 16 岁起跟随父亲闯荡商界，是世界闻名的女强人。她最开始是在一家大公司担任秘书，月薪只有 50 美元。收入不多却被她存下做了粮食和副产品的投资生意。小有资本后，她瞅准了美国钢铁业热潮的契机，在一家老式钢铁厂拍卖时，不惜重金获得了这家钢铁厂的产权，这也成为了她日后登上商界巅峰的起点。十年后，她成为了美国名人榜上屈指可数的女强人。

在女性权益已经得到很大保障，女性地位得到显著提高的当代社会，依然有很多女性在潜意识里将自己归类为"弱者"，将职场定位为男人的战场，在创富上甘居人后。可是你只要稍稍关注一下财经新闻，就会发现近年来有越来越多的女强人进入人们的视野，在一般由男性垄断的富豪榜上占据一席之地。由此可见，女性不但能拥有一份独立的事业，而且能将这份事业做成"大蛋糕"，实现自己的创业梦想。据权威部门统计，2011 年全球女性创业人数已经超过创业总人数的 1/3，甚至在某些特定领域会占到更大比例。在美国，有 80% 的女性在为自己打工；在加拿大，有 40% 的女性经营着自己的公司。在这个仍旧以男性为主导的社会，女性的力量在迅速扩张，更多女强人的出现不仅证明了女性创业成功的可能性，也为创富浪潮注入了新鲜的活力。

而反观这些女强人的创业经历，你会发现她们中多数都是白手起家，创业之艰是她们的传说里最接地气也最不可思议的一部分。

玫琳凯·艾施在 46 岁时以 5000 美元储蓄款开办了玫琳凯美容公司。她仅上过高中，创业时已经是三个孩子的母亲。就在公司开业前夕，她的丈夫去世，连她的律师都在规劝她赶紧撤资，否则她可能到最后"身无分文"。可她仍然坚持了下来，并建立了多层次直销组织，开

创了全新的美容品销售办法。到 1993 年，玫琳凯化妆品公司成为美国最大的护肤品直销商，在全球 19 个国家拥有超过 25 万人的美容顾问，也是美国第二大美容品直销企业，仅次于历史悠久的雅芳公司，同时成为全球第三大化妆品公司。她常说的一句话是："上帝从来不造无用之材。所以你能拥有并成为你所希望的一切。"

在这些案例之前，性别、学历、见识诸多阻挠女性踏出创富之路的因素都显得微不足道了。关键仍在于：你想创富吗？你能为之付出多少努力？即使只有千分之一成功的可能，你也坚持吗？

当然创富有一千种方式，女性的成功也并非一定要站在风口浪尖，在适当的位置做合适自己的工作也会有殊途同归之效。如果你有意进入以下某种行业，也是极有可能收到丰厚回报的。

第一，公关咨询类行业。女性天生的沟通能力、协调能力、交际能力优于男性，这是一个极易让女性发挥出传统优势的行业。如果你活泼好动、善于表达，那么或许这里会成为你的掘金之地。

第二，创意执行类行业。由于工作内容和工作地点一般都具有弹性，这一行业也非常适合想兼顾家庭的 SOHO 族，这其中包括广告文案、翻译编辑、造型设计、动画编剧等。如果你具备天马行空的想象力和出彩的文字表达力，那这个自由的领域一定会对你所有的金点子敞开大门。

第三，信息传播类行业。在信息爆炸的时代里，在资讯上领先他人也等于占得先机。媒体以各种平面或立体的形式渗透在每个人的生活里，而女性特有的敏锐触觉和犀利视角会在这个众声喧哗的行业里大放异彩。

每个女人心中都应该拥有一个成功梦。女人要学会赚钱，这并非只是为了满足物欲，也是维护生命尊严的一种方式。当然光想不做是徒劳的，你需要锤炼自己的眼光，加强自己的行动力和耐挫力，不畏吃苦，善于协作，关键时候更加要具有破釜沉舟的勇气。让这些素质都成为你的储备，静候时机、厚积薄发，也许有一天，你就成为了他人眼中的传说。

2. 莫让"恐钱症"咬住你

☆ 不要轻率地对待金钱，因为金钱反映出人的品格。

☆ 越早地处理掉关于金钱问题的恐惧，就能越早地创造出更多的金钱。

　　"恐钱症"是一种笼统的说法，具体而言，就是指对于金钱本身或与金钱相关的问题怀有恐惧心理。与金钱相关的问题包括失业、负债、贫困、投资失败、透支消费，等等。被"恐钱症"困扰的女性其实处于一种心理失衡的状态，她们无法面对生存压力，只能选择消极逃避，可潜意识里又明白逃避无法解决问题，所以抑郁焦躁化成恐惧的形式表现出来。恐惧就像一头巨大的野兽被囚在狭小的空间——你的心里，伺机而动、择人而噬。而你就是它唯一的猎物。提高警惕，克服阴影，千万不要被它咬住，否则你将很难安然无恙地全身而退。

　　我担心如果我失去现在的工作，还能找到其他的工作吗？

　　我担心如果因为业绩不好而被老板炒了鱿鱼，我要怎么维持生计呢？

　　我担心如果我的朋友们知道我挣多少钱，她们会不理我。

　　我担心丈夫会离开我，那时我该怎么继续以后的日子？

　　我担心如果我投资失败，全部的积蓄都打了水漂该怎么办？

　　我担心我将来怎么去支付孩子的教育费用呢？

　　我担心我会成为一无所有、无家可归的人。

　　我担心如果男朋友知道我有这么多的债务，他还会和我交往吗？

　　以上种种都来源于几个女人最真实的心理忧虑。仔细看这些假设和

担忧，虽然涉及了生活中诸多情景，但无一例外地都表现出了对金钱的恐惧。而更明显的是，还有一部分当事人仍囿于表面现象，而没有关注到"金钱"这一关键词。对金钱的恐惧确实影响她们实际的生活，甚至有人会在这种焦虑的心理暗示下渐渐放大这种恐惧，轻者阻碍她们对于金钱的驾驭能力，重者扰乱她们的生活秩序，压力会让她们苦苦维系的平和表象迅速崩塌。畏惧的心理一旦滋生，就会像藤蔓一样缠缚住心灵，缩小你的生存空间，让你自我贬低为一个一无是处的人。

如果你也曾有过如上的某些担忧，或者你现在正在被其困扰，那么直面它们将会是你战胜它们的唯一途径。当然如果你未曾有过这些隐忧，那也可以引以为鉴。心理学家指出，克服恐惧与担忧的最佳方法就是能够坦然地将它说出来。当你把自己的恐惧说出来后，你就会发现你的身后并没有魔鬼，接下来就可以坦然地面对那些恐惧的事情了。例如，当你为没有足够的钱去支付话费账单而产生恐惧的时候，你可以将这种恐惧说出来，告诉自己，这个月的账单可能要晚一些去支付了，让自己放松下来。

还有一点需要注意的是，你要树立信心，不能让一些"钱在我手中根本留不住""我不能掌管大量的金钱""我现在一贫如洗，未来也暗无天日"这些想法在你的脑袋里扎根，你要学会利用一些全新的正面的观念来彻底替换那些阴暗消极的旧观念。不断地反复那些积极的新理念，让大脑在重复中习惯，习惯后接受并付诸行动。当然前提是，对于这些新想法，你是发自内心地信任。这个过程需要注意三点：

第一，简化精炼新理念的表达方式，如"我拥有的比我需要的多"。

第二，尽量让新理念处在现在进行时，不要回想过去，也不要畅想未来。如"年轻有潜力，这就是我今天最大的资本"。

第三，具体化对于金钱的分配，让新的理财思路打开新的生活节奏。如"我每月至少要存 500 元"。

按照新理念执行的每一天，你的潜意识都会加深新旧观念的更替，直到你能彻底摆脱对金钱的恐惧。到时候，你就能以公正客观的态度来面对和支配金钱了。

3. 像渴望呼吸一样渴望财富

☆ 人们常常听到这样一句话："是欲望毁了他。"然而，这往往是错误的。并不是欲望毁了人，而是无能、懒惰，或糊涂。

☆ 欲望是一团熊熊燃烧的火焰，可用来发力，可用来取暖，可用来做饭，可用来照明，是万物崛起之动力。

当问起理财目标时，有些女性朋友脱口而出的可能就是一句："我想做个有钱人。"先不论这个目标本身，现在的问题是：你到底有多"想"？你能为这个"想"付出多大的代价？在"想做"和"一定要做"之间你是否还有所犹豫？用心回答这些问题，你就能基本评估出自己对于财富的渴望程度。

空气是我们生活的必需品，而呼吸更是已经成为一种无意识却不能停止的习惯。想象一下，你被扼住脖子、阻断呼吸的那一刻。那个瞬间你有多渴望呼吸，你就要把同样的渴望复制在对财富的追求上。只有当欲望强烈到这种程度，它才能成为我们行动的最佳驱动力。

大地主马太有一天要外出远游，便将他的财产托付给三个仆人保管。他给了第一位仆人 5000 金币，第二位仆人 2000 金币，第三位仆人 1000 金币。马太告诉他们，要好好珍惜并善加管理自己的财富，等到一年后他将会回来。

马太走后，第一位仆人将这笔钱做了各种投资；第二位仆人则买下原料，制造商品出售；第三位仆人为了安全起见，将钱埋在树下。

一年后，马太如约回来了，第一位仆人手中的金币增加了三倍，第二位仆人的金币增加了一倍，马太甚感欣慰。唯有第三位仆人的金钱丝毫未增加，他向马太解释说："唯恐运用失当而遭到损失，所以将钱存在安全的地方，今天将它原封不动奉还。"马太听了大怒，并骂道："你这愚蠢的家伙，竟不好好利用你的财富。"马太拿回了金币，赏给了第一位仆人。

这个故事讲的就是著名的马太效应。第三位仆人之所以被罚，并不是因为他投资失败而有所损失，而是因为他根本就没有好好地利用这笔钱去进行投资。生活中很多女孩子会存在这样简单的愿望：现在的生活虽然平淡，但我也知足了。反正也没什么赚大钱的机会，这样能自力更生、安稳度日就不错了，强求反而麻烦。

这样的心态就类似于马太效应中的第三个仆人，没有太大欲望，所以不喜欢冒风险，能保持住既有的，就算是圆满了。但这样的想法恰恰会将你从"财女"的预备役上推离。因为安于现状在一定程度上也意味着裹足不前。如果你不能像渴望空气一样渴望财富，那财富与你也终将是陌路。因为你的欲望还不够强烈，你只想守着那一亩三分地自得其乐，那"财"当然不会理你。如果你一旦萌生了"我不要为钱工作，我要让我的钱为我工作"这种念头，并在每天睁眼起床时、闭眼入睡时甚至梦到深处时，都将这个念头在脑子里滚一遍。你的生活重心和人生目标自然会向"财富"这个战利品上偏移过来。

著名品牌营销专家于斐行先生指出，心理学上有一个叫"期望强度"的概念，意即一个人在实现自己期望达成的预定目标过程中，面对各种付出与挑战所能承受的心理限度，或曰期望的牢固程度。如果一个人的期望强度太脆弱，将无法面对残酷的现实或自身的缺点的挑战而半途而废。只有那些一定要成功的人，他们因有足够牢固的期望强度，所以能排除万难，坚持到底，永不放弃，直到成功。

由此可以看出，在获取财富的过程中，你所能付出的努力其实和你欲望的强度是成正比的。那么强烈的欲望能创造怎样令人惊叹的奇迹呢？赛特鲁德·埃德尔的经历会向我们展示这一点。

早在 1926 年 8 月 6 日，年仅 20 岁的赛特鲁德埃德尔就开始了横渡英吉利海峡的壮举。在她以前，虽然已有五人横渡成功，但他们都是男人。作为第一个美国女运动员，她的成功将是美国人的成功，更是全世界所有女人的胜利。她将成为第一个横渡英吉利海峡的女人！

那天 7 时 5 分，激动人心的时刻到了。

当埃德尔下水时，有两艘船护航。一艘是她的家人和朋友，在用歌声和欢呼为她加油、助威；另一艘船是现场采访的记者，他们用镜头把她的一举一动直接发向电视台，现场直播让数百万人在密切地关注着她创造奇迹。

刚开始，海峡风平浪静很适合游泳，但时间不长，突然狂风暴雨大作，海水变得很冰冷，最要命的是海面上起雾了，她连救援船也看不见，一条条鲨鱼也开始在她身边游弋，怎么办？她感到了巨大的压力！是继续鼓足信心，游向彼岸，还是就此放弃？人们为她捏着一把汗，连教练也提出了退出的建议。

"为什么要退出？"她坚决不同意。

凭着惊人的毅力，她一口气游了 35 英里，用了 14 小时 39 分钟，硬是比以前的男子纪录快了整整两小时，创造了新的人类横渡英吉利海峡的纪录，并把这一纪录保持了 24 年之久。

"人们说女人不能横渡海峡，但我证明他们是错的，我们能行！"2001 年，在纪念赛特鲁德·埃德尔横渡英吉利海峡 75 周年时，她依然如此自信地对美联社记者说。埃德尔之所以敢为天下先，在全世界绝大

多数女人只围着厨房转，充当丈夫的影子的时代，甚至在中途发生变故的时候依然坚持到底，正是因为她目标明确且欲望强烈，没有这样的信念作支撑，她又如何在世界的目光中完成这一壮举并实现超越呢？这就是"想要"与"一定要"的差别。正是欲望的强度产生了巨大的精神力量，使弱者变强，强者变勇。

当欲望已经上升到一个极高的程度后，又如何将之转化为动力呢？两者间还需要一个转化的步骤。而能产生这种化学效应的三部曲就是：

第一，量化你的财富目标，加之以明确的实现期限。一定要用数字使得金钱的数额和耗费的时间都具备可衡量性，如"三个月内获得存款15000元"。当然，如果将目标定得太过离谱，那就不具备实践意义；如果太容易实现，那么目标本身会变得没有意义；

第二，拟定详尽的短期和中长期的计划。每一阶段的目标，实现方式，努力手段，都是越细密越好。当然，制订计划的唯一目的就是严格执行它；

第三，将目标贴在显眼的地方，确保每天至少能重温两次你心中的渴望，并适时记录计划完成情况以根据情况作出调整。让这一行为成为习惯，直到计划结束或目标实现的那一天为止。

接着你就需要按照这些步骤逐一施行了。过程中你可能会遭遇种种意想不到的挫折，甚至因此产生类似沮丧、抱怨等负面情绪。但请谨记：千里之行，始于足下。想象一下来到顶峰时的风景：你可以在寸土寸金的地段买到宽敞舒适的房子，"面朝大海，春暖花开"不再是遥远的向往；你可以为家人、朋友准备一次期待已久的海外旅行，在异国的土地上留下你们美好珍贵的回忆；你还可以在必要的时候为那些需要帮助的人提供慷慨及时的赠予。当然，只有想要飞翔，才会拥有翅膀。只有你不断强化内心的渴望时，财富才能像空气一样源源不断地被吸引到你的身边。

4. 信心带来的"神明"

☆ 深窥自己的心，而后发现一切的奇迹都在我自己。

☆ 我始终知道我会富有，无论是过去还是现在，对此我不曾有一丝一毫的怀疑。

☆ 我有一块黑色的画布，我还有许许多多的颜料，我得到我所想要的。现在我拥有较大数目的财富，但是，在多年以前，当金钱的数目较少时，我也拥有同样多的乐趣。因为我深知，我想做的事情必定会达成。

信心到底有什么作用？我们先来分享一个小故事。

青蛙想跳上一座山看风景，但是山对于它来说实在太高了，它完全没有自信可以登上山顶。有一天，蚂蚁问它："你为什么不上去呢？"青蛙沮丧地回答："太高了，我肯定不行。"蚂蚁反问："那如果你一格一格地跳呢？"青蛙听了之后突然明白了，没多久就到达了山顶。

在这则故事的结尾，青蛙还是那只青蛙，山也依旧还是那座山，导致结果改变的是青蛙的心态。信心不能直接给我们补充智力或体力，它只是让我们在一瞬间打破内心虚构的恐惧，它让我们勇于尝试且不畏失败，就像神明在我们周身竖起了屏障，隔绝了伤害，只要我们专注于自己的信念，我们就仿佛无所不能。

一个年轻的墨西哥女人随丈夫移居美国，对于即将开始的新生活，她充满希望和感激。然而，还未抵达美国，丈夫就突然不知所踪，留下年仅 22 岁的她和两个年幼的孩子。前途茫茫，无依无靠，她在犹豫了两天之后，用仅剩的一点钱买了去加州的火车票。

起初，她一无所有，在一再哀求下，一家墨西哥餐馆同意让她在那里打工。收入微薄，她却很知足，努力养活着自己和孩子。同时，她省吃俭用，辛苦攒钱，考虑着今后的出路。后来她开了家墨西哥小吃店，专门卖墨西哥肉饼。

有一天，她拿着一笔费力存下的积蓄，跑到银行申请贷款，她说："我想买下一座房子，经营墨西哥小吃，如果你肯借给我几千块钱，我的愿望就能实现。"一个单身的外国女人，没有财产抵押，更没有可做担保的亲属朋友，甚至她自己也无法确定成功。但这家银行的经理很佩服她的胆识，冒险投资了一把。15 年后，这家小吃店扩展成为美国最大的墨西哥食品批发店。她叫拉蒙娜·巴努宜洛斯，还担任过美国财政部部长。

这是一个平凡女人的创业史。自信给了她扼住命运的勇气、智慧和机遇。她最常挂在嘴边的一句话就是："我能行，因为我相信我能行。"

自信是成功的驱动力，在追求财富的过程中，你可能会面临着体力和智力上的双重挑战，在生理和心理上都承受考验，尤其对女人而言，千百年来的世俗观念将女人圈禁在后宅，扼杀了她们的才能和信心。尽管她们有想要成功的冲动，却缺少向前迈出一步的闯劲儿。千万不要让"女人，你的名字是弱者"这句莎翁的名言应验，要拥有一种积极向上的态度和激流勇进的激情。

能够成功获取巨大财富的女人都是异常自信的。她们有自知之明，不自傲不自卑，而以信心为媒介，向财富目标输送不竭的养分。你不妨将自己的能力、嗜好、特长和个性列出来，哪怕是细枝末节也不要放过。你会轻易分析出自己的特质和长处，并能理智地正视自己的弱项和短板，在财富目标的确立上找到兴趣所在，在实现过程中发挥优势、规避陷阱。在行动中自信会引导你集中注意力和精力，而由此获得的乐趣和成就又将强化巩固你的自信，形成良性的互动。即使是神明，也会偏爱那些散发着自信之光的强大心脏。

Part 2
理财常识知多少

　　在你明白理财的重要性后，就要开始着手准备理财常识了。每一个旅人都必须有自己的行囊，其中的储备就是你应对旅途艰险的凭仗。理财常识就是你在走上"理财"这条大道前必备的包裹。它会指引你基本的方向，而它积累的广度和深度将直接影响你的理财成效。

"财女" 自修系统

　　传说巴比伦城内曾住着一位有才华的铁匠。在当时，城市里的各种铁器大多都是出自他的手，他打出来的器具既美观又耐用，所以在巴比伦城他享有很高的威望和声誉。

　　有一天，他的妻子发现他闷闷不乐，原因竟然是他们没有什么积蓄了。这样穷困潦倒的状况，是铁匠无论如何也无法接受的。他想不通，每天他都努力工作，没日没夜地赶制铁器；他的薪金丰厚，以前手头上从未缺过钱，甚至可以自由自在大把花钱。但是为什么他就穷成了这个样子？百思不得其解，他就去请教当地最有知识的学者。通过和学者的交谈，他终于发现了自己贫穷的原因——他虽然挣过很多钱，但他从来没有真正用心管理过这些财产。他能赚钱，却不懂得理财的方法。因此，虽然他努力工作但却从未实现过致富的愿望。

　　生活中同样存在着很多"有才华的穷铁匠"。他们大多有一技之长，也能挣到很可观的钱，但始终没有积攒财富。你可曾想清楚了其中原因？道理很简单，只有当你真正将理财当作生活的一部分，你才能真正有"财"。为成为名副其实的"财女"而奋斗吧！

1. 让理财成为你的成人礼

☆ 人在 30 岁前以赚钱为主，30 岁后就要过度到以理财为主。

☆ 秋天的时候就要准备好过冬的粮食，那样才不会在冬天来临的时候，在饥寒交迫中痛不欲生。

20 岁出头的女孩子理财意识往往淡薄，刚踏入社会，工资低，花销却大，"月光"是常有的现象。当然就算你起点高，工资收入是同龄人中的佼佼者，也不要认为明天有花不完的钱，而把今天的钱全部用在享乐和挥霍上。不管你现在收入多少，都要开始学着理财了。如果你不是不食人间烟火的仙女，就学着成为一个熟谙开源节流的"财女"吧。养成理财的习惯，把它作为送给自己的成人礼，因为这关系到你一生的安定和幸福。

美国石油巨商洛克菲勒的妻子在一篇文章中叙述她如何教导她的小女儿养成对金钱的责任感。她从银行里取得一本特别"小存折"，交给她 9 岁的女儿。当小女儿得到每周的零花钱时，就将其存进那个"小存折"中，母亲则担负起银行行长的职责。在那个礼拜中，每当小朋友需要用钱时，就从"小存折"里提出，母亲会帮她把支出的每一分钱和结存的余款都详细记录下来。

可想而知，这个小女孩不仅会从这样的存取款方式中获得新奇的体验，而且也会逐步领会对金钱的责任感。因为这个旁人眼中的游戏，对她而言也是严肃的。长大后的她起码不会盲目浪费金钱，童年时就已启蒙的理财意识更会让她获益匪浅。理财是积累和创造财富的手段，而对

女人来说，它更应该成为一种生活习惯。

　　总有一天，我们必须依靠自己想办法过日子，也只有自己才能保障自己的明天。当我们还有能力和精力为自己奔波忙碌时，也许很难想象自己 20 年甚至 30 年之后的生活会是什么样子。人生百年如白驹过隙，事实上，谁也无法摆脱"衰老"这一永恒定律。或许有人曾经幻想过自己的退休生活，因为那意味着压力骤减的轻松闲适。但是，现在的我们，真的已经做好准备了吗?

　　根据今天的生活水平进行粗略预估，以 20～30 年后退休为标准，到那个时候，我们一个人所需的养老金平均在 300 万元左右。看到这个巨大的数字，估计很多人会表示质疑。然而，如果我们希望拥有一个有尊严、有品质的晚年生活，这个数字也只是个保守估计。

　　以一个人 60 岁退休，需要 100 万元养老金为例，如果我们从 20 岁就开始准备，每个月只需拿出 238 元就可以实现;而如果等到 50 岁再开始考虑的话，每个月则需投入 5466 元才能满足。这个数字，甚至是绝大部分人投入全部收入还无法满足的。同样的目标，在不同时期实施，造成如此大差异，可归因于"复利"。爱因斯坦认为，复利是世界第八大奇迹。它的计算方法是:将本金以及其产生的利息一并计算，也就是利上还有利。当一笔存款或者投资获得回报后，我们可以有时间再连本带利地进行另一轮投资。越早开始，付出的金额就越少，对长远生活的影响就越小。我们可以通过一个有趣的故事直观地看到"复利"的巨大威力。

　　相传，很多年以前，有一位老人发明了一种游戏，也就是我们今天所说的围棋。后来，老人因为他的发明而得到了王的嘉赏。王于是说:"你想要什么，说出来，我都赏赐予你。"老人说:"我只想要一棋盘的米。只要在棋盘的第一格内放一粒米，以后的每一格所放的米数是前一格的两倍，依次类推，把 64 格棋盘摆满即可。"王哈哈大笑，要赏赐老人一大箱金银珠宝。老人却坚决要王赐给他这一棋盘的米。王便命令粮官赐粮。可是，一炷香工夫不到，粮官便满头大汗，诚惶诚恐地禀报王："国家粮库的米子尚摆不满半盘棋子。"原因很简单，大家知道放满整个棋盘 64 个格子，这是个天文数字。

现在的经济状况下，有许多可以投资的渠道：基金、股票、黄金、期货、期权以及外汇买卖等，这些都是你的棋盘，而你人生道路上的每一元收入都是你的米。后面的天文数字都是从第一粒米开始的，过程或许漫长，收益却是令人惊叹的。所以越早开始理财，越早拥有自己的财富规划，越能占得先机。年轻的女孩投资理财可以从以下几个方面下功夫：

第一，明确需求，制订计划。先评估自己承受风险的能力，具体写下自己在短、中、长期的阶段性理财目标。

第二，学习投资知识，避免盲从、盲信。许多女孩总认为投资是一门深奥的学问，专业性强，懒得投入心力。这种逃避式的心理是不妥当的，只要肯花时间潜心学习一些经济学知识，这些知识与经验会一辈子帮助你管理你的财富。

第三，刚进入社会的女孩精力充沛，这时可以尝试学习许多新思想，尤其在这个资讯发达的时代，初步了解理财常识，摸索投资步骤与规律，都是具有可行性的方法。年轻是很大的资本，这个时期可承担较高的风险，将理财计划订得偏积极一些，例如放较高比例在股票上，毕竟能因此积累到经验是最为可贵的。但也要时刻保持理性，风险的承受度应该在可控范围内，否则就得不偿失了。

2. 让你的钱像雪球一样"滚"起来

☆ 人生就像滚雪球，最重要的是能发现很湿的雪和很长的坡。

☆ 钱是长脚的，你要让它跑出去，它才会给你带来更多的同伴。

有一个年轻人视财如命，他变卖家产换来了一大块金子，埋在屋后的桃树下。每天深夜，年轻人都要把金子挖出来，仔仔细细抚摸一番，再放回原处。

后来他的邻居发现了这个秘密，在午夜等年轻人看过金子后偷偷挖走了。第二天晚上，年轻人按惯例翻开土时发现金子不见了，他不由号啕大哭，直到天明也没缓过来。有位路过的老人见他满脸悲伤，似乎生无可恋，便上前询问原因。待年轻人讲述了事情的始末后，老人慢悠悠地说道："我不明白你有什么可伤心的呢？把金子埋在地下，它本身就已经跟土里的石头没有区别了。如今不见了，你再随便找一块相似的石头埋在那里，把它当成金子爱抚，不也一样吗？"

这个故事看似荒谬，却蕴含着一个简单的道理：金子埋在土里是无法生出金子的。当钱不再能生钱时，其本质不是已经和石头一样吗？生活里，即使你拥有金山、银山，也要提防着"坐吃山空"的危险。懂得理财的女人绝对不会是安于守成的人。不管你手中拥有的钱是多还是少，都决不能让它们变成一潭死水。哪怕是一枚钢镚，你也要让它像"雪球"一样滚起来。 有流通，才是正道。

一年冬天，年仅 9 岁的巴菲特和妹妹在院子里玩雪。巴菲特用手接雪花：开始是一片一片；接着，他把两只手上少量的雪堆在一起，揉成一个小雪球；随着接到的雪越来越多，雪球也变得越来越结实。

等到它足够大后，巴菲特便将它放到地上，用手推着雪球慢慢地滚动。巴菲特发现，自己每推一下，雪球就会沾上更多的雪，体积也会变得更大。不知不觉间，他已经推着雪球穿过了草坪，来到了院子外面了。经过短暂犹豫，巴菲特又继续向前，准备推着雪球去附近的街道。从那一刻开始，巴菲特的眼光就从手上的一片小雪花，扩展到广阔的白色世界了。

在以后的人生里，滚雪球的经验都被他应用在创造财富的过程里。事实也证明，他的确是个不折不扣的滚雪球高手。

在财富积累的轨道上，相信每个人都渴望成为滚雪球高手，但是光有这样"钱生钱"的意识还是不够的，还需要具备相关的素质和常识。

首先，我们需要清晰的目标，为自己赚取第一桶金。在理财过程中，储蓄是"加法"，相应地，投资就是"乘法"。谨慎而言，第一桶金75%靠累积，25%靠投资，获取时间可定在5年左右。若时间定得较短容易引起心理上的焦躁，倾向于风险性高的短期项目，不屑于长期投资。而在没有好的策略的指导下，赔钱的可能性极大。

其次，学会承受失败，提高耐挫力。财富积累是一个漫长的过程，任何微小的成功或失败都可能发生，但是不要让它们陷你于患得患失的泥潭。保持良好的心态，古人云"千金散尽还复来"，年轻的"财女"们也当有如此胸怀。失去不可怕，放弃才是致命的。

最后，把握方向，专注目标。要让"钱生钱"，除了学会坚持外，还要时刻注意前进的路线。要坚定不移，但不要一意孤行；要恪守本分，但不要墨守成规。

3. 上班族的"致富"计划：巧妙分配你的工资

☆ 吃不穷、穿不穷，算计不到必受穷。

☆ 省一块钱比挣一块钱容易得多，把日常开销节约 10%，你的生活品质不会有任何改变。

从小生长在首都的温文算得上是标准的"单身贵族"。25 岁的她月薪 4000 元，无房贷、车贷，家中无任何负担。就是这样一个看上去不需要什么花费的女孩，却依旧是个"月光族"。

她的每月支出如下：美容护肤保养每月 800 元；健身运动每月 600 元；化妆品不能断档，衣服饰品当季添购；接一次假睫毛 280 元，换一个新发型 400 元；通信交通费每月 500 元左右……加上约会聚餐等开销，她偶尔还要向父母申请"补助"。

她也明白"月光"的种种隐患，可是她也无奈地表示："我不是没试过存钱，但这些花销都是我生活中的必需，实在也不知道从哪里省钱好。"

生活里很多女孩会感叹，工资在 2000 元时自己就是"月光族"，等工资涨到 8000 元时自己还是"月光族"。总之，看着别人的生活总是多姿多彩、有滋有味，而自己总是处在勉勉强强甚至"弹尽粮绝"的惨状里。要如何有效规避"月光"的陷阱呢？这里就提供几个简易的窍门。

第一，记账。清楚自己工资的流向是明确自身财务状况的基本措施。钱去哪儿了？很多时候，我们在口袋快要见底时对这一问题也可能茫然不知。其实，每月大部分的花费都会集中在一些小地方，正因为微小所以容易被忽视，可我们永远不能轻慢"聚沙成塔"的力量。针对这一问题，记账会是直观而有效的方式。每一笔支出都能条理清楚地呈现在眼前时，我们就能从中分析出自己生活开支的结构。必须花的、可花可不花的、没必要花的，这些条目都能做到心中有数。长此以往，自己花钱的规律被掌握，节流的目的就容易达到了。

第二，理性消费。这一点强调的是，克制消费欲望，减少冲动消费。女人多数情况下是感性的动物，处事时容易凭直觉或冲动决断。这一点在消费上就存在极大的弊端了。相信很多人都会有这样后悔的经历：一件衣服挂在橱窗里时，怎么看怎么喜欢，可真正买回家后却发现自己又不是那么中意了。所以"财女"们一定要分清楚"我想要"和"我需要"的区别。克制这种购物欲的方法因人而异，如采买前就列好购物清单，买完就走不作停留；设置一段冷静期测试自己的真实喜爱度；根据自身的风格选择合适的衣物饰品，不盲目跟风或迷信广告。

第三，强制储蓄。这是针对平时用钱大手大脚，花钱如流水的一部分人群。如果你实在克制不住将钱花光的"瘾"，或是无法判断如何将钱用在刀刃上，那么就用强制储蓄的方法来约束脱缰的自制力。每月工资一到手，就拿出一部分放入一个零存整取的户头。即使每月存入的数额不是很多，但只要能坚持下来，也远比那毫无计划性的花钱方式有益得多。

在外企工作的肖艺，最喜欢享受"我想要"的感觉。虽然工作不错，薪水可观，但她隔三岔五就要去疯狂 shopping（购物），而且是个"名牌控"，常常面临入不敷出的窘境。有一次在商场扫荡了一番后，她才发现荷包空空，信用卡也透支了不少，还要再过半个月才发薪水，她却几乎出现了断粮的危机。最后她只能把自己的宝贝名牌挂到网上去拍，其中一条非常精致的连衣裙，她以近 5000 元的价格买回家，忍痛降到 500 元售出，都无人问津。

　　而她的闺密刘丽就不一样了。两人在一次结伴购物的周末游中正巧碰到几个国际服装名牌特价促销，很多热门商品折扣很低。肖艺开心疯了，东挑西选拿了一大堆后依然意犹未尽。而刘丽最后只拿了一条经典款的米色风衣就付账了。

　　"你只买一件?"

　　"嗯，我生意刚起步，必须省一点。"

　　"可现在买很划算，以后可能就碰不到了。"

　　刘丽态度依旧坚定："我买这一件就好!"多年后，她的生意从一间发展到三四间门面，如今也有了好几家连锁店，年纪轻轻就已经是名副其实的富翁了。

　　从这一对女性朋友不同的花钱方式和生活境遇里可以看出，如何处理好赚钱与花钱的平衡，才是一个人能否经营好财富与生活的关键。

　　而作为一个精明的"财女"，首先要做的就是合理分配我们工资卡里的钱。除去每个月必需的吃穿住行，必需的开销，剩下的钱要如何处置呢?是来一次奢侈的购物狂欢，还是省着下个月花，还是越积越多，留在银行的保险柜里，抑或投入股票基金中?

　　在涉及这个问题时，存在一个前提：那就是首先要将本职工作做好。由于我们并非投资专家，在考虑这一问题时最关键一点就是准确定位、量力而行、稳中求胜。如果为了发财，连本职工作都丢了，那么最基本的工资都拿不到，更别提由此发迹了。

　　那工资卡里的余钱在数额不多的情况下又要怎样处理呢?首先要学会合理分流，在动用工资进行投资的时候，最忌讳的就是急功近利和贪得无厌。工资积蓄可以分为几部分，还贷还债、家庭保险、储备生活费、应酬支出等，余下那么一小部分再用于投资。只有在保障日常生活的基础上，用于投资的部分才能从长计议。最后审慎地选择投资项目，根据自身财务状况和学识阅历等，实施合理的淘金计划。

当然很多人也会抱怨：养活自己都很勉强了，哪还有钱用来投资啊。其实，少煲几个电话粥，少叫几次外卖，少打几回出租车，少用疯狂血拼来发泄压力，日积月累，你会发现，自己的生活慢慢简单起来，而你的钱包会渐渐充实起来。

4. 远离债务，学会花钱

☆ 艾丽斯问道："请你告诉我，从这里可以去哪儿？"猫回答："这要看你想去哪儿。"

☆ 有多大的脑袋，戴多大的帽子。不要让债务纠缠住你的人生。

☆ 不懂赚钱很会花钱的女人是可怕的，善于赚钱又会花钱的女人是可爱的。

缇娜和丈夫的年收入加起来逾 10 万美元，生活本可以安稳而舒适。不过缇娜有一个收集癖，她热衷于收藏各种奢侈品，手表、红酒、服装、香水等。她还痴迷于各种时尚风潮，甚至聘请了私人管家到家里专门打理自己的藏品。

当全球金融危机爆发时，原本收入丰厚的丈夫突然失业，这突如其来的打击使这个家庭都陷入阴霾。因为丈夫的失业代表了缇娜家整年的收入锐减了三分之二。面对即将出生的孩子和近 5 万美元的还贷压力，缇娜欲哭无泪。

缇娜的故事是不是让"财女"们心有余悸？在奢侈消费的问题上，中国比欧美国家晚了很多年，但刚刚进入中国就有江河越堤之势。眼花缭乱的奢侈品越来越多地进入我们的视野，提前消费的观念也开始冲击着中国人的固有理念，接受新事物最快的年轻人越来越习惯于"花明天

的钱，圆今天的梦"。伴随着电子商务的盛行，信用卡、房贷、车贷以及其他五花八门的金融理财工具的诞生，我们不需要踏出家门一步就可以收到各种各样的账单。与此同时，潜在的危机也在逼近我们，一不留神，债务问题就会出现在某个人或家庭的眼前，像利剑一般时时悬于头顶。

奢侈舒适的生活是每个人都会憧憬的目标。但在很多时候，我们的生活消费水平却永远低于自己的真实财力。如果每个月的支出都高于收入，就算你日进斗金，也无法摆脱债务带来的压力。除了奢侈消费之外，在日常生活里"财女"们还需提防的是信用卡透支的隐患。

李敏工作近一年，却仍旧时不时向父母伸手，向朋友借钱。她几乎所有消费都是刷卡：吃饭、购物、唱歌、美容护理……只要是有 pose 机的地方就一概刷卡。结果，每个月的工资，除了房租和水电物业费，其余全部用来还信用卡里透支的钱，接着又是一个消费狂潮的开始。很多时候，李敏的工资都撑不到最后期限而被迫借钱。后来她利用银行所谓的"免息期"，每月只支付最低还款额，而在宽限期内自己永远无法还完所有欠款。于是她成了真正的"卡奴"，陷入了"透支—还款—透支"的恶性轮回中。

信用卡在消费的时候使用的确非常快意，可真正到还款时我们会突然惊觉到自己的冲动。它本质上不过是一个应急的工具，聪明"财女"们应该都明白这一点。赚多少钱，花多少钱，钱是否花在了点子上，我们都应该做到心中有数。任凭一时的冲动驱使，轻松的生活就会永远背离我们。

乱花钱的女人肯定不会花心思在挣钱上，而真正会花钱的女人则更懂得如何赚钱。这并不是一个悖论，其实在日常的交际里，我们常常会发现，会花钱的人总是更有钱。当然此处的"会花钱"指的并非漫无目的地挥金如土，而是指花同样的钱，却能在物质或精神上收到更大的回报。

季豆豆留学回国后开办了一家房地产公司，她没有任何后台背景，也没有熟识的媒体朋友，不过两年工夫公司的业务就蹿升到当地前三的位置。她的处世方法是把最大的折扣点给业务人员和同行，于是所有人都很信服她，业务量涨幅非常之快，这为她的事业奠定了非常坚实的基础。有了地位就有了话语权，她利用这一点去和媒体谈条件，很快她的家底就厚实起来。

季豆豆所有的生意几乎都是从花钱开始，以赚钱结束。唯一的一次失误发生在一个山区。她在当地接了一个工程，而恰逢当年很多原材料价格上涨，连锁反应导致很多建材价格暴涨，她不仅分文未赚，还亏损了不少。但离开的时候她还是为当地的山村建了一所学校，当地人民对此十分感激。这次失败的经历并没有给季豆豆的生意带来重创，而且她临走时的善举还为后来的生意铺垫了良好的基础。

从这个故事可以看到，如果能把钱花在实处，能把钱散得漂亮，那么这钱就花得值。这与"赠人玫瑰、手有余香"是同一个道理。这个世界上能够成为亿万富翁的毕竟只有站在金字塔尖的少数人。所以比起一夜暴富，"财女"们不如实际一点回归本位，好好考虑如何打理好自己手头的钱。会花钱，通俗一点解释，就是用等额的金钱换取更高的满足感。

范洋平日是个简朴的女孩子，但是她对于鞋子却很挑剔。其他衣饰，她常常买的是换季的促销品或节庆的打折品，但是鞋子，她却绝对选择当季的正品。因为她相信，一双适合自己的鞋子能够带人到美好的地方。为了买到更好的鞋子，她努力赚钱攒钱。这一小小的癖好让她的生活充实而充满乐趣。

作为"财女"，会赚钱很重要，而肯花钱、会花钱同样重要。财富不是用来占有的，会花钱的女人不仅能让自己享受生活，而且可以存下一笔不小的财富。因为只有从花钱中能体会到乐趣和惬意，你才会有更多的动力去挣钱。

财商——"财女"利器

> 想要成为"财女"的你，除了智商、情商外，还必须具备财商。顾名思义，"财商"是指一个人与金钱（财富）打交道的能力。财商不是通过培训、教育出来的。财商是通过精神世界与商业悟性的养育、熏陶和历练出来的。它可以成为你投资理财的最佳利器。

1. 财商成就财富

☆ 财商不是钱，但财商可以创造钱，财商是因，钱是果；财商是种子，钱是果实。

☆ 财商是理财的指挥官。财商的提高是为了更好地提高你的理财能力，帮助你创造财富。

一个单身的中国妈妈带着三个孩子在国外生活。很长一段时间里，这位母亲是典型的中国式妈妈。每天她先把孩子们送去学校，孩子上学时她卖春卷。下午孩子们放学时，妈妈停止营业。然而有一天，邻居过来训斥孩子："你已经是大孩子了，应该学会去帮助你的母亲，而不是看着你母亲忙碌，自己就像废物一样。"然后，邻居转过头训斥这位妈妈："不要把那种落后的教育带到这来，别以为生了孩子你就是母亲……"

于是孩子们从最简单地卖春卷开始，走上了各自的经商之路，只在短短数日之间，以前只会黏着妈妈撒娇的孩子就摇身一变成了精明的小商人。一年以后，老大靠售卖文具，已经赚到了足够的学费；老二以他 14 岁的年龄和文笔，竟然在报纸上开设了自己的专栏，每月有颇丰的稿费；老三是女孩子，她学会了煮茶和做点心，两个哥哥都很喜欢。不过，这些点心不是免费的，两个哥哥需要支付点心费用。

这是一个曾经在网上流传很广的故事，从中可以看出财商要从小培养，这将大大提高生存技能。

问题又出现了：什么是财商？怎么理解呢？

财商（Financial Quotient），简称 FQ。它是指一个人创造财富的智慧和行动的能力。从定义可以看出，财商由两部分组成：智慧 + 行动。一部分是创造财富的"智慧"，简单说来就是正确认识金钱和金钱规律的能力；一个是创造财富的"行动"，对应地说就是正确应用金钱及金钱规律的能力。

两者缺一不可，仅仅有智慧，但是没用行动，仍然无法转化为财富，仅仅说明你有个很聪明的想法而已；可如果没有这种"智慧"，而盲目行动，一样不能创造财富，只能说明你很勤劳而已。因为这种能力大小不同，导致每个人的财商高低不同。如果具体去量化，我们在同样物质条件下，单位时间内，看谁创造出的财富更多，哪个就财商高，反之亦然。已经有现代的教育专家将财商和智商、情商并列为教育中不可或缺的三商。

而财商和钱的关系就像是渔网和鱼的关系。有鱼在手，你马上就可以拥有食物，不再挨饿，但下一顿食物仍旧不知所踪；而有渔网在手，你也许不能立刻吃饱肚子，但以后的每一顿食物，你都有途径和方法去

获得。同样一笔钱可能让你立刻有钱，但不可能让你一生富有，财商不可能让你立刻有钱，但可能让你一生富有。"上算智生钱，中算钱赢钱，下算力换钱"。这句经典的俗话更能说明财商的重要。财商是改变个人财富命运的必须手段。

金辰破产了，所有的东西都被拍卖得一干二净。当初她满怀创业激情来到上海，现在却落得一无所有、孑然一身。"我不能就这样走。"她扔掉了回家的那张火车票。

上海的车站是繁忙的，天南海北的人在这里匆匆而过。她的口袋里还剩一枚一元硬币，来到一家商店的门口，五毛钱买了一支儿童彩笔，五毛钱买了4只"红塔山"的包装盒。

在火车站的出口。她举起一张牌子，上书"出租接站牌（一元）"几个字。当晚她吃了一碗加州牛肉面，口袋里还剩18元钱。5个月后，"接站牌"由4只包装盒发展为40只用锰钢做成的可调式"迎宾牌"。她在火车站附近租了一间房子，还招了一个助手。

3月的上海，阳光正好，正是草莓批发贩卖的旺季。10元一斤的草莓第一天卖不掉，第二天只能卖5元，第三天就没人要了。此时她到了近郊的一个农场，用出租迎宾牌挣来的1万元购买了3万只花盆，第二年春天当别人摘下的草莓运进城里时，她栽着草莓的花盆也进了城。不到半个月3万盆草莓销售一空。她也第一次领略了1万元变成30万元的滋味。

即吃即摘，这种花盆式草莓，使她拥有了自己的公司。她开始做出口贸易。非常神奇的是，她把谈判地点定在五星级饭店的大厅里。那里环境高雅且不收费。两杯咖啡，一段音乐，还有气质出众的迎宾小姐，她为没人发现这个秘密而得意不已，总之，她的事业再度起航，她有一种重新找回自己的感觉。

1995年，上海海关拍卖一批无主货物，其中有1万只全是左脚的品牌皮鞋，无人竞标，她作为唯一的竞标人以极低的拍卖价买下了它。1996 年，在蛇口海关已存放了一年的无主货物——1 万只全是右脚的同一品牌皮鞋急着处理，她得知消息以残次旧货的价格拉出了海关。这次传奇般的无关税贸易，使她登上了权威商业周刊的封面。而今在上海的步行街上，她已拥有了 12 家店铺。

这个故事充分向我们展示了一个财商卓越的人是如何从无到有、从弱到强地创造财富的。万丈高楼平地起，多数成为传奇的富翁并不是含着金汤匙出生的，最初他们往往身无长物，不过他们总是具有敏锐的商业头脑和有效的商业行动。所以你可以一辈子没有钱，但你绝不能没有财商。财商有一部分是先天具备的，但更多的却是可以在后天挖掘和培养的。在专家眼中，财商一般由四大技能组成：

第一，财务知识，即阅读理解数字的能力。数字永远是简单重复的，但却是所有财富计算组成的基础。如何从烦冗庞杂的数字海中获得你所需的账务信息，是身为"财女"的你所必须具备的素质。

第二，投资战略，即钱生钱科学。这是一种非常基本的理财观念。很多犹太父母在孩子满 1 岁时送的第一份礼物是股票，就是为了让孩子从小就能够认识钱，接触钱，建立其对投资的初始印象，了解金钱运作的方式。

第三，市场、供给与需求。这一点通俗而言，就是你要学会洞悉市场，因为价格杠杆是会随着供求关系的变化而变化的，你不仅要明白发生这一机制的原因，更要能预见到引起变化的契机，只有提供市场需要的东西，财富才会归顺于你。

第四，法律规章。了解有关会计、法律及税收之类的规定。这一点很好理解，毕竟无规矩不成方圆。我们一生都在和钱打交道，而经济活动更是日常生活的基本组成部分。熟悉这方面的规定，既能在法律范围内维护我们基本的权益，又能在我们投入全新的理财游戏时避免误入歧

途。

　　具体而言，我们又要如何通过学习来打开后天财商之门呢？以"现金流"这一名词来举例，我们用财商的核心理念来作出阐释。

　　现金流其实就是现金流入和流出。现金流不同于总收入。现金流是指你在一定时间之内留下多少钱，总收入指你在一定的时间内，得到了多少钱，总收入减去总支出才叫现金流。那怎样的现金流才是健康的呢？且看下面这张图。

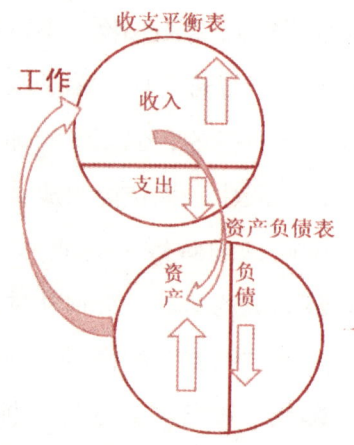

　　上图恰恰构造了一个良性循环的个人财务系统。这张图为我们提供了一个可靠的开源节流的理财方式。第一，提高工作收入。工作收入可称为主动收入，在既定时间内，将工作收入可能取得的上限不断最大化。第二，建立资产收入。资产收入也可称为被动收入，在工作收入基数扩大的前提下，用于投资的闲钱也会变多，而相应地获取资产收入的概率和数额也会增大。第三，有效降低支出。这同样会形成连锁反应。降低支出得以投入资产，从而增加资产收入。第四，有效降低不良性负债。降低坏债，也就减少了坏债支出。

　　在这样的循环下，现金流就是健康的。只要总收入大于总支出，那么现金流就不会枯竭，反之，总收入若长期小于总支出，那么现金流就会渐趋枯竭，那也就意味着你的财务状况整体陷入危机之中。

通过以上的简单导入，"财女"们应该明白了，看似复杂莫测的经济活动背后，都是由恒定而直观的原理支撑的。而要提高财商，你必须学习这些基础的财务知识，是不是也没有想象中那么深奥晦涩呢？只要你能花一段时间认真深入地去学习并在日常的经济活动中留心实践，你一定可以成为真正具备了财商的小"财女"。

2. 于细微处辨真章，于无心处掘商机

☆ 没有市场需求的机会不叫机会，任何一个机会都是给他人满足某种需求。

☆ 智者创造的机会比他得到的机会要多。

20世纪40年代，方块糖是由具有防湿性的纸张包装的。但是，密封纸张不管有多厚，有多少层，时间长一些后，方块糖仍会因受到空气的侵袭而渐渐变潮，甚至变黄，发黏。各家制糖公司动员了不少专家，耗费了不少资金，就是找不到有效的防潮方法。克鲁索是一家制糖公司的普通职员，因为每天都接触方糖，对方糖的性能很熟悉，也常常为方糖的受潮变湿问题所困扰。工作之余，他就琢磨着怎样能够找到一个有效的防潮的办法。他尝试了很多种方法，都没有效果。这天，他异想天开地想，能不能反向思维来尝试一下呢？于是，他在方糖的包装纸上开了一个小小的孔，空气的对流使得方糖受潮现象一下迎刃而解。克鲁索将自己的发明专利出售给制糖公司，得到了100万美元的回报。

财商高的人有一个很大的优势，那就是发现商机。商机出现的方式是多种多样的，如宏观上的产业结构的调整引发的行业变革，如市场环

境的变化带来的竞争空窗期，再比如个人的创造发明等。而对于"财女"们来说，比较实际的想法是发掘身边的机会。就克鲁索的个案来说，一个小小的孔就得到 100 万美元，着实让人不可思议，但它又确实发生了。因为这个方法恰恰解决了困扰人们多时的难题。

基本所有的发明创造都是始于疑问。而现代科技的进步也基本体现了人们对于方便生活的追求，所以商机往往就蕴含在那些问题中。问题产生需求，需求产生市场，而从发现问题到解决问题的过程，就是机会产生、机会创造财富的过程。

在美国有一家玩具工厂，他们通过市场调查注意到：西方国家出现了人口负增长，很多人有表达母爱的愿望，但对生儿育女却兴趣匮乏。人口老龄化加剧，不少老年人的晚年生活缺乏陪伴，十分寂寞。为此，工厂开发出一种叫作"椰菜娃娃"的玩偶。设计师为它进行了"拟人化"的设计：娃娃屁股上有接收人员的印章，还附着一张"出生证"，登记了娃娃的姓名、手印和脚印，购买时需要办理"领养手续"。"椰菜娃娃"虽然只是由碎布拼凑而成，但由于它迎合了人们深层次的情感需求，带给了特定人群心理慰藉，因而深受儿童和成人的喜爱。

这家玩具工厂的厉害之处就在于他们从一个众所周知的社会现象里窥测到了人们的情感需要，而且聪明地将之利用起来，打了"煽情牌"，把特定人群锁定为了潜在消费者，在市场上占得了人心，从而以低成本获得了高回报。而之后的厂家之所以跟风失败，就不得不提到关于时机的把握问题。商机从萌芽到成熟到衰退，亦是遵照着鲜明的市场规律的。说到这里，想必你也明白了。如果你不是那个创造商机的人，而又想在一次机会中分得一杯羹，那就要谨慎选择介入市场的时间了。介入过早，可能吃力不讨好，为后来人作探路石；介入过晚，则可能只能分到他人饕餮之后的残羹冷炙。

"财女"们想要成为商机的狩猎者，那就要时时做一个有心人。在他人错失的细节里洞察到背后的真实，在日复一日的生活里留心寻找可供勘探的财源。世界上的发财机会很多，如果你只执着于口袋里的一块金子，你可能会错过身边一座金矿。比如，你原来做的是服装买卖，后来却发现某种面料十分紧俏，而你又有进货渠道，于是改作服装面料批发，难道不是一种美妙的转手得利的机会吗？如果你原来是在网上经营山核桃等土特产的，后来发现老家的土蜂蜜十分受追捧，那么迅速联系老乡，搭建供货渠道，也不失为拓宽财路的好方法。总之，转动你灰色的脑细胞，在千篇一律的市场上展现出令人耳目一新的亮点，只要能抓住他人的目光，一块顽石也会成为市场的宠儿。

3. 潜在的力量，直觉的导引

☆ 我宁愿相信女人的直觉，也不信男人的理性。

☆ 我相信有种内在力量会决定我们成为赢家或输家，而赢家是那些真正聆听内心声音的人。

☆ 相信你的直觉，它通常是基于储存在意识底下的事实。

柳岑是个在异地求学的大学新人。适逢她学校所在的城市举办花卉博览会，她便邀母亲过来游玩。在花展的外面，有很多大学生在摆地摊儿，卖那种漂亮但很便宜的饰品，耳环、发卡、腰链、彩钢手镯等，还有各种各样不同功能的小玩意儿。

她当下就和母亲说："妈妈，在我们老家，这种东西都是专门在饰品店里出售，价格都很贵。如果我们在小城摆地摊的话，生意一定很火

爆。"等到了暑假，她就开始尝试这个想法，母亲陪着柳岑进了一批这样的小玩意儿，然后晚上的时候由她拿到公园去出售，果真吸引了很多女孩子。在暑假的时候，她赚到了很可观的一笔。

女性的第六感，也就是直觉，有时候的确会发挥出其商业价值，让人获得超过期望的商业回报。因为它捉摸不定却灵敏异常。有科学家针对女人的直觉做过研究。尽管最后也没有得出关键性结论，但有一点值得肯定，女人大都比较感性，很容易把精力集中在一件事情上。所以，在精神高度集中的情况下，对某件事情突发奇想，从而形成自己的第六感。

能干的瑞秋是一家百货公司的人事部经理，属于标准的"白领阶层"，拥有相当不错的薪资。但是，她非常忙碌，常常会没有时间来陪她的小女儿。她常想什么时候能有一家自己的公司就好了。

有一次，她陪女儿在社区里散步时发现了一块光滑的卵石。瑞秋的女儿非常喜欢，直到回家仍抓在手里不放。瑞秋灵机一动，发觉这是一个创业的好机会。

她行动很快，首先是订做了一个精致又不乏童趣的小木盒，下面垫上稻草，然后将鹅卵石放了进去，并将之取名为"宠石"。另外，她还精心撰写了类似于广告宣传的小册子，赋予了宠石特别的意义。她将它形容为世上最理想的小伙伴，既不需要喂食，又很安静，更不需要清理脱毛和粪便；它不像狗那么邋遢，也不像猫那样高傲。她特别选择了平安夜将包装别致的宠石推出市场，每件售价 5 美元。结果大受众人欢迎，成为最畅销的礼品之一。

她说："我也曾犹豫这个创意是否真的可行，但最终我还是觉得这个小石头肯定能够赚大钱。"就是凭着这种直觉，她的创业计划赚得了第一桶金。

英国时装公司巴宝莉（Burberry）执行长安吉拉·艾伦兹说："直觉是透过感觉与本能形成的智慧，它是一种不需逻辑思考即可明白的天赋。"综观历史，女性一直被认为拥有比男人敏锐的直觉感，原因是她们有更大的自由余地表达自己的情绪，而这一能力使她们领先于许多理性思维占主导的男人。她们不遵从机械的模式和方法。在直觉的驱动下，她们一般关心什么可能是，而不是关心什么是，因而能不参照已成既定规则的条框，而是凭借女性直觉进行革新，她们自如地在系统外操作，并以优雅风格来完成。

当1951年莉莲·弗农开始在餐桌上组建邮订购物公司时，她是一个23岁的孕妇，试图为即将迎来新生命的家庭赚取补贴。她用2000美元的嫁妆投资于购买最初的一批钱夹和腰带，并花了495美元在《十七》杂志上登广告。弗农最大的竞争对手是西尔斯——最大的商品目录册零售商。可见，如果要将新产品推向新市场，会有怎样的情况发生。

她勇敢得近乎天真，但她直觉地了解像她这样的妇女想买什么产品。她的策略她自己看得最明白，因此她能弃别人的想法于不顾。弗农的创举是提供顾客需要的别致的产品。她的策略是传统竞争者不敢采取的：提供印有人名的、独一无二的、没有大众市场的产品。尽管她从没听说过相应的概念，她却找到了市场定位。她利用了商品目录册行业巨大的弱点（无力提供小批量、小范围的产品），将之转变为自己的优势。当然这种做法在形成之初极有可能让她破产，但弗农的洞悉力使她一举成功。

市场打开声誉建立后，她所推出的每件东西都是"别致而价格适宜"。弗农看重的是"像我这样的妇女"需要的个性化产品。弗农最富有想象力的产品之一，是欢庆圣彼特里克节所需要的三叶苜蓿花型的女式连裤袜。

弗农对产品的直觉感一直帮助着她，她凭借这一方法打入了竞争激烈的邮购商品册行业。她在1954年自己出版了16页的黑白商品目录

册，把它寄给 125000 位已有的和潜在的顾客，这一策略使她在 1955 年时的年赢利增加到 15 万美元。到 1970 年，弗农公司年赢利已达 100 万美元。

莉莲·弗农能成为世界女企业家巨头，是由于她直觉地感知人们所需要购买的产品特点，而不是运用传统的市场调查或分析主顾群体来做出新产品的决策；相反地，她完全依赖自己的倾向做出产品抉择。弗农的策略奇迹般地一直奏效。她感到自己的直觉力成为她区别于其他人的重要因素。她觉察到了这一点，凭借这一点使莉莲·弗农公司在竞争激烈的商界独树一帜。

种种案例都在证明女人的直觉的确很有商业价值。但月满则亏、水满则溢，"财女们"在发挥直觉导引作用的同时，也不能完全迷信自己的直觉。如果把什么事情都寄托在自己的直觉上，那不但不会帮助自己，反而还会耽误自己的工作。毕竟，很多事情都要从多方面综合考虑。有的时候，直觉可能会很偏激，甚至只是一时的错觉。在出现怀疑时，你也可以和亲近的人研讨你直觉的可行性，然后再付诸行动。万不可贸然行事，最后得不偿失。

只是，面对一件事情，如果你的直觉很强烈，你可以优先考虑自己的直觉，然后再综合各方面的材料，再得出有说服力的结论。所以，要理性地对待自己的直觉。

4. 无缝的窗户？思维定式的危险

☆ 打破常规的道路指向智慧之宫。

☆ 事有便宜，而不拘常制；谋有奇诡，而不徇众情。

☆ 如果所有人都被困在大脑僵化的监狱里，也许天圆地方仍是我们对这个世界的唯一认知。

有一只老鼠天天晚上到明明家去偷奶酪，鼠药不吃，捕鼠夹又夹不住，简直已经成精了。偏偏它晚上精力又特别旺盛，总是闹得人睡不好。万般无奈下，明明总结了它的活动规律，它是从窗子钻进来的，它咬烂纱窗钻进来，天一黑就进来，天一亮就走。明明家的邻居建议：只要用一张纸将这洞糊上就行。明明照着做了，但心里并不踏实。面对聪明绝顶的老鼠，这一张薄纸能行吗？

夜幕降临，老鼠很快出现了。可是，这只老鼠在窗外焦急地爬来爬去，就是进不来。其实，只要它用爪子一抓，或用头顶一下，纸就会破，可是，老鼠没有这样做，它只是习惯地用牙去咬这表面光滑的纸，却没处下口。直到天亮，这只聪明的老鼠依旧束手无策，从此它再也没有出现过。

从旁观者的角度看，狡猾的老鼠被薄薄一张纸挡在窗外是非常奇怪的一件事。它甚至连尝试都没有就彻底放弃了偷走奶酪的机会。因为在它的世界里，原本有洞的窗户突然间变得"严丝合缝"了，无缝的窗户成为了它不可逾越的障碍。这看似荒谬的现象在我们的日常生活里却屡见不鲜，一言以蔽之，我们被思维定式欺骗了。

很多时候，经验是正确的，但是如果把局部的狭隘的经验认定为普遍的真理，就不正确了。知识和经验会在大脑里形成一个特定的框架，会使人习惯于用旧有的、常规的模式去思考和处理问题。当面临外界事物或现实问题的时候，人就会不假思索地把它们纳入特定的框架里，并沿着惯常的路径对它们进行思考和处理。而扩展到一个群体时，如果一群人都保有这样的思维习惯，那么其他人往往会因为惰性而盲目从众。

而对于积极追求财富的"财女"们来说，思维定式将会是一个极大的隐患。因为它不但可能导致你不知变通，也可能贻误时机，让你的财产缩水。有的女性一直都走着"三不主义"路线：不积极，不尝试，不改变表面看起来，这是最太平、最安全的生活方式，但是这样的生活哪能给你带来财富呢？而如果能打破这堵思维里的墙，财富就却可能像小天使一样挥舞着翅膀向你迎面扑来。

下面是一个经典的营销案例。它来自一个匪夷所思的设想：如何将冰卖给因纽特人？众所周知，因纽特人居住的格陵兰岛到处都是冰雪，巨大的冰盖占据了80%以上的面积。美国销售大师汤姆·霍普金斯就在这里开始了他的推销。

"您好！我叫汤姆·霍普金斯，在北极冰饮公司工作。我想向您介绍一下北极冰的许多益处。"

"北极冰？真有意思。这里到处都是冰，而且不用花钱，我们甚至就居住在冰屋子里。"

"是的，先生，看得出您很注重生活质量。能解释一下为什么这里的冰不用花钱吗？"

"很简单，因为这里遍地都是冰。"

"您说得非常正确。您使用的冰就在您的周围，而且日日夜夜，无人看管！"

"没错，这种冰太多了。"

"是的，先生。现在冰上有你和我，那边还有正在清除鱼内脏的邻居，有嬉戏玩闹的小孩，还有北极熊留下的脏物……请您设想一下好吗？"

"我宁愿不去想它。"

"也许这就是为什么这里的冰会不用花钱，能说这就是'经济合算'吗？"

"对不起，我突然感觉不大舒服。"

"我明白。在饮料中放入这种无人保护的冰块，必须先进行消毒才会真正感觉舒服，是吧？那您如何消毒呢？"

"煮沸吧，我想。"

"是的，先生。煮过以后您又能剩下什么呢？"

"水。"

"将冰块煮沸，冷却成水，再冻成冰块，这样是在浪费您自己的时间。假如您愿意接受我们的服务，今天晚上您的家人就能享受到干净、卫生又富有口味的北极冰饮料。噢，对了，我很想知道您那位清除鱼内脏的邻居，是否也乐意享受北极冰带来的好处呢？"

"您这种冰块饮料的价格是怎样的？"

看吧，汤姆·霍普金斯就要成交了！在这个过程中，因纽特人从最初的排斥、怀疑，到最后的认同、接受，发生了一系列复杂的心理变化。一开始他觉得简直不可思议，在格陵兰岛怎么还会有人在推销冰？可是，随着沟通的深入，他发现自己确实有对洁净冰块的需求，只是以前没有意识到。而在汤姆·霍普金斯的引导下，他买冰的欲望不断增强，剩下的就是如何成交，买下汤姆·霍普金斯的冰饮产品了。这个案例生动地展现了如何打破常规，化不可能为可能。"财女"们是否有所启发呢？

在人的日常活动中，90%的动作都是人们因长年累月重复而形成的

惯性。这些行为的惯性会使人甘愿被囚于一个谨小慎微的陷阱，使人在想致富的同时又害怕遇到风险，想投资但又恐惧血本无归，而放弃常常会成为最终的选择。可在商海浮沉里，如果没有打破常规的魄力，又如何能够幸存下来呢？

松永真理曾被美国《财富》杂志称为"最有权势的女电子商人"，她更为人们所知的一个称号是"日本 3G I—Mode 之母"。

1997 年，她被世界上最大的移动电话公司——日本的 DoCoMo 看中，挖到旗下担任 DoCoMo 移动电话接入互联网项目的总编辑。而有趣的是，松永真理不但从未使用过互联网，而且对电脑一窍不通，痛恨移动电话，甚至无法忍受那些在公共场合打手机的人。

不过个人的喜恶并没有影响松永真理从事新型移动电话屏幕设计的开发工作。她上任后马上确立了开发原则：科技以简单为本。面对下属员工时，她强调：不论新产品的科技如何新潮，产品本身必须以普通用户为服务对象，必须操作简便，界面友好，功能易用。为此，她受到了两方面的强烈质疑。一方面她坚持内容决定一切，因为从顾客的角度看来，他们才不会关心技术，他们想要的只是对他们有用的东西。负责该项目的工程师们在激烈地论辩后还是选择了让步。

另一方面，她保护并支持对技术一无所知的人，"易于应用"将是产品得以生存的关键点。为此她与咨询顾问们展开了近乎白热化的争论。她形容咨询公司的人用他们令人厌恶的逻辑图谱和"只有 MBA 才能使用的词汇"刁难她。不过最终仍是松永获得了最后的胜利。

基于此，她提出了 I—Mode 设想，这个 I 是英文里互联网、互动性、个人化的打头字母。这款手机携带方便，采用按键式上网，只要一个键就可以让用户轻松登入互联网，非常迎合市场口味。在 1999 年，DoCoMo 推出了 I—Mode 移动服务。松永真理设计的服务技术成为日本市场自随身听问世以来最成功的消费产品。用户可通过 I—Mode 与自己想要的任何服务连接，从电子邮件、餐馆指南到互动游戏，在2001 年年底时，用户已发展至 1700 万人，DoCoMo 立刻成为亚洲最大的互联网服务供应商之一。

松永真理并不是一个技术型人才，但她能把所有勇于创新的人才聚于一堂，并为他们创造出畅所欲言的氛围。而且她拥有一颗赤子之心，所以她能将技术视为手段而非最终目的，并坚持用简洁明快来抗衡烦琐艰深，顶住压力在完全陌生的领域创造前所未有的成功。

显然，只有习惯变革的企业才是紧随时代、永葆生机的企业，而也只有习惯挑战的人才是蓬勃生存、活得精彩的人。也许安于现状可以让你在每月固定的发薪日获得小小的满足，但接受变化却可能在财富大道上为你送来一股东风。乘风破浪会有时，直挂云帆济沧海。真正能让你感到安全的不是你手中的钱，而是你不畏尝试的果敢。

Part 3
"财女"爱财，取之有道

　　每个人都有追逐金钱的欲望，手段当然也是多种多样的，但前提是不能违反法规和道义。"财女"爱财，亦该取之有道。你可以选择将"知本"化为"资本"，也可以把信息作为交易，只要你有这样的眼光与手段，财富的王国必会向你敞开其金碧辉煌的大门。

财富的来源

> 财富并非从天而降。它像一粒种子，需要阳光、水、土壤。只有扎根在足够肥沃的土地上，并汲取着源源不断的能量，才能茁壮成长。财富从何而来？它来自丰厚的知识储备、卓越的预见、深刻的洞察力和自主的意志。与金钱朝夕相处的我们，只有具备了上述素质，才能获得财富对我们的青睐。

1. 知识的投资：一本万利

☆ 知识的价值不在于占有，而在于使用。

☆ 只有知识才能构成巨大的财富的源泉，既使土地获得丰收，又使文化繁荣昌盛。

☆ 女人可以不美丽，但不能缺乏智慧。

伊丽莎白·克莱伯恩是丽莎·克莱伯恩公司的创始人，被敬称为"工作妇女衣橱的魔术师""丽莎女士"。丽莎以实用得体、简洁明快的成衣，为职业妇女提供其所需的个性化的时装。丽莎·克莱伯恩公司是华尔街股市的宠儿。在20世纪90年代初，该公司在妇女时装行业具有绝对优势，占据了美国所有大商场销售额的5%～10%。没有其他公司能像丽莎·克莱伯恩这样经历如此令人炫目的发展，也极少有妇女像克莱伯恩一样在不到 10 年里赚了 20 亿美元。

　　克莱伯恩在布鲁塞尔长大，在学英语前已通法语，她描绘父亲是个"极其老式传统的"银行家，喜欢艺术和历史，他"拖着她游逛艺术馆和教堂"，几乎跑遍了西欧，在创造性设计领域给她上了无比重要的一堂文化教育课，她从早年经历中形成了绘画和审美的爱好，她认为这对她以后从事时装设计是笔极宝贵的财富，教会她欣赏美，"事物的形式比其作用更重要"。

　　她的母亲路易莎是个实践经验丰富的女裁缝，在她很小时便教她学习缝纫。丽莎的母亲对衣服外观极其苛刻，这给女孩留下的印象是："我被教会'看'事物。就比如你想买把椅子，普通的椅子是不合格的，你要买把漂亮的椅子。"她被培养懂得穿什么，何时穿，穿什么颜色，这些培养与父亲的艺术美学指导相融会，成为了她设计时装的基础元素。古板的父亲坚持任何事讲究层次、优雅和风格，而更讲实际的母亲则坚持感觉的具体操作，这种结合挖掘了克莱伯恩在服装设计上锐意革新的天赋。

　　青年时代的克莱伯恩陆续在三所艺术学院学习绘画。她早就认识到自己绝不会成为伟大的画家，但这段求学经历却让她获益匪浅。她在采访中说："我很高兴我在那里接受过那种训练，因为它教我看东西；它教我色彩、配色和其他许多东西，我想这在设计学校是学不到的。然后我刻苦用功，晚上去学图案设计课……你喜欢画、喜欢缝纫……那么除了成为一个设计者，你还能干什么呢？"显然这类针对性强的整体教育对克莱伯恩来说远胜于传统的教育方法。她在早期积累的关于艺术和设计的知识底蕴给了她进入服装设计领域的入场券。

　　克莱伯恩是一个将"知本"转化为"资本"的典型例子。她的服装设计的基本理念形成于她的儿童时代，灵感之源和设计底蕴则来自少年时代的游历和求学经历，最终艺术学院的教育为她完成了完整知识体系

的架构。这一切使她能够在服装设计领域很快崭露头角，并在后来以别具一格的职场女装缔造了"丽莎"服饰的商业传奇。可见，知识就是一座无形的宝藏，当你学会用"知本"转化为"资本"，你就会从有才变成有"财"。

据哈佛大学研究表明，2000年产生的知识总量，相当于30年前产生的知识量的总和，等到2020年，知识量的总和将比现在还要翻3～4倍，到2050年目前的知识量仅占那个时候的1%。现代社会是一个知识爆炸的社会，缺乏知识的女人不仅会显得没有内涵，也会在财路上走得异常狭窄。而知识储备丰厚的女人相对就会有更广阔的发展空间和选择余地。

杨凌在16岁的时候就萌发了自己做老板的想法，她想用自己的能力去养活家人。作出决定后，她就开始学习自己感兴趣的知识，当然也包括创业所需要的种种技能。

她在17岁的时候，拿到了财会证，18岁的时候考取了驾照，19岁后与朋友开建材店、服装店、出租车公司，同时学习外语，上人事及各类管理课程，然后做外贸。

后来她选择了软件开发这一行业作为大展拳脚的战场。在这个领域中她同样没有放松学习，不仅学习专业知识，对于人力资源管理和企业经营这一块的学问更是分秒不停地吸收。在她的团队里，学习是一种习惯，更是一种氛围。大家笑称："有这样'学霸'的老板，再不疯狂学习就要失业了。"

而今她的公司已成立十年，她已经拥有了数十万用户，实现了她人生的第二个目标。她在招聘员工的时候不在意对方是否有工作经验，她只希望他们意志坚强、虚心好学并且足够努力。只要员工具备这些品质，她就会提供给他们更多尝试的机会。

杨凌是个成功的商人，也是一个智慧的女人。她的目标非常清晰，行动也异常高效，因为她了解自己要什么，并且明白如何去获得。看她在年轻时的经历，就可以发现她很早就在为自己创业致富的计划储备能量。她不吝啬于对知识的投资，也深谙经验的重要。而她所学到的技能和历练出的手段都成为了她事业上最可靠的助力。

西晋陆机曾这样评说智慧之美："石韫玉而山辉，水怀珠而川媚。"智慧不仅来自书本、来自学校教育，还来自生活历练后的淬炼和领悟。唯有智慧才能将知识真正内化，成为我们个人气质的一部分，成为我们改变生活、改造世界的力量之源。试想一下世界上什么样的投资是一本万利的呢？唯有对知识的投资。故而"财女"们要时时督促自己，做一个有知识、有阅历的优雅女人。谨记一点，知识投资永远不会成为沉没成本。

2. 信息的捕捉：一掷乾坤

☆ 信息是人类传承文明、把握未来的载体。

☆ 孤陋寡闻最危险。反之，掌握信息越多或越新的人，就越能支配他人。

☆ 情报对我们周围世界的反馈是制定全部政策的基石。

梁文星大学毕业后在职场混了两年就厌倦了。她希望可以自己创业，开一家鞋店。但是她的家人都认为她的想法太简单了，她不仅没有经验，积蓄也不够开店，所以她的决定遭到了周围人的强烈反对。

不过她没有放弃，还加快了开店的进程。从朋友那里借了一些钱，又在熟人的帮助下找到了店面。货不知道从哪儿进，就去自己常常买鞋的地方，与老板商量。她还以熟客的名义要求老板优惠点，并以为自己

聪明绝顶。

开始时，她以为自己开店小菜一碟，也不知道订货的数量和周期，以至于第一个月店里只有二三十双鞋，房租却付了两万，此前的装修还花费了一万多，但月底算下来营业额只有三千多。但她并没有因此虚心求教，仍旧一意孤行，一个人既做老板又做营业员苦苦支撑。至于进货渠道，她还是在自己常常光顾的老板那里拿。3个月后，她不但忙得连休息时间都没有，账面上依旧入不敷出。家人苦劝无果，与她的关系陷入僵持。她非常困惑，以前常有人说她精明，但现在却有人说她聪明反被聪明误。她不知道这个店继续开下去还有没有意义，如果停业的话，所有的钱不是都打了水漂？

商场如战场，荆棘丛生、危机四伏。看不见的刀光剑影反而更令人防不胜防。为人精明的女孩子并不一定就能在商业上无往不利。梁文星的失败告诫着"财女"们：在追求财富的过程里，信息的匮乏会导致全盘的溃败。这里的信息包括了在商业上为我们进行有效决策和预判而搜集的所有数据。

在信息技术成为第一生产力的时代，信息风暴不可避免地将我们所有人都卷入其中。大量、多样、快捷、无地域限制，都让信息传播无往而不利，无孔而不入。每天我们通过广播、电视、报纸等媒体有意无意地接收信息，精明的商家甚至可以用循环播放的广告来不断刺激我们的眼、耳、鼻、舌、身、意，可见信息的巨大威力。对"财女"们来说，在投资理财的筹划中，或是创业谋利的打拼中，获得及时准确的信息才可能带来财富创造上的突破。

卢英德出生在印度，她是百事帝国的首任女掌门。1994年她加入百事不久，百事可乐正处于调整期，在海外市场很难赶上风头正劲的可口可乐。百事公司的餐馆业务，包括必胜客、肯德基和意大利比萨饼等餐厅的运营开始出现停滞，几乎没有什么增长。而当时的可口可乐正是华尔街的明日之星，也是百事可乐董事会会议的热门话题。

在对各地市场作了全面广泛的调研后，卢英德将反馈到的信息汇总分析，对百事公司的发展战略就有了基本的规划。首先，基于当时美国快餐市场已趋于饱和，不动产成为一个越来越难以获利的投资，所以她开启了百事的"瘦身"计划，剥离了包括肯德基、必胜客在内的餐厅业务，而后又收购了纯果乐和桂格这两个健康食品品牌，这一举措不仅改善了百事公司的业务结构，同时也提升了百事的公众形象。

卢英德对于市场信息的准确把握和犀利分析，不仅体现在战略重组的决策上，更展示在她对竞争对手的预判上。在可口可乐为百事带来巨大压力的1998年，她就指出，可口可乐分割业务的模式以及两位数增长速度不太可能持续。事态发展证实了这一点：可口可乐的股价上升到88美元顶峰的4个月后，开始了单边下滑。

市场是一个瞬息万变的地方。对于企业经营者而言，商战时常会成为信息战、情报站。唯有眼观六路、耳听八方，才能运筹帷幄之中，决胜千里之外。快一步获得关键信息，就能占得先机；深一层得出真实信息，就可能扭转乾坤。不过在繁杂、庞大的信息流中，也充斥着无数虚假的、无用的、重复的部分，这就需要用丰富的经验和冷静的头脑来进行甄别和筛选。

"财女"们想必也已经意识到信息就是打开宝藏的钥匙。要想利用信息赚钱，就必须不断补充新的知识，锻炼自己的专业眼光，提高自身辨别、分析、整合信息的能力，最后实践到自己的致富方案里。

3. 眼光的独到：一击即中

☆ 一个成功的创业者，必须具备三个要素：眼光、胸怀和实力。眼光决定你事业的长度，胸怀决定你事业的宽度，实力决定你事业的深度。

☆ 眼界决定境界，思路决定出路，定位决定地位，理念决定道路。

可可·香奈儿是风靡于 20 世纪 20～30 年代的三大设计师之一。她的设计最能充分理解和把握时代精神。当时的欧洲大陆正处在一种向多元化、国际化蜕变的过程中，某些长期以来谨言笃行的观念面临着众多新思潮的冲击。香奈儿便是这种"叛逆"的代言人之一，她一生中曾两次准确无误地掌握时装潮流的命脉，两度把全世界女性的服装进行了颠覆性的革新。

1913 年，她以"我解放了身体"为哲学，进行首次尝试，用普通的布料制成简单的运动装。她致力于让职业妇女穿上"尽可能简练、朴素的服装"，被称为"运动型之母"。她本人率先尝试黑色小礼服和男装长裤的搭配，受到了时尚杂志的追捧和民众的赞赏。在 20 世纪 20 年代，她成为巴黎时装界的女王。因为她锐利地洞察了时代的要求，人们也常把这个时期称为"香奈儿时代"。

当她 70 岁时，第二次掀起了服装业的革新浪潮，赋予了女装一种"全新形象"。在 20 世纪中期，妇女希望拥有更活跃的生活，她们渴望实现男女地位的平等，继而能更自由地表达诉求。针对这一需求，香奈儿推出了大受好评的花呢套装。款式简约、面料高级、有金链装饰，这些特点也是后来香奈儿时装的个性标志。

香奈儿的成功更多是要归功于她对时代脉搏的精准把握。她把晚礼服"约定俗成"的拖地长裙缩短到及踝的长度，极为大胆地打破了传统贵族的打扮；她将人造宝石大众化地修饰在服装上，将庸俗的赝品打造成视觉效果鲜明的个人风格；她甚至将男装女穿变成了一种"妙手偶得"的时尚风潮。这些服装设计上的细节恰恰迎合了妇女寻求个性解放的情感需求，将女性从做作、繁复的束缚里解脱出来，从而具有了超越时代的革命意义。香奈儿"时尚来去匆匆，风格却能永恒"的穿衣哲学至今影响深远。香奈儿在设计上的灵性和眼光上的独到不仅使她本人成为了时代偶像，也让她一手打造的香奈儿帝国长盛不衰。

不同的时代会拥有各自迥异的时代印记，而对于商机的把握也只有靠置身其中的人自己的观察和判断，而这其中不变的一点要求就是：眼光要远，视线要宽。"财女"们要想领略财富之门这边独好的风景，就必须自己拥有"风物长宜放眼量"的长远目光，不能为了点蝇头小利就拘泥眼前、鼠目寸光。"智者赚明天"，投资理财只有学会放长线钓大鱼，财富目标实现的概率才会大大增加。

洛克菲勒在 26 岁时就经营起了高风险的石油生意，当他手下的石油公司控制了美国全境炼制石油出售的 90% 时，他依旧没有停止冒险行为。当时在利马发现了一个油田，不过因为含碳量高，人们称为"酸油"。当时还没有一种有效的方法可以提纯，因此一桶只能卖 15 美分。而洛克菲勒却相信技术迟早会解决提纯的问题，这个油田的潜在价值是巨大的，所以执意买下油田。而这个提案被董事会多数人投了反对票。他只得说："我将冒个人风险，自己拿出钱去关心这一产品。"他的决心终于说服了董事会接受了他的决策。

结果两年后，炼制这种"酸油"的技术问题就解决了，油价从每桶 15 美分涨到了 1 美元。标准石油公司在那里建造了当时世界最大的炼油厂，赢利猛增到几亿美元。

世界会向那些有远见的人让路。投资理财就要用犀利的目光穿透光怪陆离的表象，觉察真实，要用前瞻性的思维预测未来的发展方向，敢于出新，乐于尝试。"财女"们，要着眼于远处广袤的森林，而不要自得于近处的一棵小树，把目光放长远，不被一叶障目，才能在风云诡谲的商品竞争中成功致富。

4. 自由职业：风险选项

☆ 自由之于人类，就像亮光之于眼睛，空气之于肺腑，爱情之于心灵。

☆ 智慧最后的结论是：生活也好，自由也好，都要天天去赢取，才有资格去享有它。

☆ 青年之字典，无"困难"之字；青年之口头，无"障碍"之语；惟知跃进，惟知雄飞，惟知本身自由之精神，奇僻之思想，锐敏之直觉，活泼之生命，以创造环境，征服历史。

　　林悦是一位畅销书作家，每天只是在家按规定写作，每天写作8000字左右，现已经发表几十本畅销书，她每年的收入能够达到20万元。

　　她工作的灵活度很高，时间自由，平时不受制度的约束，也不必待在职场的复杂环境里，不用面对老板，也避免了同事间的利益纠葛，她觉得自己过得十分惬意。因为写作本就是她的兴趣所在，只要进入创作的状态，她就能够心无旁骛，再加上读者的支持肯定，她既在物质上衣食无忧，心理上又非常满足。

　　以她的文笔和市场接受度，她1个月的稿费大概可以达到三四万元。另外，她有时间还会为一些文学类的网站写些作品，这些网站为驻站作者制定了一个复杂的收入体系。由于电子版作品的阅读要收费，网站一般都采用分成的做法，以稿费的形式将这部分收入支付给作者。此外，网站还提供了一套激励机制，比如，她每天只要更新作品的数量达到一定的字数，就会给她发放"全勤奖金"，再比如，如果读者的点击率达到某个数值，就可以上排行榜甚至参加每周或每月举办的擂台赛，获胜者亦有奖励，这样加起来每个月的收入达到近5万元。

林悦只是凭借自身的才能每个月就能够赚到近5万元的薪水，更令人向往的是，工作自由度极高，人际环境简单。对此，"财女"们可能非常羡慕，可能有的人还对这种工作产生了浓厚兴趣。首先我们可以先来了解一下这个职业的性质。

自由职业是一种涉及多个雇主，但没有长期和固定合同的工作形式。互联网提供了大量的这种赚钱机会，很多招聘网站都提供这类网上工作资源。雇员可以从不同雇主发布的招聘信息中找出适合自己的工作机会。当然，雇主也可以从雇员信息中找出能帮助自己完成任务的人。那么从事这种工作需要些什么呢？有意从事自由职业的"财女"们又是否真的合适呢？我们可以具体看一下。

第一，知识：招聘网站有从数据录入、软件编程、网页设计到文案撰写等不同的工作机会，你可以基于自己的技能和特长选择适合的赚钱机会。

第二，时间：你可以根据自己的情况选择兼职或全职。很显然，如果你已经有了一份正式工作，可以偶尔利用业余时间接几单私活赚点外快。如果想全职在家里做自由职业者也是可行的不过在新手时期可能会比较辛苦。

第三，简历：一旦注册成为某个招聘网站会员后，就需要创建一份简历。将自己接受过的教育程度和技能填写清楚。撰写良好的简历有助

于让有诚意的雇主发现你，从而获得更多机会。

接下来你可能会问自由职业者的收入如何？薪酬通常都是基于工作量多少，并且多数都是以小时计算。每小时的工资高低与工作性质有直接关系。如软件编程、软文编写、网页设计的收入相对较高。实际上，如果拥有特殊技能，从事自由职业获得的收入相当体面。

以下列举一些自由职业者，你可以从中看到自由职业者的赚钱之道。

第一，自由讲师：慷慨激昂、妙语连珠。启迪着名利客，棒喝着梦中人，赚取着高收入，享受着自由身。

第二，自由婚礼顾问：进退得宜、创意无限。不仅能专职专业地帮助筹办，更能在婚礼当天让席上宾客舒心尽兴，让堂上新人喜笑颜开。在见证一段幸福的同时也为自己带来了物质上的丰厚回报。

第三，自由撰稿人：专职写作，妙笔生花。为杂志媒体送去新鲜养料，让陌生读者获得个性化的阅读体验。一根笔杆可写风花雪月，亦可针砭时弊，可柔如苏绣，亦可利如刀锋，为自己赢得物质、精神双丰收。

第四，小吃经营者：辛勤劳动，特色经营。劳力付出艰辛，但资金成本低廉，如果能作出口碑、打响特色，将来不是扩大规模就是加盟连锁。

第五，网店经营者：电子商务时代的必然产物，虽是虚拟店铺，仍改不了买卖本质。掌柜自进自销，为淘货的买家提供快递上门服务。

第六，自由 IT 人员：技术制胜，风雨无阻。微机维护、电脑维修、网站架构、程序设计，无一不是业务范围。信息工程要赚钱，技术才是硬道理。

通过这些盘点，"财女"们应该可以看出，自由职业者是一群自我约束、单兵作战的群体。他们在成熟的产业链中找到自己可以操作的环节，以自己的技术和才能谋求利润，自由自在营销自己，等雇主上门或主动出击，这就是他们的生财之道。

如果说一般的从业人员会这样描述"我有一份工作"，那自由职业者就可以这样表达："这份工作属于我。"成为自由职业者并不是一件容易的事情，要成为自由职业者，必须是具有特殊的知识与技能以及社会生存能力，还要有坚韧的意志。缺乏生存的技能和抗压的素质，缺乏相应的社会关系和营销智慧，就没有资格做一个自由职业者。有意于此的"财女"们，你做好准备了吗？

工作：最直接的"芝麻开门"

身为女人，与男人相比，我们更能忍耐，处事更为细致，待人更加亲和，才智与能力也不输给男人，我们同样可以获得事业上的成功，并在工作中创造财富，成为生活的强者。既然上天赋予我们如此多的优势，我们又为什么要收回自己投向远方的目光？为什么要收拢本可以高飞的翅膀？"财女"们，就让职场成为我们构筑自己幸福之城的第一站。

1. 要嫁对郎，更要入对行

☆ 人生充满了选择，职业选择是人生最重要的选择之一。这不仅因为职业生活占据了人生最宝贵的时间，而且因为在职业岗位上所取得的成就体现了一个人一生的主要创造，是人生价值的主要体现。从这种意义上讲，选择职业就是选择自己的未来。

☆ 职业生涯规划的目的绝不仅是帮助个人按照自己的资历条件找到一份合适的工作，更重要的是帮助个人真正了解自己，为自己定下事业大计，筹划未来，拟定一生的发展发向。

☆ 需慎重对待转行，如果自己对所要转入的行业一窍不通，或者自己积累的经验不足以应付将要面对的局面，最好还是放弃。因为转行意味着要放弃很多此前积累，并从头再来，这对于职场发展来说，要付出不小的成本。

小慧在大学学的是计算机软件开发，毕业后做了外企软件开发工程师。刚进公司的时候，她只是负责一些简单的服务工作。几个月后，她逐渐地开始接触一些开发工作，但是，工作内容却让她感到疲惫不堪。她觉得做好自己的本职工作就已经超出自己的体力负荷，让自己身心疲惫。两年过去了，尽管天天都很累，她在公司得到的评价却是刚刚能胜任工作。她想，如果想在本行业得到更好的发展，想要升职加薪，恐怕是难上加难了。

没有选对适合自己的行业，就会像小慧一样，在职场生涯里充斥着无奈和不如意。这样的工作不但让身心俱疲，也会让"钱"途无望。常言道："女怕嫁错郎。"其实在现实里，女人同样怕入错行。一旦职业选择出现偏差，迫于生存压力继续下去是一种痛苦，转行从头再来也是一种痛苦。对自己缺乏认知是职业方向出现错误的根源。

有研究机构专门为面临就业选择的年轻人提供了评判标准。只要符合当中一条，那么这个企业对你而言就算是合适的，"财女"们可以对照一下。

第一，不在于是否经常有出国接受教育的机会，而在于你接受的培训是否能让你锻炼优势或者弥补短板。

第二，不在于你是否犯错，而在于能教会你下一次不再犯同样的错误。

第三，不在于企业是否是全球500强，而在于此次的工作经历是否能为你的履历加分。

第四，不在于能交到多少知心好友，而在于你迷茫不知方向时是否有一个好的"前辈"为你指点迷津。

第五，不在于是否能让你在职位上实现快速升迁，而在于是否能让你在一个工作维度上承担不同的工作任务。

第六，不在于是否会教给你圆滑世故处事，而在于有一个相对简单

的人际关系可以让你专心地去做事。

第七，不在于这份工作是否富有趣味，而在于它是否能让你感受到激情并勇于向未知挑战。

第八，不在于能让你立刻赚到很多钱，而在于能让你掌握可以赚钱的过硬本领。

第九，不在于能让你通过这份工作结识多少贵人，而在于能让你积累多少工作人脉，并学会与人打交道的方式。

第十，不在于工作环境是否足够奢华，而在于工作氛围是否让你舒服，是否能让你感觉到应有的尊重以及心灵的自由。

除了要仔细地评判工作本身，还要注意到一点，那就是男女差异造成的职业隔离。女性在生理与心理特点上与男性会存在鲜明的不同，这在个人职业生涯中也形成了一定的优势与劣势，所以，女性在择业的时候一定要寻找那些适合女性特点的职业。要想发挥自己的优势，在职场赢得漂亮，那就要注意在入行时谨记女人的天赋能力。

第一，驾驭语言文字的能力。科学研究证实了女性运用语言词汇的能力优于男性，且随着年龄的增长，知识与经验的积累，女性驾驭语言文字的能力，在语法、造句、阅读能力方面都优于男性。

第二，很强的直觉思维。相比于男性在实践的认识能力上的出色，女性在形象思维和细节记忆上都具有着明显的优势。

第三，较强的人际交往能力。女性普遍感情细腻，具有亲和力，容易和人相处，在社交场合或团队协作里就能表现出较强的沟通和交往能力。

第四，持久的耐心。多数女性工作耐心持久，有很强的责任心，所以能在较单调的工作条件下孜孜不倦地长期工作。

2. 莫让"温水煮青蛙"，职业增值有策略

☆ 所有职业人都必须清楚，职业发展方向要和自己的个性气质相契合，经验积累要和职业发展方向相一致，学历、资质提升要和工作经验相配合。这才是获得认可的基础，这才是保值、增值的前提。

☆ 意外和明天不知道哪个先来。没有危机就是最大的危机，安于现状就是最大的陷阱。

☆ 世界上有很多有才华的失败者和高学历的无业游民，这都是因为选择错误。

卢溪是教育专业出身，曾经希望能在幼教领域创出一番事业。毕业后她在一家教育投资连锁公司下属的一家幼儿园担任主课教师。除了正常的教研工作，卢溪还主动承担起了网站编辑和幼儿园活动策划等工作，成功组织了各项活动，网站质量也受到园长和总经理的好评。

后来因为公司管理的混乱，而且自己也感觉不太适合做教师，于是她跳槽到一家教育发展投资公司做市场专员，开始时每天都要往外跑业务。但卢溪只用了1年的时间就成为公司的业绩标兵，升职做了主管。后来她被安排到市场部，担任市场部经理助理，在这个阶段，她开始全面接触市场工作，工作激情和绩效非常高。在助理的位子上，她充分发挥自己的特长，特别在市场策划方面显示出了过人的能力。

3年来，卢溪的职位没有变动过，因为市场的策划都有市场经理主导，没有下设的主管。而其他市场工作中，她感觉自己兴趣不大。下一阶段的发展问题摆在了面前：自己的日常工作主要有媒体、公关和广告管理三大部分，她感觉自己都蛮有兴趣，可是不知道以后应该朝哪个方

向持续发展，而且哪个方向她都不具有足够竞争力；自己在市场工作方面专业度不够，市场经理似乎并不太适合她。她到底该怎么办？

卢溪的困惑其实是很普遍的，七成以上的职业人随着职业经验的积累，会出现职业方向迷失。因为职业技能的发展具有延展性，适用领域在不断扩大的同时又会遭遇职业晋升的问题，而后职业瓶颈如期出现。

不过从卢溪的从业经历可以肯定的是她找到了一份适合自己的工作，并为之付出了大量的努力。还有关键的一点是她能积极地和职业惯性做抗争，敢于迎接新的挑战，敢于突破专业限制，敢于承担职业转换的风险。

相比之下，许多职场中人就是一种随遇而安的状态，没有主动去主导自己的职业命运，而是在"专业对口""工作经验"的美丽借口之下，失去了许多能够更大发展的机会。这类职业人永远无法通过个人的潜力发挥，带来职业价值的不断提升，最后只能接受不可逆转的身价下跌，只是周期不同而已。

同时，我们可以从卢溪的职业困惑中发现，她只是对自己的优劣势有感性认识，并没有更进一步给自己进行科学的职业定位，更谈不上理性地把握职业生涯发展规律。

"财女"们要以此为鉴，如果希望职业持续发展，现阶段必须有明确的定位，扎实积累专业经验。专业背景的不强将直接制约你的职业向下一个平台晋升。此外，你还要进一步分析自己的职业能力结构，找到最能发挥优势的职位积累核心竞争力。职业通用竞争力也是必须加强的部分，比如初级管理职位中特别强调的协调能力、分析能力和沟通能力要核心增强。在职业发展初期如果因为通用能力不足而被限制在具体行业，将会导致职业价值的增值率下降。

朱小姐在过去10年时间里先从事财务工作，抓住了一次机会进入市场领域发展，之后在销售、客户服务方面有过短暂停留，最近是在某公司项目部门稳定了一年多时间。但是现在的工作十分不如意，项目管理工作做得不是很出效果，部门的新人又给她很大的威胁和压力。考虑了很久她终于再次进入职场竞争，满以为凭自己丰富的工作经历打造的"全才"形象肯定会成为职场宠儿。但是事实正好相反，她面试的所有单位都对她的经历摇头。朱小姐感到惊讶而沮丧，在职场的十字路口第一次徘徊不前。

朱小姐的案例非常典型。她的从业经历跨度太大，工作经验内涵过于复杂，专业技能和知识发展出现许多断层，造成了任何一种专业能力都不能达到企业和工作要求，即使就业成功也很难在该领域获得成功。

"财女"们必须学会客观地评价自己的能力、潜力结构，找到最能发挥自身优势的职业和领域。当今职场"全才"就是废才。每个职业人应该在自己擅长的领域持续发展，最终锤炼核心竞争力。这就是职业定位完成得好不好的区别。所以，我们要以职业定位和职业规划为基点，在选择工作时要时刻保持专业技能成长的连贯性。

涂先生原先是一位中学教师，因为对工作失去了兴趣而做了保险代理人工作。当工作新鲜感消失之后，他觉得这种每天毫无稳定感的生活实在难以坚持下去。可是别的工作机会好像很难去获得。经过打听，他了解到注册会计师和司法考试两种资质认证在职场上好像很受欢迎。于是经过两年多的准备，他顺利拿到了这两个认证。涂先生计划着做财务和法律相结合的工作，但完美的计划被现实打得粉碎。满以为自己会大受欢迎，可是4个月过去了，他连面试通知都没有收到。

技多不压身，这句古训的有效性已经被现实挑战。在当今职场，如果自己的专业技能没有得到精深发展，而是处于横向发展状态，就会给个人职业价值的提升起到负面作用。而这一群体本身却还没有意识到自己掉价的根本原因，手中的技能、证书就像鸡肋，食之无味，弃之可惜，犹豫之间向许多需要他们某一项或几项技能和资质的公司投去了简历，结果还是找不到合适的工作。

许多人碰到了求职跳槽困难，最先想到的就是补学历、补资质，这些东西固然重要。但是，如果补的不对地方，补的不是时候，将不可能带来任何的价值。因为你补出了学历和资质，工作要求肯定会有所上升，但是自己的经验能力根本无法胜任工作。于是低的工作不屑于做，高的工作又干不了，到头来只能扼腕"怀才不遇"。所以"财女"们一定要警惕，涂先生犯的根本错误就是他没有对自己进行清醒认识，就茫然考了资质，市场的反应只能让他找到低端岗位，惨淡经营。投资教育是要讲求回报率的，我们却发现很多的职场人士走的是最掉价、回报率几乎为零的职业生涯路线。

"财女"们要好好检视一下，职业体态是否"过胖"，如果有臃肿的隐患，必须马上"瘦身"，找出自己的职业核心竞争力，剖析自己的职业精华，否则每随意选择一份工作就无疑增添了肥胖度，到头来非弄得失去健康不可。"财女"们要避开潜藏于职场的这些沉没成本，先是要保持专业技能成长的连贯性，而后就要伺机而动，适时突破学历资质瓶颈，带来最大回报。

3. 让"培训"为自己的身价加码

☆ 每个人都有潜能，能否将潜能挖掘出来并使之成为卓越的才能，取决于如何培养它。

☆ 打败竞争对手最有效的手段就是比对手学得更快！培训很贵，但不培训更贵。

☆ 你可以拒绝学习，但你的竞争对手不会。学习时力求精益求精是一种美德。

☆ 培训，就是培养在前，训练在后。培养是内在的、长久的、观念的，训练是外在的、一时的、技巧的。只培不训如纸上谈兵，只训不培如无本之木。

李杉本科时就读于英语系，为了减轻家里的负担，她毕业之后就没有再继续深造，而是到一家外贸公司做前台接待工作，当时月薪也只有1500元。前台工作是极其琐碎的，每天除了接听与转接电话外，还要接待公司来访的客户，收发公司的各种信函，还要为老板订机票、为公司叫快递、为同事们订午餐。尽管工作是相当繁杂的，李杉没有倦怠，因为她明白，只有不断地提高自身的业务能力与素质，自己才能提升到更高的职位。否则，自己也就只能停留在前台接待的职位，吃"青春饭"。

为此，她在尽职尽力地做好自身的本职工作的同时，合理地利用好业余时间参加各种英语口语培训学习。一年后，她终于能够说一口流利的英语了。凭她过硬的英语功底，她又考了英语专业八级的英语证书，但是她却并没有满足，公司只要有培训的机会，她都会争取机会去参加。即便有时候那些培训内容与前台接待的工作无关，她也积极主动地去培训，为此她熟悉了公司各部门的业务流程。几个月后，公司要在香港成立驻港办事处，英语水平与业务能力有了极大提高的她顺理成章地被选中了。

李杉利用业余时间为自己进行口语培训，成功地为自己的职业生涯加码。可见，不论你职业生涯的起点在哪里，明智的"财女"都应该学会不断充电，通过努力学习拓宽自己的职业发展道路，提高自身身价，成为屹立在高薪职位上的"常青树"。

在职场上，人需要不断地充电；只有不断充电，不断学习，才能在加薪的道路上不断增值。一个人越能求知，就越会有才和"财"。很多职场女性在每天下班后会感觉异常疲累，如果你恰好还有一个家庭需要照顾，那么仅剩的一点业余时间也会被家事所"压榨"。可即使在这样的日常生活里，我们也最好养成学习的习惯。因为每天多学一点知识，就等于在人生路上多迈出了一小步。这种零星的努力，微小的进步，可以在日后为你带来丰厚的回报，当然持之以恒是一切的前提。

潜心求知，利用业余时间参加目的明确的各类培训，需要的不仅是勤勉的特质，更需要一颗坚定不移的心。

人的天性就如野生花草，求知学习好比修剪移栽。知识能转化为强大的物质力量，也能重塑人的性格，开阔视野，增值人生。

你可以试想一下，在同样的工作环境，同样的工作经验，生活背景相似，文化程度相当的两个人，经过若干年后，一个人可能会通过参加各种培训，利用业余时间不断地学习，成为某方面的专家，拥有令人艳羡的高薪工作；而另一个人则可能会因为不参加业务上的培训，不愿意学习，而被企业淘汰，成为惨烈的职场竞争中一个潦倒的失业者。

"财女"们要选择什么样的生活还需要犹豫吗？学会利用培训给自己加码，这不仅是让你的工作、人生更加充实丰富的方式，也是让自己迈向理想的高薪生活的捷径。

 ## 4. 要求加薪：有根有据，有礼有节

☆ 老板主动给你大幅度加薪，或是仅仅为弥补物价水平上涨带来的生活成本上升的加薪，概率都非常小。如果你没有这方面的要求，别人可能永远也不会提供给你。因此，你必须采取主动行动。

☆ 你首先需要弄清楚的第一件事情是——你为公司创造的价值值得你要求加薪。你必须向你的老板证明你对公司的价值，你对公司的盈利所作出的贡献。

☆ 会谈时你需要充满信心，但是不要太具有进攻性，不要傲慢。而且不应该将加薪的理由放在个人需要的基础上，而应该是从公司的角度来理解。应该强调你对公司的忠诚和你未来的发展潜力，不要威胁离开。

对上班族来说，薪水无疑是工作的重要目的之一，当工作经过一段时间并取得一定成绩之后，向老板争取加薪似乎也是顺理成章的事。赵琳琳就曾经有过两次向老板要求加薪的经验，因为事先准备不同，所以收获也就不同。

毕业后赵琳琳在一家消费品公司工作，那是她的第一份工作，所以她格外珍惜，工作非常努力，老板对她的工作态度很肯定，还多次在会议上表扬了她，但是却从没有提过给她加薪的事。一次偶然的机会，她得知同期的同事的工资早已是她的两倍，但是同事的工作质量并未见得比她优秀多少，她心里很不平衡，于是找到老板开门见山地表达了不满，并要求老板给她加薪，否则她就辞职。老板并没有理会她的要求，她对工作也失去了热情，开始敷衍应付起来。一个月后，老板把她的工作移交给了其他员工。她也觉得再做下去没有什么意思，赶紧递交了辞呈。

接下来的一份工作她依然很努力，连续几次在部门的成绩考核中排名靠前，但薪水依旧没有增加。她认真总结了一下，发现主要是由于自己平时在办公室里表现得不够勤奋和积极，只知埋头苦干做自己的事，不知道将工作做得更好。从此以后，她不仅把自己的工作做好，而且尽量把工作做得好到老板的意料之外。除此之外，她还尽量帮助同事，适当加班。这样经过一个工作阶段后，她做了一份工作报告交给了老板，这一次，她除获得了加薪，还获得了升职。

在物价飞涨、生存压力日趋加大的现代社会，薪水长期维持不变的工作已越来越难以满足人们的需求。而工资和人们自身的工作能力也不能完全等价，工作时间久了，开口提加薪是不可避免的。为了能从职场中掘到更多的财富，不要被动地获得薪水并保持长久的忍耐，而是要将它看作与你自己工作能力相符合的价值，然后向老板有意识地争取你自己应得的。但在提出要求前，如果你不好意思开口、不知道如何开口，该怎么办呢？要求加薪其实是一项技术活，我们需要做适当而充足的准

备。

第一，把工作做得漂亮，这是加薪的根据

能力和业绩是谈加薪的砝码，也是你要求加薪的最有力的依据。在和老板讨价还价的时候，一定要把本职工作做好。因为待遇问题而敷衍工作绝对是下下策，不但加薪的目的达不到，甚至因此让你面临失业的危险。没有人会为一个没有责任感的员工埋单。尽力提高自己在工作中的存在感，让上司觉得你很难被新人取代。有时也可考虑迂回策略，例如巧妙地将猎头公司正以更高薪水挖你的消息送进老板耳朵，如果这样他还不为所动，那么显然，在他心目中你还不值那么多。但这也有一定的风险，因为他一旦知道你有跳槽的可能，对你就会心生提防。

第二，知己知彼，方能百战百胜。这个"彼"包括三部分：行业内的工资水平、企业内的薪酬制度以及老板的管理风格

首先弄清业内的行情，如果你的薪水已经处于一流水平，要加薪只能转行了。其次，一定要了解公司的实际薪资情况，做到"有备而战"。如果公司的工资制度成熟健全，每个级别都严格按标准发放，那么，除了在应该涨工资的时候——比如升职、服务期达到标准，没有必要再动此心思。如果公司没有成文的工资制度，你应该多费些心思在自己的加薪之路上。了解一下工资发放的大致情况，注意"隐性工资"（各种补贴、费用报销标准、奖金系数等）的发放。最后要弄清老板的工作作风，如果他是那种从不主动为员工加薪的老板，说明他可能有些刚愎自用，最好采取比较委婉的加薪战术。

在做好这样的准备后，合理评估自己的身价，这样的前提下，只要你的要求恰当合理，自然很难被拒绝。

第三，加薪不是乞讨，请保持有礼有节

你一定要开口提要求，否则，从老板的立场看来要追求利润最大化，在这种情况下公司会节约一切开支。记住，这是你的正当权益，不

是乞讨，要底气十足、理直气壮。当然，凡事要讲究方式方法，坦然而善谋。比如你可以选择公司大赚了一笔、老板心情极佳的时候去谈。谈加薪的时机相当重要。只要明确列出自己出色的业绩、勤勉的工作态度、重大的成果等，成功的可能是很大的。

第四，天下没有白吃的午餐，进退得宜懂机变

如果你是在私下了解到同事工资后才生出加薪的想法，切记与老板谈加薪时，不要提及这一点。毕竟许多企业都采用薪酬保密的原则。一来，刺探他人的收入违反企业规定；二来，老板会觉得你是出于忌妒攀比心理才来加薪，反而会忽视你的实力。正确的做法是，你得表现出强烈的自信，摆出自己为公司做出的贡献，用事实说服老板。

若老板不答应你的加薪请求，先别垂头丧气、急着调头就走，不妨当场讨教上司："到底怎样才能达到加薪的要求？"若老板有条不紊地列举你有待改进的部分，那就谨记在心，及时改进以作为下次谈判的底牌。不然，若老板只是打哈哈随便应付，或许你可以使出"离职"这个撒手锏来加以试探。当然，提出离职只是一种试探，除非你早有后路。你的目的是加薪，而不是走人，所以一定要含蓄地表达出对企业、对老板的忠诚。如果傻到扬言"不加薪就走人"，就等着面对难堪的结局吧。甚至老板或许会将错就错地批准你的要求。那时，你就得不偿失了。

第五，注意场合，单独为宜

进行薪酬谈判时，不要试图联合集体的力量，没有人比老板更懂得利用人在利益追求上的私心。几个人拧成一股绳去谈加薪，领头的那个往往会成为牺牲品，跟从者倒多少能得到一点实惠。因此，切勿带一帮"小弟"前去切磋，一切依靠你自己。在与老板面对面的场合下注意自己的着装和举止，如果你有加薪的内涵，却没有加薪的外表，永远看起来像个没睡醒的人，或衣着看起来很不像可以升职的人，加薪升职的大蛋糕永远不会有你一份。要知道"外表给人的印象"远远超过你的想象。

5. 提出让人信服的理由，赢得你应有的福利

☆ 如果加薪要求不能得到满足，你可以尝试要求更多休假时间或者其他要求。如果你所有的要求遭到拒绝，那么请表达你的失望之情并平静地离开。平静地离开给你老板的感觉是，可能还有更好的工作在等待着你，尽管这有可能是假的；如果你的要求得到满足，请表达你的感激之情，而且应该加倍努力工作，以证明老板做出这样的决策是完全正确的。

☆ 获得高福利的秘诀是什么？非常重要的是设定你的职业目标，但是同等重要的是让老板分享你的个人职业目标。

付芸在一家专营高档茶叶的私营公司做包装设计，她的工作是为公司设计各种各样的茶叶礼盒样式与包装。由于公司规模扩大，她的老板刚将公司从一个二线城市搬到北京，公司也正处于成长期，资金周转相对紧张，所以老板提供给她的薪水在同行中只能算中下游。但是付芸十分喜欢这家公司的工作氛围和经营理念，她并不愿意离职。因此，付芸向老板提出了自己的要求，她要求每周的工作日中要有两天时间待在家中，三天到公司去坐班。她这样对老板说："在家上班，我的工作效率会更高一些，并且也可以为公司节省一些管理费用。另外三天的坐班时间足够与公司的文案、销售等一起交流讨论，看哪些地方需要修改调整，立刻就可以进行操作，然后就可以将设计成品直接交给公司了。"付芸提出的理由合理而有说服力，老板很爽快地答应了她的要求。

付芸给出的理由不仅关乎她自身，为她节约了上下班的时间成本，赢得了更多的自由工作，而且兼顾到了公司的利益，使老板更加容易接受。虽然在薪资上没有达到一个令人满意的水准，但付芸在福利上的争取还是为她获得了利益。

在现实中，很多人在入职的时候，会与老板谈及福利，但不会深化细节，毕竟在传统观念里，相比福利，工资才是人们从工作中获益的"大头"。但是工作一段时间后，公司如果不主动提供一些福利，或者在工资并不那么令人满意的前提下不提高福利待遇，也必定会影响在职者工作的积极性与自身的利益。在这个时候，如果你能够向老板合理地要求你的福利并能提供可信的证据支撑，一旦这样的要求被采纳满足，那些属于你的额外福利，就等于在无形之中增加了你的工资，照顾到了你的利益。比如公司让你享受更长时间的带薪年假，给你提供一间明亮的向阳办公室，批准你得到一个靠近主干道的停车位，公费送你到国外参加职业培训，再比如你平时在工作中零星琐碎的开支，在月末结算的时候公司会给你经济上的补偿，这些都属于你可以去争取的正当福利。如果你能够被批准获得这些福利，并且能够充分地利用它们，就相当于提高了你在工作上的财务潜力。

当然，很多福利是不能用常规的尺度来判断利弊的。假如你的老板在你的薪酬审查期间同意你的因私请假，他就会有可能利用你的这件事情来减少你的加薪额。这样的"福利"只会让你以长远的损失为代价获得一时的便利，因此，不到万不得已，千万不要在此期间请假，不能给老板这样"乘虚而入"的机会，否则就正中了老板的下怀。

假如你知道老板不给你加薪的原因并不是因为你本身工作能力的问题，而是由于公司财务紧张或者是老板本人小气吝啬，但他心里实际上也认可你的价值远在基本薪水之上这个客观事实，而你自己也十分愿意继续做这份工作，那么，你就可以要求一些额外的福利。比如你可以要求老板增加你的通信出行补助，为你提供职工宿舍或者允许你享受到更加富有弹性的工作时间，只要这些福利合理有度。老板也不会断然拒绝，甚至在无损公司利益的条件下还会欣然接受。

6. 职场之外的财富之路

☆ 老板只能给一个位置，不能给一个未来。

☆ 有人说，人生最幸福的事儿，莫过于将自己的兴趣作为终生职业；也有人说，当你将兴趣作为自己的职业，那么你将永远失去一门爱好。我们认为，将自己的兴趣作为兼职，或许是个不错的选择。

☆ 做兼职是个开源的好方式，不过不能盲目。选择兼职与自己的特长和未来发展的方向相结合，这样既可以锻炼能力、积累经验，还可以积累一定量的资金，可谓一举两得的好事。

"80后"范宁的本职工作是某大型国有企业下属企业报的编辑，朝九晚五中的一员。除了早上8：30到下午5：00的上班时间，离开单位之后就都她可以自由支配的业余时间。她开始做兼职是始于学生时代的爱好——写作。

最初，范宁是在一个中文论坛上发表推理小说，与一些原创同好相互切磋。后来范宁又与一家小型文学网站签约，在网上发文赚钱。一位台湾的出版社编辑在网站上看中了她的小说，决定出版。而她兼职出版的第一本小说拿到了14000元的稿酬。除请朋友们吃了一顿外，还给自己买了一台当时价值不菲的IBM笔记本电脑。

投入职场之后，第一次踏上工作岗位，一切都是适应磨合阶段，身心俱疲。这个时候还要再完成书稿，范宁觉得实在有点力不从心。在本职工作和兼职之间，她果断地选择了前者，放慢了出书的速度。

在工作踏上正轨，掌握好流程以及节奏之后，她又陆续帮文化公司写过几本言情书。随后再次转战文学网站。这个时候虽然她已经成为驻站作家，并由编辑推荐，但她的创作重心发生转移，收入微乎其微。她对小说写作的兴趣日渐淡薄，转而开始创作剧本。

最初投入剧本创作的范宁，并没有找到门道，只是看到网上有许多征稿信息，一般只要求提供大纲即可。兴趣所致加上出手又快，她写了无数剧本大纲，但无一例外地石沉大海。直到去年，一家出品国际大片的大型电影公司举办了一场有奖剧本征文比赛，她一举获得了二等奖，奖金4万元。前不久，范宁去北京参加了电影节，目前剧本也基本有了合作意向，导演、投资人、故事情节都已基本定型，如果不出意外，她的剧本将被搬上大银幕。同样是出于写作的爱好，转战剧本创作，范宁还有一层考虑："一来剧本创作的收入肯定高于目前的图书市场，毕竟现在随着年龄增长，已经是拖家带口的，不再是当年的文学少女，经济是不得不考虑的一个方面；另一方面，我也在探索一条更好的职场发展道路，毕竟人要往高处走。"

而且在她看来，兼职对本职工作还有正向的助益。她说："我觉得兼职对本职工作影响不大，甚至还有正面帮助。像我在企业报上班，工作主要就是写新闻稿，有时还要写长篇通讯。因为长期练笔，在做本职工作时，至少是文字通顺，交稿迅速，而且可以把事件的来龙去脉讲清楚。"

从范宁的案例，我们可以看到，用好业余时间，生财的机会将十分可观。职场外，"财女"们又如何找到那些生财之道呢？首先便是要了解自己。每个人的综合能力都可以通过一个四层的金字塔模型来表示。从塔底到塔尖的四层分别是知识、技能、才干以及驱动力。其中驱动力处于顶端，是个人内心深处所有行为的动力源。范宁就纯粹是出于兴趣而投身兼职，只要对文字的热情没有枯竭，她就仍可以在创作这个方向上获得物质上的丰厚回报。

　　具体执行上，在找业余生财的方向之前，我们可以再建立一个行情金字塔，底层是行业选择，在众多行业中找到适合自己的；金字塔中层是环境选择，即对自身及周围环境条件进行考察，筛选出能够让自己发挥技能的行业；金字塔的高层是职位选择，即在与自己匹配的行业中找到与自己匹配的岗位。这样的分析定位可以有效地排除你在选择兼职过程中的盲目性。

　　如果你拥有出众的专业技能，你可以在业余时间接些私活，既能锤炼专业技术，也为财富流入疏通了渠道；如果你有高手指点或可靠消息，你也可以进入基金、外汇等市场，业余投资纵有风险，也不失为财富积累的一条大道。当然，"财女"们在职场外混得风生水起时也不要忘记，兼职赚钱要谨循两个原则：一是不要和本职冲突，不知取舍可能会让你一无所有；二是不要让自己太累，没有健康作支撑，所有财富都将一文不值。

创业离我们并不远

哈佛的一些大学生曾经问过巴菲特一个问题："我该去为谁工作？"巴菲特回答："去为那个你最仰慕的人工作。"两周后，巴菲特接到了来自哈佛教务长的电话。他说："你对孩子们说了些什么？他们都成了自我雇佣者。"这个故事里，年轻学生的自信令人莞尔，而正是因为年轻，所以从他们身上更容易找到创业的激情。

古语说："君子藏器于身，待时而动。"什么时候才是"时"呢？在自主创业的过程里，当你有了好的构想并下定决心后，就是那个"时"。在那些成功人士的现身说法里，创业似乎总是充斥着"路漫漫其修远兮"的艰辛，又要具备"虽九死其犹未悔"的决然。女性朋友们不要望而生畏，千层高塔是从一砖一瓦垒砌，万里征程亦是从一步一履起始。读完这一章，你会发现，创业离我们真的不远。

1. 用心才有商机

☆ 我们多数人的毛病是，当机会向我们冲奔而来时，我们兀自闭着眼睛，很少人能够去追寻自己的机会，甚至在绊倒时，还不能见到它。

☆ 你不要以为机会像一个到你家里来的客人，它在你门前敲着门，等待你开门把它迎接进来；恰恰相反，机会是一个不可捉摸的"神秘人"，无影无形，无声无息，假如你不用苦干的精神，努力去寻求它，也许永远遇不到它。

☆古谚说得好，机会老人先给你送上它的头发，当你没有抓住再后悔时，却只能摸到它的秃头了。或者说它先给你一个可以抓的瓶颈，你不及时抓住，再得到的却是抓不住的瓶身了。

1942 年汉德勒夫妇在一间车库创办了他们的公司。最初他们公司的产品是木制画框，埃利奥特负责研制样品，露丝负责销售。一天露丝突然看见她的女儿在和一个小男孩玩剪纸娃娃。这些剪纸娃娃不是当时常见的婴儿宝宝，而是一个个少男少女，有各自的职业和身份，让两个孩子都很沉迷。

"为什么不做个成熟些的玩具娃娃呢?"她看到了市场的可能性，经过无数努力，芭比娃娃诞生了。

露丝总能从平常的生活里发现特别的商机。1970 年，露丝被诊断患有乳腺癌，并接受了乳房切除手术。厄运并没有击垮她，反而让她从自己的病中获得了灵感。她为自己做了个假乳房，并取名为"真我风采"，开始了她的二次创业。1976 年露丝成立了一家新公司，不是生产玩具，而是生产人造乳房。她的目标是使人造乳房非常真实，以便"一个女人可以戴一般的胸罩和宽松的上衣挺胸走在路上，而且非常骄傲"。

正如"芭比"一开始受到的冷遇，在那个时代，乳房病症依然是属于令人难以启齿的话题，露丝受到了来自各个方面的嘲笑和讥讽，即使是女人对她也颇多微词。不过露丝坚持了下来，而显然财富不会亏待拥有远见的人。到 1980 年，露丝公司的人造乳房销售额已超过了 100 万美元。她又一次获得了令人瞩目的成功。

一手缔造了"芭比娃娃"帝国的露丝·汉德勒是个很有眼力的人。所谓有眼力就是指看待人、事、物都异常敏锐，对于商人而言，就是对商品增值的精准评估。在创业路上懵懂起步的我们最先遇到的疑问就是：似乎做什么生意都赚不来太多钱，进入我们视野的行业好像都已处于饱和状态。那些传说中的无限商机都去哪儿了呢？这正是因为我们尚不够用心，所以"看"不到那些隐藏在身边的机遇。这个"看"不光是指观察，还在于想和分析。

"财女"们要锻炼眼力，首先就需要怀揣创业激情，不是一时的头脑发热而是出于真正渴望的激情，只有这样的状态才能让人全身心地投入对商品和市场的研究中，并能从日复一日平淡无奇的生活里抓住那稍纵即逝的灵感，这是第一步；其次你还需要充实多学科交叉的知识背景，以拓展更多的可能性，在创业领域找到真正适合自己的位置。因为没有人可以超越自己的知识体系来拥有识别商品的眼力。

下面提供了部分的创业思路，希望你可以触类旁通、举一反三。

第一，奇思妙想，视觉经济。

"黄色笑脸"如今随处可见，这一风靡全球标志的原始发明人是美国公关公司职员哈维·鲍尔，1963年，他为一家保险公司客户绘制第一张"黄色笑脸"图案，仅赚得45美元。让"黄色笑脸"图案"一举成名"并因此暴富的人，是斯佩恩兄弟。他们开设了一家新奇物品商店，以"黄色笑脸"图案注册商标，为店内每件商品印上这种标志，并写上"祝你今天愉快"。"黄色笑脸"不久后席卷美国，遍布全球。20世纪80年代，斯佩恩兄弟成立全球第一家"一元速递"商店，继续销售印有"黄色笑脸"的商品，并不断发展连锁店。2000年，他们以5000万美元价格，把"一元速递"连锁店出售给"一元树商店公司"。

理查德原本是名海军工程师。有一天，他工作时不小心碰掉一个放置在架子上的弹簧。让他想不到的是，弹簧竟然画着弧线从架子上一步步"走"下来。这情形让他灵光一现，产生用弹簧制作玩具的念头。经过理查德发明和改造，这种名为"机灵鬼"的弹簧玩具诞生。1945年，"机灵鬼"在美国宾夕法尼亚州费城金贝尔斯百货商店上架，售价1美

元。上架90分钟内，400件库存销售一空。理查德和妻子贝蒂在费城成立詹姆斯工业公司，生产"机灵鬼"及相关玩具，推出弹簧狗和弹簧毛毛虫等。两年时间，詹姆斯公司销售额达到1亿美元。

不少人充满奇思妙想，但如何将之有效转化为商机，就要看你如何提取卖点，在眼花缭乱的市场上让大众一眼就能注意到，并为之吸引。

第二，健康消费风靡，绿色商机凸显。随着养生的理念不断进入人们的生活，健康已成为人们广泛关注的话题。而且从现有的市场来看，以健康作为创业卖点，不失为一个高端大气的门槛。从绿色食品到健身俱乐部，从中医到药膳餐厅，无不在揭露着一个无比明显的事实：在人们越来越追求生命质量的当代，国民健康意识的提高为绿色消费的推广带来了巨大的契机。

第三，赚女人和孩子的钱。有关调查显示，70%的社会购买力都来自女性。而"财女"们如果选择赚同胞的钱，从服装、化妆品到美容瘦身都可以作为创业的起点，而在这个市场里，选择的项目倒不是最重要的，关键还是要看后劲，后期如何发展壮大是创业者最应深思熟虑的部分。同时，孩子这个消费群体也不容小觑。从机关的报告看来，人们在子女教育上的消费甚至已超过养老和住房，成为储蓄第一大目的。尤其在教育培训市场，商机持续闪着璀璨的光芒。而"财女"们需要注意的是，这条思路被无数人实践过，你需要提防盲目扎堆。有清晰的思路和可行性强的计划后再进入市场，这能帮你抵御一定程度的风险。

第四，体察心理，以情动人。《舌尖上的中国》与其说是美食纪录片，不如说是记录乡土乡情的怀乡手札。其中的煽情之处常令观者动容。西贝莜面村的老板在看完《舌尖上的中国Ⅰ》后，立刻驱车几百公里，找到黄馍馍的创始人，买到独家配方，成为西贝一道名菜。挑动

"吃货"的心的是美食，挑动商人的心的是美食中的商机。煽情是艺术创作里常见的手法，而在商业中也同样适用。人与人之间的交流需要真情，富有浓厚人情味的商品一旦切中消费者的心理，就会成为财富的源流。如果发掘出这种可以满足心理需求和情感寄托的商机，你的创业计划就有了不错的落点。

2. 启动资金并非越多越好

☆ 创业的主要障碍不是资金，你完全可以低成本启动，让资金在滚动中积累。

☆ 创业的关键不在于启动资金的多寡，而在于项目的可行性。

☆ 钱能解决的问题都不是问题，白手起家的关键在于，我们是不是准备了一个足以笑傲市场的项目。

大学毕业后，章黎一直在家捣鼓一些小本买卖，就是不愿意找一份稳定的工作，这让父母忧心忡忡。毕竟在传统家庭里，人们还是寄希望于子女能找一个固定"饭碗"，这样生活才能有所保障。可章黎认为，在现在的物价水平下，光靠死工资何时才能买得起房子开得起车。

她的启动资金是自己大学打工时攒下的一万元，对于做生意而言的确非常少。不过她同时也觉得，资金少就意味着不担心赔太多，可以放开手脚去做，这对自己更有利。她卖过饰品，倒过服装，开过网店，租过书报亭，再后来跟朋友合作开了一家小的茶饮店，在顾客中口碑很好，三年不到就又开了两家分店。

就这样，章黎用自己的一万元启动资金收获了第一桶金。她总结说："由于开始不知道自己适合做什么，所以没有大量的资金投入，正

好降低了赔钱的风险；也正因为投入不大，所以更容易随机而动，只要成本还收得回来，我就仍有退路。"

章黎的创业经历充分说明，即使没有雄厚的资本，小本经营也不失为一种有益的历练，而这样的常识说不定会让我们的创业之路走得不那么艰辛。启动资金的不足不可避免地缩小了我们可供选择的项目范围，但也让我们规避了很多风险，降低了物质和心理上的双重压力。如果投入多了，一旦失败或行情有变，难免出现赌徒心理，不甘轻易离场，结果岂不是坚持得越久赔进去的越多？自主创业的人多是白手起家，如果盲目轻率地将自己的辛苦钱全部掷入竞争残酷的市场里，就可能沦落至血本无归甚至负债累累的悲惨境地。

而且，已经有无数的前辈用事实论证了这一点：启动资金的多寡，与能否最终创业成功没有太大的关系。休利特和帕卡德在自家车库创立惠普，李嘉诚从塑料花这个低端行业赚取创业资本，这些都与启动资金的多少无关。反而那些有巨额流动资金做后盾的企业，很多都在泡沫经济里彻底垮掉，破产关门，再留不下一丝痕迹。

而被资金短缺困扰的创业者不妨找一找低成本甚至零成本的创业方式。如城市速递、代购代销、机场车站接人、流动地摊、利用手中资源做买卖双方的中介（用别人的钱经营）、利用春节等特殊节日或展销会，小批量多循环地经营小项目，如，饰品、服装、特色工艺品、水果、特产等，通过实战锻炼一个人的交易眼光和手段。同时不断积累资金和经验。这个阶段关键在于积累，所以贪得无厌、急于求成都是大忌。另外，有些创业项目不需资金，但需脑力劳动，如管理咨询类、技术服务类等。这就非常适用于没有资金但具备技术和能力的创业者，是否采取这一途径就取决于创业者对自身优势的判断了。

少年斯多葛放学回家的路上，见到有人正在拍卖商品，其中有几箱肥皂比自己家附近杂货铺的价格便宜一半。他经常帮助妈妈买东西，熟悉日用品的价格。爸爸是银行职员，从小教他精打细算。他飞快地跑到杂货铺，与老板说定肥皂进货的价格和数量，再飞快地到银行找到爸爸，借一笔当天就可以还的钱，最后飞快地回到拍卖场，以自己可以承受的价格买下数箱肥皂，再雇了一个车，将货物送到杂货店，收到现金晚上还给爸爸，净赚几十美金。

这是美国社会作家德莱塞的现实主义巨作《金融家》第一部中主人公少年时代的故事。美国少年能够顺利完成这笔交易并从中获利，成功的因素很多，他熟悉日用商品的价格和质量，他有一个在银行工作的父亲，他还能取得爸爸的信任，并且能够说服杂货店的老板。更重要的是他能够把握机会。他飞快地找到杂货铺老板、立刻地找到父亲、及时地回到拍卖场。只要你具备比别人更快、更准确的商业嗅觉，并迅速出击，那么启动资金就不会成为创业的阻碍。

相对于启动资金，初出茅庐的创业者更需要注意的是以下几点。

第一，挑选项目需要具备前瞻性。项目的可行性会直接决定你的创业之路能走多远。而要识别一个好的项目需要考虑这样三个方面：首先，这个项目是否顺应时代和社会发展的潮流，过时或太过超前的商品最好都敬而远之；其次，项目是否能在千篇一律的市场上独出心裁，让人眼前一亮；最后，着手推广时一系列的后续动作是否需要大量的流动资金。要兼顾到这三点，要求"财女"们必须在创业准备期就具有一定的前瞻性，能够对未来市场的发展走向有相当明智的把握。只有这样才能迅速地从市场空间里找到一份"自留地"，唯有站稳脚跟才能徐徐图之。

第二，多个朋友多条路。没有雄厚的资金后援，创业者很难聘请到水平较高的人才，也拿不出过多的钱来作宣传和推广。所以在创业初，进货渠道、销货渠道绝大部分是要靠之前积累的人际关系。如果社会关系网足够广泛，那么手中的商品就有了一个相对良性的供销循环，且有

利于迅速完成最初的资金回笼，为扩大经营规模打牢地基。如果还不具备人力资源，那么从创业的准备阶段，就要有意识地开始积累自己的社会关系，拓展交际范围了。

第三，以信为本。对于创业者而言，与商品同样重要的是人品。白手起家者初入某个行业时就是一张干干净净的白纸，你于他人而言完全是陌生的。而能让这张纸鲜活起来并令人瞩目的就是创业者为人立业的作风。其中至关重要的就是诚信的口碑。投机取巧可能会让你获得一时的暴利，却最终会折损你的商业寿命。以信为本，才能吸引人们来跟你合作，来投资你的事业，来认同你的产品。信誉是一项无形的资产，会成为你长远发展的一面旗帜。

第四，习惯吃苦成为你生活的常态。创业不是过家家，市场是风云诡谲的，竞争是激烈残酷的，对手是强大无情的，你不可能靠着短暂的激情来应对来自生理和心理的双重挑战。只有比其他人付出更多的努力，事无巨细亲力亲为，你才有资本站在荆棘密布的创业之路上。所以在创业的准备阶段，你就应该有这个觉悟：习惯让吃苦成为你生活的常态。不过这并不意味着你就得整天苦大仇深、惨淡度日，因为真正想要依靠创业致富的信念会支撑你坚持下去并心甘情愿地过这种"痛并满足着"的生活。

3. 自知之明是创业者最好的 "软猬甲"

☆ 我拥有六个忠诚的仆人，他们教会我一切。他们是：何人、何时、在何处、做什么、为什么要这样做，又如何去做。

☆ 创业要尽量选择自己最有经验的行业，做自己不熟悉的行业相当于自寻死路。

☆ 人类共有 400 多种优势，而这些优势本身的数量并不重要，最重要的是每一个人应该知道自己的优势是什么，之后要做的则是将自己的事业发展都建立在这些优势之上。只有做自己最擅长的事才能增大成功的胜算。

自知之明就像是柔软而有刺的 "软猬甲"，是面对外界诱惑和威胁时最佳的防御武器。

西美本来是做教学软件代理的，在公司待了几年后攒了一笔钱。后来，她听说代理网络游戏能赚大钱，在众多的选择中她看中了一款某软件公司研发的还没有投入运营的网络游戏，据业内人士分析，这款游戏的理念设计得非常新颖，会有极好的市场前景。但是西美个人对网络游戏这一行业是一个彻彻底底的 "门外汉"，手中只有业内人士的评估报告，她自己并没有相应的判断能力。在冲动的驱使下，她当时就先预交了 10 万元的省级总代理费用。但是，后来由于这款游戏的程序设计起来非常复杂，而该公司又被有限的技术水平制约，因而迟迟未能正式推向市场。西美想把资金撤回，但是又牵涉极为烦冗的法律程序，陷入了极其麻烦的境地。

"隔行如隔山" 绝不是一句危言耸听的空话，西美的失败就在于她没有意识到这一点。还有一句不得不记住的老话，叫作 "不熟不做"。

创业最简单的方法就是从自己熟悉或有专长的事情做起，一般可以起到事半功倍的效果，大大减少创业过程中的波折。"财女"们如果有意创业，就必须谨慎选择自己要投身的行业。如果是对你而言完全陌生的行业，也就是说它和你的专业、兴趣、经验甚至阅历都有十万八千里之远，那么远离它会是正确的选择。哪怕在小道消息里，在业内专家的分析中，在周围人的跟风里，这个行业是极具发展前景的"潜力股"。因为盲目地选择热点项目而不考虑自身的长处和短板，就像追随时尚买入当季流行的鞋子却不符合自身的气质和风格，固然它会在他人脚上显得赏心悦目，于你而言却是不合适的，甚至这双鞋会成为既硌脚又占空间还浪费了金钱的"废料"。

正如老子说的"知人者智，自知者明"。拥有自知之明是极为难得的，而但凡拥有这项品质的人肯定有着敏锐的洞察力和卓越的判断力。毕竟有着清醒的自我认知会使人不自卑亦不自傲，这一点对于女性创业者来说是非常必要的素质。不自卑，所以能清楚自己的长处和优势，能在合理的创业目标的激励下，在契合自己的行业里迅速行动，发挥自身的才干；不自傲，所以了解自己的短处和劣势，可以找正确的人来帮助自己并回避一些可以躲过的风险和陷阱。

为了提高创业成功的机会，减少失败概率，在真正入行以前，"财女"们要注意以下几点。

第一，冷静评估你所拥有的资源，包括你的社会关系、专业特长，并评估其所蕴含的商业价值，寻找创业和投资的着力点。有些人可能拥有很好的软硬件资源，却因为没有找好着力点，第一步就踏错了地方，导致创业过程起伏动荡，经受了许多原本可以轻易避免的波折，而因一子不慎沦落到满盘皆输则是最坏的结果。

第二，资源可以建立，知识可以学习。如果经评估，你现在还不具备创业的必要资源和必要特长，那么，创业者可以暂时休整，为自己留一段时间，用来组建资源，学习必要的技术和其他方面的知识。小本创业者大多底子薄，经不起太多折腾，在这方面一定要慎之又慎，不打无准备之仗。

第三，有所取舍，理性对待。并非任何资源包括专业知识、技术特长都有商业价值，这是一个很容易诱导人的误区。创业者在评估自己所拥有的资源时要尽量避免"自我感觉"。因为缺乏经验而任凭感性驱使，有时候这样做确实有助于抓住机会，但多数时候这样做有害无益。当你对自我评估把握不住或困惑茫然时，那么，可以请你信任的专家帮助你进行评估。

而在自我评估完成之后，你还需对自己的产品和顾客群有一个明确的定位。这也是你针对性地发挥所长的一个关键点。你的产品优势在哪里？消费人群锁定在哪个层次的受众？

价格优势：价格优势就是你能卖比别人更加便宜的价格，但是这必须确定是在你不亏本的情况下。什么是不亏本，给自己定一个期限，比如一年之内回本，那么前一两个月的亏大于赢都不算亏本。比如你可以在创业初期，以价格取胜，累积客户是基础，等到你经营稳定后再重新整合也不迟。不过要记住：价格是吸引人的条件之一，但绝不是唯一。

货源优势：如果你有可靠便捷的货源，不需要自己费时费力甄别筛选，能省下你的很多人力成本，你就能把心思专心地放到营销策略上去，这样更容易打开局面。

质量优势：同样价格的东西，如果你的质量比别人的好，在一次交易后，就会赢得回头客，甚至逐步形成稳定的客源。久而久之，这会为你迎来良好的口碑，给你将来的发展打下坚实的基础。

推广优势：这个因人而异，如果你熟谙炒作技巧，或者特别能写会画、能说会道，能用广告宣传抓住人们的目光，这就是你的推广优势。

产品优势：你有别人没有的产品，你的产品足够特殊，可以满足现

代人对于"独一无二"的心理需求，如创意、进口高档产品、手工自创产品等，产品优势就可以成为你手里可打的一张好牌。

说完了优势，下面说说消费人群，就是区分你的买家和别的买家与众不同的地方。比如你是卖进口食品、进口代购，那么你的受众相对来讲是收入在中上并且懂享受敢消费的人群；如果你是卖几块钱的小玩意儿、小饰品，那么你的顾客群可能大部分都是在校学生或者打扮夸张的年轻人；如果你要卖怀旧产品，那"70后"、"80后"或许会是你的主打人群；如果你卖高档家具或者高尔夫球杆，那面向的必然是成功人士。所以只有区分了这些受众，你才能在产品的定价、服务的内容上有相对应的调整。

4. 找个搭档闯天下

☆ 创业就像登山，你可以遇到各式各样的同伴，有的可以停下来陪你欣赏一段风景，有的可以与你并肩攀上无限的高峰。

☆ 经常检查自己是不是又自负了，又骄傲了，又看不起别人了。即使你有通天之才，没有别人的合作和帮助也是白搭。

☆ 选对合作伙伴就好像是缔结一场婚姻。你没必要选最成功的人，但你一定要选最合适的人。

乔布斯和沃兹尼亚克认识的时候都在上中学。他们想要一台"8800"，在资金短缺的情况下，两个电脑迷便决定合作组装。他们共装了100套"苹果-Ⅰ"计算机板，然后每台售价50美元，正好够本钱。

当时社会上多数人都只想买整机，这给了乔布斯最重要的市场信息，不过他还无意于自己当老板。他们两人委托的商店经营者却是个有眼力的人。为了督促乔布斯去设计制作微电脑整机，他故意把"苹果Ⅰ"装在了一个简陋粗糙的木头盒子里。当乔布斯再次来到这家店时，发现了这一点，这促使他决心亲手设计美观的外壳，于是"苹果Ⅱ"诞生了，并受到了欢迎。

这次成功使乔布斯和沃兹尼亚克决定自己开公司，首要问题是筹措资金。第一个来的是他们的委托人介绍过来的唐·瓦伦丁，瓦伦丁又把两人介绍给了英特尔的前市场部经理马克库拉。这个年轻的富豪向乔布斯了解了关于"苹果"电脑的商业计划，马克库拉是一个很有识人之智的聪明人，他看到了两个小伙子的潜能及那个计划背后的价值。于是他们三人合作制订了一项"苹果"电脑的研制生产计划。马克库拉本人投入了91000美元，之后又帮助他们从银行取得了250000美元的信贷。接着他们又三人合力拉到了另外60万美元的资金。最后，他们聘请了熟悉集成电路生产技术的迈克尔·斯科特当经理，从此"苹果"电脑公司就走上了它一鸣惊人的发展之路。

世界上有完美的团队，却没有完美的个人。因为个人的力量是永远无法比得上集体智慧的。在创业路上，"孤胆英雄"的精力和创意都是有限的，即使你自诩为"女汉子""女超人"，挑选一个好的搭档也会为你带来极大的助力。这个抉择和航海相类似。有个航行伙伴来承担一些工作，当你累了，他可以和你换班；他也能教你不会的东西，可以纠正你的错误，这是件好事。但这些并不比独自一人来做愉快多少。如果你从船上掉进水里，伙伴可以救你。当然，你搭档的错误也可能让你翻船。在商业上也如此——可能因为合伙人的行为而面临个人破产。因此，选对合作伙伴是创业准备的关键。而在考虑搭档时有一些要素是必须成为选择标准的。

第一，是否重信守约。这是你们彼此信任、尊重对方的基础，一个

不具备基本商业道德和做人原则的人只会引发猜忌，即使他可能才华出众，经验丰富，这都无法阻止人格上的隐患带来的弊端，严重地说，这样的合作伙伴甚至可能直接断送你的创业之路。

第二，是否志同道合。每一个创业者在合作的过程中，都应该有为共同目标奋斗的意识，只有这样才能保持团队优势。无论遭到了什么样的挫折、意外，或发生了什么样的不幸变故，我们首先应该以公正平等的精神来承担责任，没有凝聚力的团队只会是一盘散沙。在和你的搭档产生合作精神，并认同伙伴的意义之前，你们无法真正地从合作中获得利益。

第三，是否优势互补。合作双方应该各有所长，分工明确。这里的互补包括了资金、技术、经验、性格，等等。这种互补实质是优化了资源的配置，体现了团队合作相对单兵作战的优越性。比如你个性爽朗外向，一个冷静内敛的伙伴就可能为你带来细节上的完善和谈判中的缜密。尤其对女性创业者而言，心思细、易体谅的特质会迅速磨灭双方的棱角，从而使1＋1＞2的效果更明显。

第四，是否互惠互利。贪婪和自私在合作精神中，应该没有一点生存的空间。你应该先评估并满足合作者的需要，真正的团队合作必须以别人"心甘情愿和你合作"作为基础，而你也应该"变现"你的合作动机，并对合作关系的变化抱着警觉的态度。虽然合作的成败取决于各成员的态度，但是维系合作关系却要靠双方共同利益的实现。

第五，决策优先权的归属。合作前必须明确决策的优先权隶属于谁。这不仅是出于对管理效率的考虑，也是为了规避这样一种状况：如果其中一方掌控欲强，出于对主导权的迷恋才选择了相对弱小的一方，这样的合作就会变质，矛盾渐生是必然，合作关系的破裂也会必然发生。

在创业初期，你必须"先小人后君子"，事先想好一旦和搭档发生明显冲突时如何处理；同时建立一套一般程序来处理预料之外的矛盾。

女性创业者在处理这类问题时容易感情用事，有时出于激愤可能会导致针锋相对的场面，有时又考虑到人情而过度忍耐退让以致丧失话语权。所以必要的财务、业务分工、人事、工资、分红等制度必须建立，且要得到有效执行。一个在创业合作关系上颇有经验的好律师可以帮你考虑到更多可能发生的冲突。你要现实一点，合伙关系里首要的问题就是不切实际的期望，基于利益而构建的关系你无法指望它有多么地坚不可摧，所以你要确保自己和合作伙伴对未来不会过分乐观。

一旦与合伙人发生冲突，只要不涉及原则性的矛盾，女性创业者还是应该尽力去化解调和。首先你要意识到，无论是谁，要和他人维持一段稳定的共事关系，都是一件不容易的事。可能你觉得自己没有想象中那么大度宽容，又比如你发现搭档为人处世的风格并不符合你的预期，但你要首先明白一点：无论是怎样的关系，在真正坚固起来前都必须接受考验。因为你们有不同的家庭背景、成长环境、社会经历、性格嗜好，如此多的"相异"却要做同一件事，可想而知冲突是不可避免的。所以你要及时调整好心态，不要试图逃避或激化矛盾。

来自不同国家和地区的张可蕙、张智文、赵航，她们通过大专辩论赛相识，又在毕业后相约一起创业。三个人一致认为团购网站这种新兴网络销售模式在未来存在巨大商机，并为此放弃了各自稳定的工作和收入。现在她们联手创办的团购网站已正式投入运营。网站是利用大众集体购买的优势，向商家获取高于一般的折扣，同时帮助商家寻找更多的买家，在网络上打开品牌的知名度。

在张可蕙、张智文和赵航的名片上，职务名称标注得非常有创意，分别是掘金人、亲善使者和娱乐使者。她们希望自己的网站不仅仅是个网络购物平台，更像一个博客，可以展现三个人的性格和灵性。她们三人也不仅仅是经营者，而更像是记录者，每天都能带给客户更多新加坡本地的最新资讯。

为了区别于同类网站，三个人与商家谈成合作前，会亲自尝试或体验产品和服务，并做出文字诠释，给消费者提供最中肯的建议。由于三个人彼此性格品位差异很大，但都很具备代表性，因此无论从产品的选择，还是对每一款产品的评价，都可以接近主流消费者，可以满足新加坡各类消费者的诉求。

由于性格特点的不同，三人在工作中的角色分工也不同：个性独立果断，勇于担当的张可蕙，主要负责公司决策；文静稳重的张智文较为传统，常常提出质疑；细心幽默的赵航，则是公司磨合中的和事佬。她们充分发挥自身优势，密切配合，工作起来心情非常愉悦。

在这个团队里，三个女性创业者志趣相投，在创业初就达成了经营目标的一致。而后她们最大限度地发挥了各自性格在商业价值上的作用，致力于吸引各种类别的顾客群。相比"单兵作战"，这样的合作明显会为她们争取到更多的市场购买力。除了经营上的优势，在管理上她们也分工明确，职责明晰。个性上的差异并没有造成隔阂，各司其职反而是形成了互补，优化了资源的配置。

女性创业者选择搭档必须有三大前提：一是双方必须有可以合作的意愿，二是必须有可以合作的利益，三是双方必须有共荣共辱的打算。此三者缺一不可。女人做事业，面临的压力要比男人多得多，而女人天生又比较感性，处理事情和矛盾往往不如男人那样理性。过于情绪化是导致很多女人事业停滞和失败的重要因素。如果你在创业时找了一个合伙人，请记住：在磨合期里发生矛盾争执几乎不可避免。这时，你就要学会控制情绪并换位思考，防止普通的口角摩擦发展成对抗性的人身攻击，要知道"覆水难收"，有些裂痕会给事业和情感都造成无法挽回的伤害。当双方都处于情绪激愤状态时，暂时回避有利于彼此冷静，待大家都恢复理智时，再心平气和地坐下沟通，委婉的语言艺术可以为你解决不少沟通不畅造成的烦恼。

5. 做个网店掌柜，实践黄金法则

☆ 新鲜的事物如潮水，如果你赶上了这个"潮"，要学会用敏锐的目光发现沙砾下的"珍珠"。

☆选择网商你就选择了一个高辐射、高强度、高体力、高思维的工作，选择了一个不容易被他人理解的职业，所以不努力是不行的。如果你不能为自己的店铺全心付出，那你是不会赚到钱的，在你浪费时间的同时，别人却以其他各种经营方式赚着钱，干就好好地干，干出个样吧。

小米在网上开店已有一年多。"大二时，我想在学校附近开一家化妆品店，但要找门面、要装修，还要守店，很烦人。"后来小米偶然得知网上开店成本低，就在网上注册了店铺卖化妆品。

小米说，网上开店开始简单实则辛苦。为了开店，她专门学了Photoshop制作网页，并将四百多件商品的名称和说明一个个录到网页上。发货也是个艰巨的任务。开店之初正是夏天，她经常顶着炎炎烈日往返于汉口、武昌之间。由于不熟悉邮局业务，刚开始时还时常倒贴邮费。和顾客打交道也是一门学问，小米称，许多顾客起初对网上购物并不信任，她经常熬夜给顾客解释，并解答他们咨询的问题。真正将业务熟悉起来后，她表示："一个月的收入不比上班的同学少。"

网上店铺给小米带来了财富与充实的生活：卖的东西都是她很感兴趣的，也比较精通；通过买卖，她与许多顾客成了朋友。主修市场营销的她认为，网上做生意，能使自己学以致用，进货是商务谈判；商品推介与描述是市场营销；进出账是基本财务管理；发货与售后服务，是人

际交往与客户管理。在她看来，只有用心，多动脑筋，赢得网络上良好的信誉，才能吸引更多客户网上购物。

由于就业难，渴望创业又缺乏资金，网上开店成为了很多年轻女孩的创业选择。低成本，完全自由的时间是网店最鲜明的优势。而且网上交易已经在如今的市场份额里占据了相当的规模。"财女"们要懂得利用当下的机遇，在时代的选择中成为创业致富的成功者。那么有了这个想法后，卖什么这个问题就被放在了眼前。而我们要做的就是根据自身财力、商品属性、个人兴趣、市场竞争力和物流运输等多方面因素来选定自己要销售的商品。

网上开店与现实中开店相去甚远，只有另辟蹊径才能有竞争力。首先，在产品的选择上首推新颖且市场空间大的商品，商品的独特性可以为你赚足眼球，同时减少了竞争对手，争取了利润空间和较大的市场份额；其次，不要选择日常生活的必需品，避开可以轻易在超市货架上找到的商品。柴米油盐这类商品没有多少可挖的卖点，虽然需求量大，但供销链相对成熟完整，竞争激烈，利润有限；最后，尽量选择体积小、易运输的商品。体积大、分量沉的商品往往意味着惊人的物流费，这会大大降低客户的购买欲望，同时这样的商品一旦滞销，会给你带来周转资金和库存成本上的不小压力。

一旦将产品定位设置好了，就要考虑价格的定位。网上的店铺没有店租压力，价格优势会是影响顾客消费倾向的一大要素。而直接影响价格浮动的是货源。要获得利润，你必须要掌握物美价廉的货源，这是网络经营最为关键的。货太烂，买家看不上，白白流失客源；货上了档次，成本过高失去了价格优势。所以找到一个好的货源或供货商是非常必要的。

这里提供两个方法来帮你找寻理想货源。

第一种就是密切关注目标商品市场的变化，多方比较，伺机而动。

就拿网上销售很火爆的那些名牌衣物来说，淘宝卖家们通常都会在商品换季的特卖场里淘到款式与品质更上乘的品牌服饰，然后再转手在网上卖掉，他们就这样保持对市场信息的敏感，利用促销规律就可以获得不小的利润。

第二种就是利用地域间的价格差异来进货。例如广东等沿海城市的电器类产品要比内陆便宜许多，而收藏品在古都（北京、西安、洛阳）又比沿海便宜得多，所以要找目标产品的盛产地区，再在这些产地找大型的批发市场。天南海北，勤观察，勤动腿，相信你总会找到你想要的。

在产品定位、价格定位都完成之后，你就要考虑自己的宣传策略了。这主要包括两部分：一是店铺装修，二是产品推广。

网上商店的外部形象是吸引消费者登录浏览商店和产生购买心理的基础。就像实体店通过地段、招牌、橱窗及灯光来吸引消费者的注意力一样，虚拟商铺同样需要店铺装修来打造一个精致的门面来引起关注。域名的选取是首要考虑的，因为网上商店的地址只有被浏览者知晓后才可能被消费者浏览到。因而要从优雅、古怪、别致、怀旧、诙谐等思路选取域名，特别是网络实名的选取更需要结合商店经营范围。充分刺激浏览者的好奇心和好感，吸引消费者登录。而长度较短、易于记忆的域名无疑更受青睐。

而网上商店的主页就像实体店的店面，其设计更加重要，它是吸引、留住消费者的关键。首先，主页栏目的制定要体现商店的外观风格，不断改进和完善栏目的制定方法及内容。新、奇、全风格的外观，给人以追求时尚、善于发现、体贴周到的心理感受。其次，主页中图像或文字的静动结合可以诱导消费者的注意力，并激发兴趣、增强艺术感染力。但注意静动结合要适当，过分地"静"会给人以僵硬、呆板的感觉；过分地"动"会给人以杂乱、无序的感受。最后，恰当地组合主页

面中的色彩。色彩是人的视觉的基本特征之一，不同色彩引起不同视觉的感受，刺激视觉强度由高至低的颜色依次为红橙黄绿蓝靛紫。注重色彩组合，会给人以许多特别的心理感觉。产品的推广则可以根据你个人的情况采取多种手段。首先，在论坛宣传，签名档是最重要的东西，特别是有些论坛禁止广告，那大可以利用签名档做文章；其次，去各个大城市的城市论坛及各种专业论坛，这些论坛有些栏目是可以发广告的，这时你就可以制作一份精美的帖子发上去并保持定期更新和置顶，吸引回帖；再者，你可以在旺旺、QQ、微信上加入或建立同类商品群、同城交易群等，既可以从中结识更多同行和潜在顾客群，又可以从中收获经验。此外，你要是本钱有余，购买网站流量大的页面上的"热门商品推荐"的位置，将商品分类列表上的商品名称加粗、增加图片都可以提高关注度。若是手头紧张，与其他卖家或网站交换友情链接也是一个不错的免费宣传。

过硬的产品质量会是网店吸引顾客的资本，而优质的服务同样是留住人心的利器。尤其是售后服务这个环节，其重要性基本可与质量、信誉比肩，在某种程度上售后服务的重要性或许会超过信誉，因为有时信誉不见得是真实的，但是适时的售后服务却是无法做假的。贴心周到的售后服务会给买家带来愉悦的心情，从而成为回头客，而生意好的网店靠的都是50%的回头客，留住回头客才保住了店铺生存的根本。售后服务还增加了与买家交流的机会，同时拉近了与买家之间的距离，增强了信任，这样的话买家很可能会介绍其他更多的亲朋好友来光顾，网店的良好口碑就这样建立起来了。而在售后服务的整个流程中，有几个具体事项需要注意。

第一，随时跟踪包裹去向，发货后不妨短信提醒顾客。

第二，认真对待退换货。货品寄出前最好要认真检查一遍，千万不要发出残次品，也不要发错货。如果因运输而造成货物损坏或其他确实是产品本身问题买家要求退换货时，我们应痛快地答应买家要求，不要支支吾吾、含糊其辞、找理由拖延推诿。

第三，平和心态处理投诉。因为买家什么样性格都有、货物运输力所不能及等各种原因，都会导致各种各样的纠纷，能和平解决的尽量和平解决，如果真正遇到居心不良、蛮不讲理的买家，我们也要拿起合法武器去据理力争、奉陪到底。

第四，在对方确认收货后，及时感谢对方作出的好评。还可以建立顾客资料，在对方下次来购物时可以给予适当优惠或赠品。

"财女"们中或许有正打算开网店的，或许有在观望中的。无论是否在做着这样的打算和准备，你都可以看看下面的黄金法则，实质上它们也只是一些忠告。

第一，在买东西的过程中汲取经验。这就是说"他山之石，可以攻玉"。从照片构图、店铺设计、促销文案、评价管理等方面都可以作为自己的参考。

第二，找准产品定位。找你最感兴趣、最有优势的项目来做。

第三，把好质量关，进货时谨慎对待，发货前仔细检查，这也是在为买卖双方在节约成本。

第四，不要抱着"得之我幸、失之我命"的消极态度，要把网店当成你一手打理起来的事业，而不是可有可无的消遣品。

第五，持实物拍摄，提供直观详尽的信息。也请练练摄影技术，毕竟视觉是消费欲望的最大刺激。

第六，平和的服务态度，耐心应对，细心释疑。

第七，信誉至上，认清位置。"诚信是金"，诚信是属于增值财产，要靠积累。如果有一天，你有"刷"信誉的心，那说明你开始明白游戏规则；而一旦有一天你真的去"刷"了信誉，你就违背了游戏规则。所以，千万别鬼迷心窍、一时犯蠢。

第八，不要放过每一个潜在顾客，也尽量留住所有的回头客。这是网店立身和发展的动力所在。

 ## 6. 以特色为招牌，实现差异化经营的胜利

☆ 早先小商品市场本身就是一种特色，以规模大、商品全、价格低吸引了很多市民去"淘便宜货"，渐渐地市场竞争主体多了，差异化经营就成了"王道"。

☆ 自然界的所有差异，换来了整个自然界的平静；商界的所有差异，换来了整个市场的蓬勃。

☆ 两个人都会制造鞋子和帽子，在生产帽子方面，他仅能以20％的优势超过他的竞争者，而在生产鞋子方面，他胜出对手33％；为了双方的利益，何不让这个具有优势的人专门生产鞋子，而另一个处于劣势的人专门生产帽子呢？

何晓燕的玩具店不大，只有40多平方米。但是当其他儿童玩具店普遍还只提供销售服务的时候，何晓燕却独辟蹊径，开展了儿童玩具的租赁服务。在何晓燕的店里，所有的玩具都可以外租，租金非常便宜，如果你愿意办一张卡，成为何晓燕玩具店的一名会员，价格会更便宜。何晓燕的这一举措，受到了那些既希望孩子玩好、健康成长，又为孩子喜新厌旧、玩具快速淘汰造成大量浪费的顾客的热烈欢迎，在短时间内便打开了局面。除出租玩具之外，在节假日何晓燕还会选择合适的地点，将玩具拉出去，开辟一个个临时的儿童乐园，照样收入不菲。何晓燕就靠这种差异化的经营策略，以不大的投入，在竞争激烈的儿童玩具市场迅速打开了局面，站稳了脚跟，拥有了自己的一席之地。

差异化策略很适合中小投资者和创业者，既可利用现有产品和服务的基础，又可避免与现有产品和服务的提供者的直接竞争。何晓燕的玩

具店就是差异化经营的一个范例。可以看到，差异化经营与创新经营分不开，创新既包括产品的创新，亦包括服务方式、商业形态的创新，比如过去零售店、百货商场实行的都是封闭式的柜台服务，如今封闭的柜台服务已基本被开放式的自选服务所取代。

除了在产品本身和服务形式上做文章，还有一种打造特色的方式。那就是对市场需求"补漏"。只要你拥有慧眼识珠的能力和敢想敢干的魄力，推出针对特殊群体需求的项目也是非常好的。

对于一般的女孩来说，逛商场是一件开心的事，但总有那么一些女孩因为自己身材的原因，不敢去逛街。多多正是如此。很多漂亮的衣服在别人身上赏心悦目，而自己连套上都十分困难，还要面对周围人奇怪异样的目光，这让多多很痛苦。也因为这种经历，多多就想，如果能开一家专门给胖人逛的店就好了，不仅有适合的尺码，还有真诚的服务，一定会受到欢迎。多多行动力很强，租下店面四处进货后，小店开张了。

生意出乎意料地红火。在经营这家小点的过程里多多还发现，虽然进店购物的都是胖女孩，但是胖的程度还是有差异的。这样一来，如果一个穿大号衣服的女孩和另一个正好穿特大号衣服的女孩在这间小店碰到，穿特大号的那一位就会显得非常尴尬。

为了让所有顾客都有一个自在的购物环境挑选衣服，多多想了一个办法，她用人名代替了尺码：可可代替中号，雅诗代替大号，玛丽代替特大号。这样，顾客上门后多多就会说："你穿雅诗正合身呢。"这样的创意在无形中消除了顾客尴尬窘迫的感觉。因为小店迎合了胖女孩这个特殊群体的特殊要求，因而每天都是顾客盈门，财源滚滚。

价值取决于需求，需求又带来市场，提供专门的商品满足特殊的需要，不仅能打造出经营者的特色，又避免了同类产品的激烈竞争，填补了产品的细分市场。其实我们生活中的每一个群体，在不同标准的划分

下都会成为特殊群体，会有其特殊需要。关键是你是否有独到的眼光辨识出这些"隐形"客源。要想以创业致富的"财女"们就需要像多多这样通过切身体验或仔细观察发现这些需要，并从中获得别出心裁的创意，再落实到行动里，真正将商机转化为财富。

小曹开了一家布艺店，特殊的是这家小店位于一栋其貌不扬的写字楼的四楼。若不是有人带路，相当难找到，不少人是循着楼盘样板房的路子找到它的。这家布艺店不是单纯售卖窗帘，而是会设计搭配出与家具相应的一整套的布艺软配饰，如靠垫、床罩、飘窗台布置等，就连家具也可以根据客人的设计而订制出来。

走到设计室的时候，多数顾客都会惊叹：两面间隔"墙"原来是各种各样的布料样板！像衣服一样整整齐齐地挂在架子上，太多太密，加上轻纱半掩，常常令人误以为是间隔墙。走进它的接待厅、洽谈室……仿佛都是精致的示范间。不过在不少行家眼中，窗帘并不算特别美观出众。对此，店主小曹这样解释："买窗帘就像买衣服一样，除了要求窗帘与窗户的大小'合身'之外，还要求窗帘和环境的'气质'一致。"这也是为什么在布艺市场选购窗帘时，人们常常遇到这样的尴尬情况：当初看中的漂亮窗帘，装在自己家后却是格格不入。

她再三强调店铺的设计理念：凡窗帘、抱枕等一切布艺品"是绿叶不是红花"，房间内整个装修摆设的布局格调才是"花"，布艺只应该作为装点衬托出房间气质的"叶"。

那么如何在数量庞大的布料里挑选呢？这家"楼上布艺店"给出的方案是"量身定做"。客人来到店内，工作人员都会先了解客人的气质和喜好，务求在拿出第三套布板的时候，就让客人有心动的感觉。然后，按照客人提供的资料和预算，量身打造一套布艺设计方案。在设计时，会细致考虑到屋内光线的投入角度和强弱，由此选择不同质材和式样的窗帘搭配。

小曹的布艺店是已经在都市里悄然流行了好几年的一种经营形态——"楼上"小店。许多人选择开"楼上"小店的主要原因是黄金地段的商铺租金过于昂贵，尤其对起步阶段异常艰辛的创业者来说，成本过高会造成巨大的经济压力。所以不少店主选择了在写字楼的中间楼层里租下一间房间作为门面，有的甚至还将小店开到自己家里。

这种"楼上"小店的优劣势非常明显。毫无疑问，这样的实体店面省去了大量的租金，节约下的成本可以更多用在产品经营和服务开发上，但是，开"楼上"小店没有突出的门面和充足的人流，往往会给店铺带来极大的经营风险，毕竟这是一个"酒香也怕巷子深"的时代。你固然可以靠口碑积累的方式慢慢熬，但关键是你是否真有信心撑到那个可以回本盈利的时候。所以你要确定自己的产品与那些临街店铺、商场专柜相比是否有优势，无论这种优势是独特的吸引力、价格的低廉、优质贴心的服务还是轻松惬意的氛围。小曹的布艺店打出的特色牌就十分鲜明：相对于传统布艺店只负责商品出售的"点"经营方式，她的小店会强调全方位打造布艺设计方案，使之符合整体家居氛围。这就是由"点"发展到了"面"，这样注重完整性的"面"经营方式会有效避免顾客的后顾之忧，而且"量身打造"这种方案极易建立起顾客好感，扩大熟客群。

俗话说："眼光是金，特色是宝。"围绕这两点，女性创业者在进入那些门槛低、易复制的行业时，需要好好研究的关键两点是店铺位置和个人特长，打造属于自己的特色小饮品店、特色小餐饮店、特色小饰品店等，当然还可以根据自己的特长有其他的选择，这里只是举个例子。特色教育培训类项目也是个前景乐观的行业。例如能力提升类的教育培训、企业管理咨询类培训、创业教育培训、特定需求培训等，选择一项或几项培训项目，打出特色，作出效果，未来发展将有很大的上升空间。此类创业项目强调特色和服务，针对需求，整体小而精。成本低，

易操作，周期短，回报率高，有利于资金的快速循环。

但是"财女"们需要注意的是，当你正式投入女性创业一族，要学会审时度势，不要盲目跟风，经营这类小店的人群很大，如果没有自己的特色，没有竞争优势，是很快会被市场淘汰掉的。拿餐饮业来说，形成餐饮服务产品的特色有许多途径，如独特的商标、新奇的服务内容等，特色小吃餐饮营销策略的前提是所服务的受众客源基础是否牢固。在没有确定手中项目的发展潜力之前，没有对特色招牌有明确定位之前，万不可随意开启你的创业之路。

7. 从他人的失败里反省自己的不足

☆ 如果我们知道现在在哪里，并多少知道我们是如何到达这里的，就可以看出我们将走向哪里——如果我们正走向不可接受的结果，就应及时改变我们的方向。

☆ 别将所有鸡蛋都放在一个篮子里，否则危机降临时你将失去所有。

☆ 基于感情而不是事实进行决策是人类的天性。但再也没有比这更不合乎逻辑的了。

女性创业在我们这个社会中已经非常常见，成功的女老板也比比皆是。由于社会传统观念、生理以及心理的因素，女性的创业历程有其独特之处，有其优势所在，自然也有其弱点。比如，女性观念相对谨慎保守，信心不足，抗压和承受风险的能力相对薄弱，缺乏创新的勇气，更多地选择模仿；女性感性思维多于理性思维，习惯从主观的感受出发，不自觉地以自己的感觉代替别人的想法，影响团队管理和决策执行；女性多数计较眼前利益，很难以长远目光把握全局，在目标制定上易犯求小放大的错误。

当然并不是每个女性创业者都会存在这些问题，只不过创业本身就是与风险相伴，作为"摸着石头过河"的女性创业者，想完全不犯错是不切实际的。每个人都会犯错，但是，只有愚人才会执过不改。我们可以从一些失败的案例中得到经验和启发，反躬自省，将自己的破绽弥补起来，汲取教训，减少损失。

案例一：向丽芳是一个靠餐饮发家的女老板。在她的餐饮公司刚上经营轨道时，她就力求规模制胜，打算上马一些新项目。向丽芳喜欢看财经新闻，读经管类的书籍，知道现在专家们都在讲企业经营要多元化，所以她也想搞"多元化"。向丽芳决定到一个完全陌生的行业内一试身手——办个服装厂。由于她从来没有搞过服装，对服装行业两眼一抹黑，而她在餐饮行业积累的经验在服装行业又基本用不上，结果不到一年，向丽芳的服装厂就败下阵来，而且还拖累了主业。

这个案例中的女性创业者显然是违反了"不熟不做"这样一个基本规则。有许多初创企业的创始人认为企业的发展应该走多元化发展的道路，看到什么领域挣钱，就都想掺和一把，似乎这样就能体现出企业发展的多样化和可塑性。但最后他们会发现，由于自己专业知识的匮乏，以及其他方面的一些原因，结局大都是"四面楚歌"，狼狈不堪。初创企业的创始人之所以有这样的思想，其主要原因就是"吃着碗里的，看着锅里的"，结果使企业的经营完全变成了毫无效率地"打地洞"。东挖一个坑，西挖一个坑，最后将自己也彻底"坑"了进去。之所以搞多元化发展的初创企业成功得少，失败得多，其最主要的原因就是：

第一，能力不足。再渊博睿智的人也不可能掌握全部的知识，一个企业家更不可能面面俱到。在每一个行业都堪称是专家，那是不可能的。每个行业都有各自的取利之道和回避风险的办法，这一点作为一个外行是看不到的。所以女性创业者不要贪多做生，因为你所能看到的其

实只是一些表面现象，所能获取的信息也不过只是道听途说。做你最擅长的事，并专注于把它做好，应该成为你的首要目标。

第二，资源不足。这里包括人力、资金等企业发展所必需的资源。进入陌生行业是不可能完全沿用原来公司的领导班子和技术支援的。因为旧班子的人在专业知识方面和管理经验上是严重不足的。如果要请专业的人才来帮你，人力资本将大大提高。而在资金方面，每上一个项目，都需要一定的投入，而企业的现状却是根本无力去"花开两朵，各表一枝"，于是各个项目都无力为继。一个尚有潜力的事业，就这样被拖垮了下去。

中国的市场很大，人口众多，只要市场份额占到了一定程度，照样可以发大财。因此，与其在一个陌生的、自己没有把握的行业中去冒险，不如把自己已经熟悉的领域做透。与其四面出击搞多元化，不如把自己最具优势的产业做大，提高市场占有率。

案例二：董馨大学毕业后在房地产公司待了两年，就出来开了一家服装小店。从有开店的想法到实际盘下店面前后只用了一个月时间。因为她选择了把店开在闹市区的黄金地段，铺面租金非常昂贵，12平方米的小店每月租金要16000元。着手装修时，她一心想把自己的小店做得有档次，店内外全部装修共花去了15000元。

听说广州的服装货源好，董馨在装修的同时就南下了。她将目标定位在欧洲时装上，所以对本地货就基本排除了，到达广州后几经周折，她终于找到了进货渠道。不过因为时间很紧张，她只有一天的时间进货，再加上来之前她也没有对小店周围的行情做过调查，结果她到店铺正式开业时才发现，匆忙拿下的货并不怎么有市场。这次的进货花了近30000元。因为欧洲时装的成本高，所以这些钱买到的货实际上数量不多，而且风格也不太符合市场需求，所以开业后小店的经营状况十分堪忧。不过她仍寄希望于再次的尝试。

只是突如其来的"非典"疫情让小店遭受了重创。此时她已经没有进货的钱了。租金、装修费、进货款，她陆陆续续投了近 8 万元。没有退路之下，她只能赔本甩卖了前三批货，带着回收的资金再次南下补充货源。有了惨痛的经验，董馨终于开始对顾客的喜好心中有数，此时，她才觉得自己是真的"入了服饰领域的门"。小店逐渐有了回头客，每个月的流水平均能做到 30000 元，她还另请了一个店员。

不过由于房租太贵，租金、服装的成本、经营的费用、雇员的工资等全部累加起来差不多就抵了整个营业额。她最终还是支撑不下去了。小店彻底关门，距离开张时间仅仅一年。

后来她打听到那间店面降到 9000 元才又被租出。全部汇总后，她发现自己一年内总共投进去 130000 元左右，连本钱都没有捞回。

这个案例中的董馨最开始犯的一个错误就是急于求成，下决定都非常草率。她的行动力很强，但行动之前没有周密翔实的计划。在经验不足的情况下完全凭个人好恶行事，这对于女性创业者来说是非常致命的。租金过高、服装滞销都是因为她没有对市场行情做仔细客观的调查。没有一手的信息，也就没有可科学决策的依据，所以她的行动都是极为盲目的。她的创业准备期过短，直接导致了她对困难的预估不足，甚至引发了后面流动资金准备不充分的问题。

女性创业者如果听凭冲动行事，缺乏经验又坚持己见，低估甚至忽视风险，一旦发生任何意外（天灾或人祸），危机就会连锁爆发。再"美好"的愿景也挡不住市场的残酷考验。有志于创业的女性朋友应该用周密的计划来防范可能的风险，用充实的信息来弥补经验的缺失，从风险与收益平衡的角度考虑资源的分配，降低成本，并且将资金投入控制在适度的范围内。在具体操作时，应尽量避免一次性投入，留有余力，以防万一环境变化、风险发生，手中再无资金可以周济，以致满盘皆输。

　　除了这种急于求成的鲁莽行动外，女性创业者摔倒在起跑线上还常常是因为对细节的疏忽，没有把好的创意变成生意。例如过于相信他人而不亲自做市场调查，自己做不起来的生意短时间内却在他人手中欣欣向荣。在产品和市场条件相同的情况下，失败的创业者可能仅仅是因为一个小错误就导致了生意的失败。

　　案例三：在某财经报社工作的张曼，在北京东三环附近买了一套公寓。由于自己经常加班，所以比较喜欢吃蛋糕、甜点等小零食，每月消费都在1000元左右。看到蛋糕、甜点店总是人流如织，张曼开始琢磨要在自己住的公寓小区里面开一个蛋糕点——小区里住的大都是年轻人，消费量应该很大，每年应该能挣个四五十万吧。张曼赶紧咨询同事、朋友，他们都非常支持，说这个项目肯定挣钱。听后，张曼备受鼓舞。说干就干，张曼立即租店面，装修，买进烘烤设备，请服务员……经过一番筹备，蛋糕店隆重开业，张曼还请了电视台的几个记者做了个小片花在电视上宣传。张曼决定，最初一个月顾客购买甜点全部8折优惠。

　　前两天，小区里来询问的人还挺多，可是买的人很少。每天烘烤的面包和甜点由于是一天的保质期，张曼不得不痛心地看着大部分烘烤的甜点被扔掉。就这样整整扔了一个月，张曼开始反思：自己的创业是否正确？为什么没有预期的销售额呢？

　　张曼犯的第一个错误就是过高地估算了自己小区对于甜点的需求，也就是过高估算了市场规模和销售额。多数缺乏经验的女性创业者还没有分析清楚将有多少顾客就急于开始一宗生意。她们错误估算市场规模的同时也错误估算了销售计划。创业时，你应考虑商品的成熟周期。你还需要很长时间等待市场成熟。实战不足的女性创业者会将成本预算制定得很低。这主要是因为她们对销售额做了错误的预计。此外，销售额低于计划导致利润也低于目标。

通常，一个女性创业者总是关注其最得心应手的业务，而对另一部分不很擅长的就漠不关心。像张曼就是对广告宣传比较在行，而对产量控制没什么经验。实际上，不应只对生意的一部分予以关注，而必须总揽生意的全局，如若不然就会失去对生意的控制，在这样的前提下，再分清轻重缓急才能使你的事业更有竞争力。你应学会如何创造高利润和掌控生意的增长。还有一种情况，你的产品在市场中没有自己的特色，以至于失去重点，这就很难在市场上赢得一个口碑。建立品牌意识，是创业之初就应该着手重点做的工作之一。

事实证明，创业能否成功，在很大程度上取决于每一个女性创业者在事前对市场前景的调查、策划、运筹等准备工作。好比站在有很多岔路的路口，如果之前没有考虑清楚而选择了错误的道路，之后走得再快也只不过是离悬崖越近。创业的时候应该既有知难而进的思想准备，又要着手进行丰富的实战准备。而实际上，很多女性创业者在初始阶段的心态是非常急切的，其准备不足主要体现在以下几个方面。

第一，根本没有投入足够的时间对创业项目的可行性进行调研，这是最容易犯的错误。没有进行充分的市场调研，你脑中所有的构想就没有可行性。通常，一个女人有了创业点子时会将其讲给合作者或家人听，以寻求肯定和认可。她内心并不希望找寻事实真相，而是希望有人对她给予认可。哪怕这个创业者本人睿智无比，行事准确无误，但最后都会因为她的奇思妙想没有可行性而导致失败。最可怕的是这类女性创业者往往意识不到自己主观上的错误，不到黄河心不死，到了黄河也往往找其他貌似客观的原因来让心不死。

第二，没有事先进行详细周密的市场调查，往往头脑一热凭直觉来决策，根本没有从自己最熟悉、最擅长的业务起步。只是道听途说某某行业好赚钱，就贸然投资，从而在创业活动深入一定程度后，方才发现自己的经验、知识、能力和人际关系都与创业项目不吻合甚至相差太

远。而没有优势就没有竞争力。这类女性创业者往往是随机性的创业者，偶然间扎到了某个行业，了解一些皮毛，便大张旗鼓地干开了。

第三，缺少必要的管理经验而导致创业失败。许多职场女性在政府、研究机构、大专院校或者大中型企业工作过，但是本身却没有自己当老板的经历，缺少一个创业者必须具备的市场感觉和管理经验。用兵之道重在实战，作为一个女性创业者，不能坐而论道、闭门造车，而是必须在经营实战中多多磨炼。世界上没有任何一本书籍在我们阅读完了以后就可以保证获得财富与成功，书籍只能告诉人们如何做才有可能接近财富与成功，而真正实际动手去做的人永远只能是创业者本人。

第四，在一开始做的就是自己不喜欢或是不适合其做事风格与脾气的事，从而无法扬长避短，导致事业在起步阶段就不可避免地夭折。兴趣是最好的老师，如果没有兴趣，就算前景一片光明，就算将所有的精力、金钱和最大化的责任感投入其中，创业热情也将会逐渐降温冷却，直至彻底放弃。

8. "加盟连锁"让我们站在巨人的肩膀上

☆ 我们在加盟前一定要"三思而行"，一定不能放松对连锁企业的了解，对投资环境的考察。不要为了一时贪图"暴利"投入只想"捞钱"的企业里，只有透过现象看到本质，才能真正选对认真负责、回报率丰厚的企业，才能通过"加盟"来完成我们创业的心愿。

☆ 任何时候都不要一味地把希望寄托在别人身上，只有自己才是唯一可以永远依赖的对象。选择"加盟"，只是为了在"巨人的肩膀上"远眺，而成功永远离不开实力。

凭借投入少、见效快、风险低、成功率高等优势，"加盟连锁"已经成为现代社会流行的一种商业模式。加盟可以降低创业风险，增加成功机会。得到系统的管理训练和营业帮助。可以集中进货，降低成本，保证货源。使用驰名的商标和服务帮自己带来对加盟品牌忠实的顾客。但是加盟前一定要先考察你当地的消费市场，选一个好行业，更要选一个好的运作体制，在特许商那里尽可能争取应得利益。除了一些不入流的骗术外，真正能够招商加盟的公司一定是具备了相当的实力。他们不但要有品牌，还要有自成一体的经营理念与模式，并且都注重专业知识的培训，这可以使投资加盟的人更了解企业文化，少走弯路。

明枫本来是一家外企的高级文秘，但到职业瓶颈期后就考虑转行。恰好她得知一个朋友正在做服装加盟店，经营得还不错，再加上她本人喜欢画画，对服装也比较敏感，就萌生了这方面的心思。她在报纸杂志上找到了不少诚征加盟的信息。发传真、电话咨询，因为没有经验，她把所有能想到的问题都列在纸上，逐条询问。在联系了相当数量的公司后，她决定了加盟的企业。

来到加盟公司，通过与加盟顾问详谈分析自身情况，双方在订立方案上达成了一致，她也选定了代理的服装品牌。然后明枫接受了创业基础教育。培训结束一周后她去看了实体店铺。在选择开店地址时，她做了详细的市场调查，走访了很多家商场，最后选定了一家商业广场，因为那里是租金店，每家服装加盟专卖店都可以独立收款，这样可以保证现金的流通。而且，她经营的服装是针对 20 岁到 30 岁的白领女性。这个人群一般集中在写字楼里工作，着装要职业干练，但还要体现一定的时尚感。而那个广场周围都是写字楼，有很大的客户群，她看好的就是这一点。很快她的第一家服装加盟店就开张了。

独立经营后她需要经常和商场的管理人员接触，和自己的导购接触，还要处理各种问题，这些都充分考验和锻炼了她的魄力和胆量。因

为是服装加盟，所以服装的质量和设计不在明枫的控制之内。不过令人庆幸的是她选择的服装品牌有很强的成长潜力，后劲强势。为了给客户最满意的服务，她还会对员工进行培训，要求他们为顾客提供的服务是最舒服、体贴和真诚的。

除了配合公司做一些广告宣传，她也会自己尝试一些营销手段，如建立贵宾卡。当来新货时，会通过短信或邮件通知顾客，即使他们没时间过来，也能体会到服务的周到。而今明枫已经发展到了第四家加盟店，利润仍在持续增长中。

对于没有从商经验的起步者，选择加盟连锁来获取财富，不仅需要机遇，更需要历练出准确的目光，累积到足够的经验。急功近利并不可取，坚持不懈和勤勉不辍才是正途。在形形色色的连锁企业里，到底该如何选择加盟的行业和项目呢？

第一，慎重选择行业，不要以利益薄厚为唯一评判标准，也不要片面相信广告宣传。

女性创业者更容易犯这样的错误：希望通过模仿来复制成功，却忽视了自身的创造性和长远发展。选择行业时要考虑自己的兴趣和优势所在，不要为了眼前的利益而跟风入行。把眼界放得开阔一些，所选的行业必须经得住市场考验才行。

还有些女性在粗略地了解后只知道某一行业不错，却没有调查同行业者。当初只是看到广告上吸引人的条件，看到漂亮的公司目录，就匆匆加盟了，却不知进入该行业后，同行业中有更优秀的企业，有更优厚的加盟条件与支援指导，想要中途退出，却因"违反契约"而无路可退。

第二，注重品牌竞争力。品牌可以让顾客更快地接纳并信任自己，从而实现业务的长期合作。有些小公司会在加盟者交完加盟费后就置之不理，任其自生自灭；而大公司则会对加盟商进行系统培训，也会在资源上给予支持，毕竟加盟商的表现会影响他们的信誉度。所以行业内的品牌竞争力非常重要。当然还要持续关注这一竞争力所能维持的时效。

第三，选择用心经营的企业加盟。广告宣传上的说明是完全不够的，无论多么天花乱坠、蛊惑人心的辞藻也不能代替实地的考察。如果你真的有心加盟，一定要记得亲自前往公司总部的所在地进行参观，亲自了解实情可以让我们提高判断力，规避很多风险。

第四，是否有良好连锁经营体系及技巧的。在未加入该公司之前是很难判断这一点的，但如果你真的想留心，还是有方法的。例如在参观总公司的时候注意观察其管理模式和工作方式；请教已经加入这一行的前辈；通过不同的媒体查找这方面的甄别知识。

第五，加盟企业的培训管理不能放松。每个人在加盟后都会接受总公司的培训。但同样是培训，有的要求很严格，还要在实际工作中验收，一直到符合该项工作的要求，企业才会允许我们开店。这种负责的加强式的培训模式是绝对需要的。

第六，重中之重的加盟合约。因为加盟行为实质是一种金钱交易，在决定加盟前签下一份合约就尤为重要。这份合约必须清晰地规定了加盟者与连锁企业总部间的权利与义务，它必须完整、合理和权威，如此才能保障双方的权益，防备日后的问题。

许多女性以为加盟店一定会赚钱。的确，女性初创者可以通过连锁总部的训练指导，在较短的期间内入行，而且成功的概率也较大。这是加盟连锁店的优势。但是再怎么优秀的连锁体系，也有失败的例子，如果以为一旦加盟了连锁店，就能轻松地坐拥增值利润，就未免过于天真。希望如下两个失败的案例能引起大家的警觉。

案例一：张小姐加入某知名香水的连锁经营体系，合同约定加盟者应在合同签订之日向特许方支付 5 万元的品牌使用费。同时特许方承诺将萧山地区的商圈交给张小姐独家经营，合同对于履行期限的约定是

"合同期限为1年，在期限届满之前3个月，任何一方未提出解除合同，合同期限自动延长1年"。

签下合同后，张小姐并没有按照合同的约定支付品牌使用费，但是根据特许方的要求支付了1万元的品牌使用保证金（这在合同中并没有约定，是张小姐和特许方自行商定的）。她经过考察后决定将地址选择在萧山某商场，为方便她管理经营，特许方向张小姐出具了一份《特许经营授权书》，授权使用期限为1年。

但在一切准备就绪的情况下，那家商场因为某些原因无法开业，特许方表示只要在萧山的商圈内都可以另定地址，不过此后张小姐一直没找到中意的经营地点，一晃1年就这样过去了。张小姐认为合同已满1年，自己一直没有使用该品牌，也不存在损害特许方品牌的情况，于是提出要特许方退回保证金1万元。特许方则认为，张小姐连品牌使用费也没交，双方还存在债权债务纠纷，同时合同还在履行期限内，婉言拒绝。

最后，双方进行了调解，特许方并没退还1万元保证金，只给了一点折价货品。

在这场纠纷里，对品牌使用保证金概念的理解和处理是争论焦点。相关律师认为，合同中虽然并没有约定品牌保证金的概念，但是双方以实际行动认可了品牌使用保证金的收取。所以女性创业者在加盟连锁时一定要当心，凡是涉及双方的金钱交易，无论是口头协定还是合同上的白纸黑字，一定要慎之又慎。即使一些概念的定义比较模糊，可一旦交易完成，也就成为了双方默认的事实行为。万一之后发生意外或纠纷，你也就少了辩驳的余地。

案例二：魏女士加入了北京某足浴品牌的连锁经营体系，一次性支付加盟费12万元，并约定了3年的加盟期限。开业后，加盟店经营不好，几个合伙人连续投资的60多万元在短短的半年时间里几乎血本无归，10个月后，拆除了所有招牌后店铺停业。项目并不像特许方所说的那样赢利，魏女士一直希望特许方能退回一部分加盟费，但这个要求遭到了特许方的坚决否定，称加盟费一分不退，这是商业惯例。

次年，根据律师的建议，魏女士首先和特许方签订了终止协议。之后在律师的陪同下，魏女士与特许方进行了3个多小时的商谈，特许方同意退回近4万元的费用，持续近1年的加盟费纠纷终于结束。

根据律师的意见，遇到纠纷，应该先从合同约定找说法。在这个案例中，根据双方签订的《加盟合同》，合同中并没有约定加盟费不能退还，更为主要的是，关于加盟费的组成，特许方也没有充分说明，那么根据合同期限内加盟费没有耗尽的原则，应该可以要回部分加盟费。

加盟连锁可以成为一个创业致富的契机，但是也可能有着血本无归的风险。女性创业者在决定加盟之前一定要做好充分的风险评估。而且这样的商业行为一般会涉及法律关系的形成。许多女性加盟者在签订契约之前，或因为契约条件较为有利，或因为害怕被人捷足先登，或认为早加盟可以节省加盟金，在契约内容未完全搞清楚，或因为契约内容太繁杂而懒于了解，就贸然在契约上签字盖章，因而失败大有人在。如果对法律常识有所欠缺，女性创业者在签订合同时最好能找专业人士咨询解释，以期使合同能在问题发生时平等地保护加盟者的权益。

其实有一些加盟连锁失败的案例是有办法可以避免的。这就需要女性创业者端正加盟动机，付出相应努力。在一些女性朋友的认识里，一旦加盟，就意味着可以躺着什么也不干，一切由总部来管理。但事实上这是一个误区。必须牢记，别的加盟店的成功并不代表着你的加盟店的未来。总部和加盟店是两个完全不同的事业体，总部提供给你的，只是一套加盟营运组合，你必须按照它的经验和指导，按部就班且富有成效地去执行，才有可能获得成功。再优秀的连锁体系也不可能保证所有的加盟店都能百分之百地经营成功。以日本的摩斯汉堡为例，日本人相当

自豪其 95% 的高成功率,但即使如此,也表示有 5% 的失败率。该公司从一年间的 1000 位加盟应征者中严加挑选,最后缔结契约的仅是其中的 5%,即 50 人。尽管这 50 人具备了强烈的创业意愿,和总公司具有同样的经营理念,最后的结果也不过是 95% 的成功率。所以加盟绝不意味着高枕无忧。

加盟店和总部是命运共同体,事业成功需双方都付出相当的努力。自己不做相对的努力,往往注定要失败。即使你站在巨人的肩膀上,如果你一直闭着眼睛,你也一样看不到辽远的风景。

Part 4
理财三部曲：消费、储蓄和投资

　　在日常的理财规划中，对我们而言，最密切相关的就是三大项目：消费、储蓄和投资。而所有理财行为的直接动机都是守住并获取财富。真正要做到这一点，你需要具备的是狐狸一般的头脑，狮子一般的胆魄，长颈鹿一般的机敏，豹子一般的速度，还有象一般的沉稳，牛一般的勤恳，再加上蜥蜴一般的逃遁方式和乌龟一般的耐心。

自我检视：谁动了我的钱

我们生活中的每一个阶段都是一个重要的人生转折点。由于个人理财生涯规划决策的效果是具有时效性与延续性的。因此，每个决策点都是环环相扣的，会影响下一步规划。如果一个人长期以来的理财规划都比较混乱甚至完全没有计划性，那么就可能出现以下几种危机：过多的债务，未经考虑的养老计划，不良的消费习惯和生活嗜好，子女的教育问题。

认真地自我反省：到底是谁动了我的钱？我们应当清楚地了解手中财富的去向，才能更好地调整我们的理财计划，从而对人生各阶段容易出现的财务危机有所准备，并对各种挑战及早作出决策。无论是未雨绸缪还是亡羊补牢，我们都应注意保持清醒的头脑，及早处理各种不利因素。

 ## 1. 别让负债成为你生活的"枷锁"

☆ 一个人生命中70%的烦恼都和金钱有关，如果我们能掌握正确的理财方法，及早行动，就可以远离这70%的烦恼，拥有一个简单快乐的人生。

☆ 债务是沉重的负担，人一旦陷入其中，生活秩序就会被破坏。

☆ 贷款消费固然时髦，但超出支付能力的过度消费，无异于将生命、自由和轻松一起抵押给未来。

假如一个人能活到 100 岁，一般情况下前 20 年在用父母的钱，而 65 岁之后即开始进入退休生涯。所以我们创造财富的时间仅有 40 年时间。每个人的物质财富都是有限的，所以一旦放手去用不加节制，那么总有坐吃山空的那一天。现在"提前消费"已经成为了一种深受年轻女孩欢迎的消费方式。买房有房贷，买车有车贷，买衣服、化妆品有信用卡，甚至一些特殊商品还可以分期付款。手中的钱，永远是左手进，右手出，流水似的花钱方式，让财富根本就无法在她们钱包里常驻。当你成为"房奴""车奴"或"卡奴"时，当欠费单月月向你飞来时，当你的生活因总是围绕着还钱而捉襟见肘时，你就应该渐渐意识到了：负债已经为你的生活套上了沉重的枷锁。

王若茗，今年 29 岁，是一名单身白领。她从事外贸出口工作，很有小资趣味。为了保证自己的生活质量和品位，她前后申请了不同用途的信用卡：有的用来日常消费，有的购买家电类、数码类产品，有的用来分期付款买红酒、手表等奢侈品。起初用信用卡让王若茗体会到的是一种刷卡的快感与消费的满足，但每个月准时出现的账单让王若茗越来越感觉到信用卡带来的还款压力，每天睁眼时就会想到自己还有哪张卡的钱没还，这种生活让她感到无比倦怠和疲惫。

工作 5 年却没有任何积蓄的王若茗的不安和焦躁日益加剧，她平均每个月收到三四份不同银行寄来的对账单，总还款额每月不低于 3000 元。而她每月的总收入也不过 5000 元左右，除了还信用卡之外，她还要应付房租、水电、电话、交通、社交费用等，对她来讲，信用卡导致的这些债务就像是一把无形的枷锁，让她喘不过气来。

王若茗这样的单身女性正是在大城市闯荡的很多高学历人群的缩影。这些能在职场上独当一面的白领丽人在生活中却没有那么精明强干，她们受自己的消费欲望驱使，固然薪酬不低，可是缺乏理财意识，财务状况长期处于岌岌可危的状态。甚至在工作多年后，她们的银行账

户里仍然没有丝毫盈余，她们不能生病，不敢失业，任何的意外都可能导致她们的生活在一瞬间全面崩盘。

她们的经济和健康就像用沙土砌成的城堡，看着美好却经不起风浪的一击。采取提前透支的方式去追求眼下的高品质生活实际上是舍本逐末的做法，而且从长远看，这必然会影响结婚生子等人生下一个阶段的规划。所以别让负债成为你生活的枷锁，三思而后行是必要的。而了解预算的重要性可以让我们更快找到避免负债的诀窍。

蚂蚁整个冬天都在忙碌着储备粮食，而悠闲的蚱蜢则在草丛里跳来跳去，有吃就吃，从来不关心未来。此外，它们还嘲笑蚂蚁不懂得享受，觉得蚂蚁活得太累、太辛苦。然而不幸的是，严冬很快来临。蚱蜢再也不能在草丛中蹦跳，因为它们很快就会饿死。而蚂蚁们却能在自己的洞穴里面享受丰衣足食的生活。

两种动物的生活方式体现的就是预算的好处。聪明的"财女"，你是要学勤勉辛劳的蚂蚁，还是贪图眼前的蚱蜢呢？显然，蚂蚁的生活方式会受到我们的推崇。因为没有人希望"死"在下一个冬天。贪恋一时的安逸只会带来自毁前程的恶果，注重长远的积累才能让生活维持稳定的发展。撒切尔夫人早年也曾面临很大的生活压力，为了保证日常开支的正常运转，她将每一便士的用途都以记账的方式写下来。这样的做法让她对自己的花费时刻心中有数。直到她成为闻名世界的"铁娘子"后，这一习惯还是被保留了下来。

只有学会理财，做好预算才能规划出生命的蓝图，未来的生活才会得到有效保证。很多传说中的富翁其实都是像蚂蚁一样的人，石油大亨洛克菲勒每晚睡觉前，都会把自己所花的每一分钱弄得一清二楚，然后才安然入睡。正是因为他有这样细微到近乎苛刻的理财习惯，才能拥有常人难以企及的财富。

下面我们可以通过一组人物的对比来进一步深化对于理财首先需要

预算的认识。

　　小李，女，26 岁，毕业后在北京的一家会计事务所工作了两年，月薪 4500 元。以下是她每月的开销：每月住房支出 1100 元；化妆品和服饰开销 1000 元；每月吃饭和打的开支 1000 元；每月在健身房花费 500 元；每月专门安排 500 元，泡泡吧，看几本时尚杂志，偶尔和朋友聚餐或听一场音乐会；还有一些少不了的日常生活用品开支。这样算下来，李小姐一个月的工资收入已所剩无几，有时甚至不得不向父母伸手。

　　小张，男，27 岁，建筑工地民工，每天工作 10 小时，一天挣 50 元，加上夜班，每月收入也不过 1500 元上下。在扣除吃、住及一些必要费用后，他不抽烟、不喝酒，每月坚持给家里寄 1000 元，从来没有间断，算一算，两年下来，家里收到了他 24000 元的存款。

　　这样的反差是否让你感到惊讶？小李是典型的月光族，这个人群的普遍特征就是：每个月挣多少，花多少；穿的是名牌，用的是名牌，吃的是馆子，可就是银行账户总濒临赤字；他们偏好开源、讨厌节流，不会压抑克制自己的欲望，即使那只是一时冲动，他们也会深感唯有如此才算得上是真正的生活。他们很少考虑在未来的生活中，不仅要买房、结婚，还可能要赡养四位父母和抚养一个子女。而小张虽然工资只有小李的三分之一，但他有着清晰的规划，正所谓"九层之台，起于累土"，他坚持两年的积累，终于在保障自己生活的前提下，还为家人带来了一笔数量可观的存款。

　　由此可见，如果你对于钱财的去向有明确的计划，并能将合理的预算付诸行动，那么你的生活将更加从容而富有余裕；反之，你对于财富的流向始终盲目轻率，那么你的生活就会像一头困兽，陷入末路而且挣扎无望。"财女"们应该学会平衡地处理"钱进"与"钱出"，其实理财在很大程度上要求我们牺牲眼前的消费以增加未来的消费。而人性的弱点恰恰就是只顾眼前，轻易被身边的花花世界所诱惑。与之相悖，理财要付出的成本就是牺牲眼前的消费，收益则是未来消费的增加。

2. 虚荣一时，痛苦一世

☆ 向往虚构的利益，往往会丧失现有的幸福。

☆ 真正有气质的淑女，从不炫耀她所拥有的一切，她不告诉别人她读过什么书，去过什么地方，有多少件衣服，买过什么珠宝，因为她没有自卑感。

☆ 爱好虚荣的人，总习惯于把一件富丽的外衣遮掩着一件丑陋的内衣。

每个人或多或少都会存在着一些虚荣心，有时适当的虚荣心甚至可以成为一种专注目标的动力。就像男人的虚荣心可能更多表现为一种对主导地位的掌控欲，对权力的追逐或者对事业的执着，相较起来，女人的虚荣心显得更为现实，确切地说，是对物欲的渴望意味非常浓重。而这种虚荣心一旦膨胀，就有可能成为一场可怕的灾难。就像莫泊桑《项链》里的女主人公玛蒂尔德，正是因为一时的虚荣，余生都活在痛苦之中。

小严从学校毕业两年多了，目前虽然工作稳定但收入不高。她每天坐公交上班，梦想着有一天自己可以买辆车。她的业余乐趣就是逛街购物，对她来说，最熟悉的地方就是各个百货商场，她尤其喜欢逛精品店。同事们总会听到她抱怨："半个月薪水还不够买一条裙子，上个月刷卡买的皮包现在还没还清！"

一旦看到周围有人的穿着打扮更加时尚，受到他人的称赞，她就一定要去买到同样规格的东西，更获好评后才肯罢休。她办了好几张信用卡轮换着用，可因为她总想买最好的消费品，而服装和化妆品这些东西，她又非名牌不买，所以钱还是常常不够用。她开始经常向朋友甚至同事借钱。

有一天，买了一双当季新出的高跟鞋后，她带着亢奋的心情和疲惫的身躯回家。进门第一眼就看到了挂在墙壁上的写真照片，那是她上个礼拜特别到影楼拍的，作为送给自己的 25 岁生日礼物。总共花了一千多，她一直觉得"物超所值"。就在这时，房东先生敲开了小严家的门。"你好，小严小姐，你到底什么时候能交房租？再不交的话恐怕只好麻烦你搬走了。"她心中一惊，蓦然发觉：现在的她不仅没钱交房租，而且卡上的钱距离还清还遥遥无期。而身边的朋友和同事已经开始渐渐疏远她了。

在不知情的陌生人眼中，小严的生活就像一件华袍，美丽亮眼，令人羡慕。而在知悉内情的人眼里，这件华袍内里已经满是虱子，狼藉一片。这一切都是虚荣心在作祟。虚荣心强的女人一般都会有强烈到过度的物质欲望。物质满足了她们对美的追求，高档的物质带给她们非凡的优越感，成为她们游走在外部世界的华美"铠甲"，也成为她们精力的源泉和炫耀的资本。她们爱攀比，爱忌妒，活在一种虚幻的满足感中，在他人的目光里找到自己生活的价值。

你可以看看下面的问题，作出真实的回答后，就能大致对自己的虚荣心做一个评估了。

第一，看到别人买房的时候，是否决心要买一个比他更好的房子？

第二，看到别人买了新衣服、新首饰，是否忍不住就想买更好的？

第三，看到别人的丈夫给自己的妻子买了很多奢侈品，是否马上就会向自己的丈夫提出买更贵的？

第四，看到别人的男朋友有钱，是否就要求自己一定要找个更好、更出色的？

第五，看到别人的孩子在校表现突出，是否要求自己的孩子一定要超过别人成为最棒的？

第六，看到别人出手阔绰，是否就不由自主想在众人面前表现出自己手头更宽裕的感觉？

第七，看到别人加薪升职，是否认为自己才是更有资格的人选？

如果你在多数选择中回答了"是"，就要认真检视一下自己了。虚荣一旦成性，就如同上瘾一般很难戒除。"人心不足蛇吞象"，越虚荣，就越贪婪，也就更难满足现状。为了虚荣心而采取欺骗手段的伎俩更是屡见不鲜。一旦这种欲望的膨胀速度越来越难控制就会反噬己身，就像莎士比亚的警告："虚荣是一个不知足的贪食者，它在吞噬一切后，必然牺牲在自己的贪欲之下。"从下面这个小故事里，你可以看到贪得无厌的毁灭性。

在一个狼群肆虐的山林里，人们曾设计过这样一种方法来捕杀。恰逢寒冬，在下雪前猎人们在地里埋下刀片，等雪积到一定厚度，把动物的血洒在雪地上。狼隔很远就能闻到血腥味，找到味道最浓郁的地方后就会用舌头拼命地舔积雪上面的血液，舔着舔着舌头就舔到刀片了，柔软的舌头很容易就被锋利的刀片划破，流出更多的血，狼就会更加拼命地舔自己的血了，由于天冷，舌头冻麻了，狼是不会觉得疼的。就这样，第二天早上人们就能捡到因为流血过多而死的狼了。

狼性狡诈，可最终还是死于自身的贪婪。可见，无法遏制自己的贪欲便只能自取灭亡。而为虚荣心蛊惑的女性就更要以此为鉴，毕竟虚荣虽然不是一种罪，却是诱发贪欲的刺激因子。除了在心理上调试自己，不要让自己陷入盲目忌妒的泥潭外，就可以从物欲本身来入手。这就要求你最大化你的购买力，控制自己对于透支刷卡的惯性依赖。这里可以提供一些小技巧，来帮助你以相对较少的钱来买到你想要的东西。这并不抹杀你的购物欲望，只是选择成本较小的温和方式，也许你可以从这些省钱方式里发现新的乐趣。

第一，光顾小商店。非繁华地段的商铺也会有丰富的商品，而且相对处于黄金地段的大商场，价格上会便宜不少，只要你有耐心慢慢去"淘"，总能找到符合心意的商品。

第二，参与团购。有的商品与其一个人买，不如和亲朋好友结伴去买，或者参加一些有信誉的论坛上发起的团购活动，这种类似批发的方式会让你享受到不少折扣。

第三，租赁商品。有些物品是阶段性的消耗品，有些是更新速度特别快的产品，有些是比较昂贵的一次性使用品，这些东西买新不如租旧。比如童车、婚纱、相机、装修用的电动工具。当你考虑到物品的闲置时间比使用时间多得多时，你就可以考虑租赁这种方式了。

第四，旧货市场。在一些跳蚤市场或旧货网站，你可以找到很多性价比极高的必需品。当你手头拮据或要采购易耗品时就可以去留意一下这方面的卖家。

第五，网络比价。在电子商务盛行的今日，通过网络货比三家可以说是极为便利。而海外代购也为我们获取价廉物美的商品提供了一种渠道。

爱物质并不是一种错，只是需要一个适当的度。超过了这个"度"，虚荣心会成为你的负担和压力源，时间长了，身体和心理都会衍生出一些问题。女人无论怎样热爱物质，喜欢享受，生命中都不能缺了精神、情感这些灵性的东西。送给"财女"们一句箴言：比起那些名表、名牌、时装，更加美丽的是你自己。

3. 奢侈的是欲望，贫困的是生活

☆ 奢侈会破坏人们的心灵，因为你获得的愈多，就愈贪婪，而且确实总感到不能满足自己。

☆ 知足是天然的财富，奢侈是人为的贫困。

☆ 从巨额的消费中，我不会得到什么快乐，享受本身并不是我对财富渴求的根本原因。对我而言，金钱只不过是一种证明，是我所喜欢的游戏的一个计分牌而已。

对于"欲望"的阐述里，有一句极为经典的名言："生活中有两个悲剧。一个是你的欲望没有得到满足，另一个是你的欲望得到了满足。"这句犀利无比的话，与其说是一个讽刺更像是一个忠告。欲望永远无法带给我们安定感，因为它本身就是一件凌驾于需求之上的无形品。而有形的奢侈品催发的是更多的欲望，因为它代表着"独特、稀缺、珍奇"，这让人沉湎于与众不同的幻觉里，为了维持这种幻觉，就要继续购买更多的奢侈品。相应的代价就是你将失去更多的财富。所以说你可以让奢侈品"豢养"你的欲望，却无法阻止财富离你而去，也无法阻挡生活一步步进入"贫困"的牢狱。

即使你再有钱，可还是有你付不起的奢侈品。我们不妨来看看这些：

你有100万，可你买不起一瓶1787年玛戈酒庄的干红葡萄酒，因为它在展出时被打碎，保险公司因此理赔22.5万美元，折合人民币140多万元。

你有1000万，可你买不起一套海南黄花梨家具，因为它在郑州奢侈物品展上标示的价值为 1172 万元。

如果你有一亿，但你还是买不起梵高的一幅《没胡子的自画像》，因为该画售价 7150 万美元，约合人民币大约 4.5 亿元。

如果你有 5 亿，鲁本斯的《殴打婴儿》还是不能被你收入囊中，因为这幅画以 7350 万欧元被人买走，折合人民币约 6.2 亿元。

看到这里，你大概就可以了解充斥在我们生活里的那些"奢侈品"有多么"小打小闹"。这些天价对于亿万富翁而言也未必是可以轻易掷出的数字。奢侈品用最通俗的话来定义就是"好的、贵的、非必需"的商品。精明的"财女"想必已看出了其中的关键——非必需。也就是说，买奢侈品意味着花大量的钱买一些在生活里没有多少实际用途的东西，稍有常识的人都知道这不是一笔划算的买卖，想象一下就可以明白：随便一件奢侈品就可以拖垮一个普通家庭的日常生活。即使是身价殷实的人，也不见得会热衷于奢侈品消费。

有一位富翁这样说过："其实我们的消费并没有小说里写的那么奢侈。这么多年来，我只坚持一个原则——舒适即可，杜绝奢侈。有再多的财富，也会被这些奢侈品给消耗掉。"非常简单通透的道理，恰恰契合了中国的一句古语"由俭入奢易，由奢入俭难"。那么如何远离这些会"偷"走财富的奢侈品呢？

第一，精致的生活≠幸福的生活。吃穿用度上不要过于讲究，生活太过精细考究，有时并不能带来享受，反而是一种负累。

第二，学会克己。不奢求过度消费，不追求轻浮的虚荣，不参与盲目的攀比。学会自我控制，让节俭的习惯简化生活。

第三，不要太过频繁地更换生活用品。能用的就继续用，没必要围着潮流打转；可买可不买的先不要买，观望一段时间明确自己的需求再作决定。

第四，牢记一点：舒适就好。别以为标签上多出几个零就可以体现

出你的品位。贵却不合适的商品甚至都比不上便宜却合适的商品。昂贵的生活不会比舒适的生活更幸福。

时尚女王可可·香奈儿一手打造了一个誉满全球的奢侈品王国，她却说过这样一句话："你可以穿不起香奈儿，你也可以没有多少衣服可供选择，但永远别忘记一件重要的衣服，这件衣服叫自我。"看到这句话，"财女"们是否有所触动呢？

4. 计划外消费让省钱变成浪费

☆ 便宜、打折、量大、数多……是永远挡不住的诱惑，因此也是商家趁机推销商品的极好机会。

☆ 我们没有必要比别人更聪明，但我们必须比别人更有自制力。

你是否有过这样的经历？看到超市的宣传单后，就会被勾起购物欲望，而等看到货架上琳琅满目的商品，打折促销的标签四处悬挂后，购物欲望就一发不可收拾。满载而归、回家清点后忽然发现今天的消费已经无限量超支，还买了一堆暂时用不到的东西。如果经常出现这样的情况，那么你的消费观显然不是理性的。居家过日子，如果由着性子来，有一分花两分，那么可能你熬不到发薪日就要"拆东墙补西墙"了。

而这种计划外消费就更是形成浪费的一大原因。这种浪费分为两种情形：第一，商品的确是便宜的，但是并非你当前必需的。而且商品如果有保质期的约束，那么你也无法囤积起来等日后再用；第二，商品的折扣是掺了水分的，看着似乎是折扣价商品，应该是为我们省钱的，其实很多时候你不过是跌入了商家的迷魂阵，被假象蒙蔽了双眼。所以因为图小利反而花了冤枉钱的现象并不少见。这两种情形都会让所谓的"折扣"变成食之无味、弃之可惜的"鸡肋"。所以只有理智消费，才能守住你的财富。

我们首先不妨来看看在商家设置的"障眼法"后那些折扣的庐山真面目。

宋小姐在某商场里看中了一款品牌风衣，而该商场正好打出了"全场五折起，全市最低价"的招牌。宋小姐到柜台结账时才被告知这件风衣并不打折。她很诧异地问："那为什么要写'全场五折起'呢?"收银员低声叨咕了一句："这个都不懂，当然是为了造声势。"

很多商场会标出"全场几折起"的字样，这个"起"字就为商家留下了极大的余地。再仔细思量一番，你就会发现这其中的漏洞。如此多的商品，因种类不同其利润空间也不同，根本不可能一刀切地定在一个折扣上。而且很多大品牌以及当季新品是不会参加这种统一的打折活动的，很多时候你真正能买到手的都是滞销或临期的打折产品。

商家一开始就是为了吸引顾客而打出了"噱头"。所以女性消费者尤其要注意，不要被一时的购物冲动所牵制，也不要被打折的名头所诱惑，理智分析、谨慎选择才是你应有的态度。此外，返券也是一种常见的促销手段，不过里面同样可以暗藏陷阱。

金女士在一家化妆品店看到这么一则广告："全部美白套装买一送一。"她以为是买一套送一套，就花了 888 元买了一套美白补水的礼盒装，谁知商家却送给金女士一面小小的化妆镜。后来她在别的专卖店里发现，相同的礼盒装在那里只卖 588 元。

商家这样钻文字空子几乎可以让人哭笑不得了。而像这种"买××送××""满××抵××"的活动，送得越多越要注意。这里主要有两处文章可做：其一，礼券的购买范围受到严格限制。比如"本券仅限在家居服饰类柜台使用""本券在买满 300 元后方可使用""本券仅限在雨

天使用"诸如此类，它可能圈定了购买对象、购物数额、购物次数甚至购物天气。你需要睁大眼睛仔细辨别，免得使用时才发生纠纷。毕竟"本次活动的最终解释权归商场所有"。其二，附赠的东西是清仓下架的商品或一些不实惠的小物件。这就提醒了你千万不要望文生义，把所谓的"买一送一"想得太过理所当然了。赠品到底是什么，还是要在购物前就问清楚的好，免得看到实物才惊觉上当了。永远记住一句俗语："买的不如卖的精。"其实换位思考一下，如果你是卖家，不也会采取任何可能的促销手段来追逐利润最大化吗？

当然打折促销只是引起计划外消费的诱因之一，真正要避免这种无谓的浪费，还是要做好自己的财务计划，并严格在列出的框架内进行消费行为，不应一时随性而影响计划的贯彻执行。你可以先做一段时间的理财体验，具体操作如下：

本月的工资到手后，先不要急于花钱，首先要将日常开支分类列出来，通常选项是：生活必需品开支、弹性开支、兴趣开支、投资开支。

类别明确后就要分轻重缓急，按比例合理分配。如日常必需品开支为 A 级，则固定每月支付的房租就是 A（必需）；弹性开支包括就医、应酬等突发性事件的开支，可列为 B 级，即次必需级；兴趣开支可定为 C 级，如购买杂志、零食的活动就可划为 C（非必需）。

在设定配额时，按平日习惯扣除必需品开支后就可以在其他分类里设定承受上限，用时就从中支取，当数额超过上限时就需要分析其原因：到底是分配有失偏颇还是自身的消费习惯有问题，借以获取经验，适时调整。

当"财女"们拥有了自己的财务计划后，才可以减少消费的盲目和随性，有效剔除计划外消费，才能让日子过得滋润而自在。有了财务计划的你，就像是有灯塔指引的渡轮，即使航行在商品的汪洋大海里，你也不会失去方向。

5. "月光女神"不易做，购物减压不可取

☆ 苛俭者，总以为活着永远有明天；挥霍者，总觉得今天过后来日无多。

☆ 养成克制欲望的习惯，会使人的满足感和幸福感大大增加；而养成放纵欲望的习惯，则会使人滋生烦恼和无端抱怨的指数大幅攀升。

☆ 我们不仅爱房子、靓衣、宝马、雅诗兰黛、电脑、钱、狗……还爱男人和孩子，在都市里跌跌撞撞着寻找着一份安稳。

"新三年，旧三年，缝缝补补又三年。"传统观念总是提倡着朴素生活、节制消费的生活方式。而如今随着经济发展、科技进步，我们生活在一个物质空前丰富的时代。不少女性有意无意地以一种新锐极端的方式彻底颠覆了那些倡导节俭的传统消费观。"花洒女人"就是这样一个群体。

何谓"花洒"？简言之，就是花钱如洒水的人。花洒女人认为工作就是为了享受，为了消费，她们看上去就像一群匪夷所思的乐天派，所以花起钱来毫无顾忌，似乎永远不会担心未来。相比她们的收入而言，她们洒出去的银子让她们几乎没有余钱，甚至入不敷出。而花钱本身对于她们而言，远远超出了满足实际需求的范畴，更多的是为了追求"血拼"时的快感。这些人，也被戏谑地称为"月光女神"。

乔丽的衣服很多。走进她家里，首先映入眼帘的是一大堆鞋子，总共四层，像是鞋铺的展柜。而在她的卧室中则专门有一面墙壁被用来做壁柜，里面挂满了她的衣服和各式的手提包。她的衣柜里面有可以转动的架子，她把衣服分门别类地挂起来，相同风格的衣服挂在一起。

　　"不逛则已，一逛惊人"就是乔丽购物风格的精确概括。她说，有的时候她整整一个月都不出去逛街也是有可能的。可一旦她到了街上，各种漂亮的东东就会让她有一掷千金的冲动。然后逛街之前的计划和预算便成为浮云了。她将当时的状态形容为"开始血往上涌、头脑发热"，之后的结果自然是"只要看见了喜欢的，就毫不犹豫地掏钞票"。

　　至于购物上限的问题，她说："价钱方面一般是不会考虑的。"由于她对衣服的品牌要求不是太严格，更注重看衣服的款式、风格，所以外贸店、个性小店是她青睐的地方。因为单笔的成交价不贵，所以每次的采购大战里都会一次性收获诸多"战利品"。两只手上大包叠着小包，衣服、饰品、鞋子等各种东西都有。而即使在标价相对较低的服装批发市场，她也能在一个下午迅速花掉四五千元甚至更多，最后只剩下回家的车费。

　　乔丽这样"不买不花钱，一买就洒钱"，显然是冲动型消费的表现。"月光女神"看起来潇洒不羁，光鲜亮丽，实际上却存在严重的隐患。因为在冲动驱使下的消费往往会消耗大量的金钱，而且买回的很多东西都不会是生活必需品。在财务上陷入拮据后，你整体的生活节奏也会被打乱。当被迫以借贷度日后，工资到手的一刻就面临清空的窘境。周而复始，你就只能一直"光"下去，别说理财，就是基本生活的维持也潜藏着巨大的风险。生活无计划，消费超能力的生活根本无法应对现有生活的任何改变与波折，所以想做"今朝有酒今朝醉，月月收入月月光"的"月光女神"是要付出沉重代价的。

　　当然这些群体的存在并不能说明女人天性中就有追逐物质的本能。事实上，在这些群体中还有相当一部分女性是通过消费中大撒金钱来宣泄工作压力与不良情绪。一项调查结果显示，在极端情绪下消费的女性高达46.1%。竞争激烈、心情焦躁、工作不顺心、失恋，都可以成为促使她们疯狂消费的压力源。不少心理医生认为，女性心理补偿与发泄的渠道较窄，购物往往就成了她们舒缓压力与平衡情绪的常见选择。不过这样的方式是治标不治本的，购物就像抽烟、喝酒等行为一样，你可以通过它来暂时麻痹思想、逃避现实，却不能真正有效解决你目前的问题。万一你开始对"血拼"上瘾，并对这样的购物欲形成依赖，那么失控的将不只是你的金钱，还有你的生活。

雪彤是一个周期密集型的消费狂。在某个阶段，她会连续出去"血拼"，根本无法克制，她无奈而苦闷地称自己这样已经"变态"了。一旦感到"心绪不宁、极其无聊"，她就会选择买衣服作为唯一的发泄。她描述在年前的一段"疯魔期"，至今回想自己都觉得心有余悸。

在腊月时疯狂扫荡了批发市场三次，给爸爸、妈妈、弟弟、弟媳、公公、婆婆、爱人和自己都买了衣服。共计锦缎棉褛7件、毛衣11件、T恤5件、裤子4条。然后她发誓不再买了。可到了年前，在同事的提议下，她又没忍住，在打折的服装广场又买了长裤3条、毛衣2件、大褛1件、同款不同码的裤子2条。之后她又赌咒再也不买了。

到了年三十，雪彤在陪母亲逛商场时看到一家外贸服饰店正在降价处理。母亲劝她不要买，可雪彤觉得很痛苦，因为就算当天忍住了，到了第二天她还是会忍不住过来。于是她又买了一件夏天可穿的外套和一条意大利牌子的裤子。而后她又发誓再也不会买了。

时间推到年初四，她陪朋友逛街。在步行街看到了几件很得她眼缘的衣服。她当时忍住了，一件没买。可连锁效应是可怕的：她晚上开始睡不着，次日早上又开始盘算昨天看上的哪条围巾可以配哪件上衣，哪条裤子可以配哪款鞋子。那种抓心挠肺的感觉始终挥之不去。于是她让爱人开车把她送到步行街上，花了20分钟时间又买到了毛衣1件、裤子1条、围巾2条、T恤1件。可在回程途中，她又马上陷入懊恼和自责之中：其实买回去的很多衣服连标签都没拆就躺在柜子里过着永不见天日的生活，自己的收入也不到那种可以任意挥霍的程度，可是她就是

没有办法控制自己。

像雪彤这样的消费方式已经有一些"强迫购物"的倾向了。强迫购物的明显表现是：每周都会兴起好几次购物的冲动，如果不买的话心理上始终会处于焦躁难安的状态；一旦买了自己看中的东西，情绪就会格外高涨，拥有女王一样的满足感；而回到家以后，面对着自己买的东西又会感叹"我为什么要买这种东西"，对手中商品的兴趣立马消失，然后把东西放置不理。

以购物减压就可能引发购物强迫症。而真正的弊端在于：如果这样的行为持续反复的话，心情不但不会变好，反而可能越来越糟，产生自责的念头，进而可能恶化成为自我厌弃，在精神上进入一个很动荡危险的状态。而从其他的角度来说，疯狂购物极可能使信用卡严重透支，继而让持卡人负债累累，在财务状况上引发巨大的危机。

你可以比照一下自身情况，从而判断出自己的购物模式。如果你忍不住要隔三岔五在商场徜徉，如果你多次为自己买的东西而后悔，如果你经常在不需要某种商品时也非要购买它，如果你买不到想要的某种商品就难以忍受，如果你有多次薪水入不敷出的情况，如果你经常发现自己购买的东西被你置之不理……那么，你基本上已经是大"花洒"了，而且需要对购物强迫症提高警惕。

而要让"购物狂"们从这种冲动中挣脱出来，减轻压力是需要进行的第一步。因为压力源因人而异，只有认清压力的来源，"对症下药、标本兼治"，才能够从根本上解决这个问题。还有心理医生建议可以采用行为主义的疗法，给"购物狂"制定详细的购物清单，尽量少带钱出门；对于较严重的人群则建议与心理咨询师多沟通，一起制订出循序渐进的阶段计划，达到逐步改善的效果；购物者还可以选择结伴出行的方式，让身边的人督促自己合理消费。

6. 消费冲动难克制，吃亏受伤总是你

☆ 不念居安思危，戒奢以俭；斯以伐根而求木茂，塞源而欲流长也。

☆ 时尚的消费比实用的消费花钱更多，是因为眼睛比身体更冲动。

☆ 我提着一个袋子，边走边拾。一路上拾起无数我不想要的东西。当我遇到我真正想要的东西之时，袋子已经装满了。

　　现实生活里这样的情形可能发生在你、我或任何人的消费行为里：在商店里一眼看中某些东西，立马买下；导购天花乱坠的介绍里正好有一点深得你心，立马买下；捆绑的赠品很是可爱，立马买下；其他顾客疯狂哄抢，你不甘人后，立马买下……总之虽然起因不同，你还是把那件东西买回了家。可回到家后，纠结立马出现：你突然觉得：这个东西的颜色好像不如想象中的好看；价格好像比另一家超市海报上的宣传要贵；性价比大概也不是很高；我好像很长一段时间用不到它，貌似这东西还挺占地方；赠品的钱基本已算在商品的价钱里了……

　　往往到了这个时候，考虑退货吧，跑来跑去折腾又嫌麻烦；不退吧，留下每天看着又觉得憋屈。这种现象就可以被统称为"遗憾消费"。而在这样的消费行为里，无论是因为"一时脑热"还是因为"一时眼花"，吃亏受伤的始终都是你这个埋单者。

　　韦晖最近要搬家，在整理屋子时居然找出十多条皮带，其间不乏价值不菲的名牌货。这些多是她一时冲动的产物，因为店员的甜言蜜语，因为自以为是的一见钟情，因为贪便宜心理，等等。时间才是考验一切的试金石。很快，那些东西在买回家一周或一个月后就被束之高阁了。

等到重见天日的那一天也是它们被彻底丢弃的那一天。韦晖说："这些东西扔了的确可惜，可是留着肯定占地方，而且以后估计也不会再用。"于是她背着家人偷偷把它们全部扔到了垃圾回收站。

相信不少人有着类似经历，只不过扔的东西种类不同，价值不一，有多有少。那么在事后你是否考虑过当初买东西时的动机呢？其实说到底，也不过是由于在消费行为发生时，理智退居了次席，冲动占据了主导。那到底如何遏制这种心血来潮或者说三分钟热度的产物呢？防止遗憾消费有这样一些方法。

第一，不要一次性进行大宗商品的购买。一些女性朋友在面临搬家、结婚、生子等人生变动期时，会突击性地把平时积攒下来的钱一次性花光，同时购买诸如家电、家具等大宗商品，且都以"套"为购物单位。实际上在家庭消费里需要遵循的一个原则是"大处着眼，小处着手"，买东西最好有翔实计划，统筹兼顾、随遇随买的方法比全面开花的方式能更有效地避免遗憾的形成。

第二，临时购买行为多数是冲动且非必需的产物。如果事前无计划，最好不要产生临时购买的举动。其实购物冲动会产生主要是由于你将自己的"偏好"作为消费的出发点。而实际上，我们的购物动机因基于理性。所以临时购买前问问自己："这到底是必需品还是可买可不买的东西？"这个问题会有助于你冷静头脑。尤其，我们要时刻提醒自己：不能受广告宣传、精美包装的诱导，要抵制视觉刺激，还要充分评估猎奇心理和从众心理对我们的影响，切莫因临时购买行为打乱了正常的消费开支。

第三，克服缺乏主见的购买行为，培养自己的决策能力。在多数人眼中，商品总会存在各种各样的不足。比如有的东西样式很讨喜，颜色却过于呆板；有的东西质量过硬，可价格又超过了心理预期。所以很多女性朋友在购物时常会陷入"选择障碍"。在权衡后觉得优势的一面比较重要，买了又开始后悔商品中不足的一面。还有一些女性对于自己的选择不够自信，一旦在周围人口中听到对于所买物品的负面评价，后悔的情绪又会占了上风。这都是缺乏主见的购买行为。

而要成为一个心中有数的消费者，很重要的一点就是锻炼自己的决策能力。首先合理的决策总是立足于对市场行情的掌握上。掌握产品的价格、质量，这样才能有针对性地加以对比，从而趋利避害；其次要建立自己的信心，提高自己的品位，经常阅读一些消费报刊或收看财经新闻，可以及时地把握一些消费市场的动向，并借鉴他人消费行为中的经验和教训。不盲从，不盲信，有助于提高我们自身对于商品的鉴识力。

而在规避"遗憾消费"的过程中，更彻底的方法是建立一套自己的购物准则。越是有钱的人，越是在消费行为中遵循一定的原则。因为他们明白，每一分钱都有自己的价值。慎重对待从你手中流出去的钱，即使是一笔很小的数额，在日积月累后也会是一笔惊人的财富。努力告别消费冲动的"财女"们可以看看下面的小建议——购物中的"三个不必要"。

第一，不必要"新"。新品上市总是更能引起消费者的关注。可新品也有问题，一方面在价格上可能定位较高，另一方面就是还未经过市场检验，功能还未完全成熟。如果因贪图商品的新鲜感，迫不及待想要体验所谓的"第一代"，相对而言这种产品的性价比不是太高。如果是更新换代特别快的产业，那么你手中的新品也很容易在热潮过去后被淘汰。

第二，不必要"美"。除了那些装饰性的商品，多数商品都是买回家"用"，而不是"看"的。所以相对使用功能来说，外观就不必要求太过。当然你可以要求产品符合你的审美，但不能因为外在的修饰而忽略产品本身最重要的性能。否则你就极有可能买回一个徒有其表的"残次品"。

第三，不必要"只求价廉"。女性消费者在购物中常陷入一个误区就是：买东西时习惯货比三家，然后挑选那个最便宜的。当然这个习惯本身是好的，但如果把"最便宜"作为唯一的选择标准，就有失偏颇了。商家是最会抓消费者这种心理的，比如他们会有意将一些低档的甚至需要清仓处理的商品作为当天的"特别推荐"，诱导消费者的选择。在这样的状况下，如果只是以价格做权衡，那么你付出的代价可能就是牺牲了大部分的商品性能。所以取舍时一定要综合比较，质价兼顾。

7. "免费体验"是"馅饼"还是"陷阱"

☆ 世上没有免费的午餐，无论什么，总得付出代价。

☆ 人见利而不见害，鱼见食而不见钩。

"免费"一词在消费行为里是非常具有诱惑力的概念。因为在常人的理解里，免费就意味着你只要付出零成本就可以享受商品或服务。可在商业活动里是绝不会存在这样"天上掉馅饼"的状况的。商家不是慈善机构，高额的利润永远是其追逐的目标。因此，所有的"免费"到最后还是会由你埋单。你以为自己抓住了"馅饼"的那一刻，也就是你一脚踏入"陷阱"的瞬间。

没有任何的防骗秘籍可以识别所有打着"免费"旗号的消费陷阱，关键还是要靠你自己的观察和判断。还有一个"放之四海而皆准"的道理就是：不贪小便宜，按需消费。下面我们可以通过几个案例来看看这些"馅饼"是如何忽悠消费者的，"财女"们可要好好看清楚了。

有一天，吴小姐在逛街时被几名在美容院外散发传单的人员叫住，称可以为她免费做皮肤检查，并赠送护肤品一套。经过推销人员的一番游说，吴小姐进了美容院。但接下来发生的事情，则让她感到气愤。

"工作人员在我脸上涂满了黑色的油泥状物质，当我要求洗掉时，工作人员却说必须购买一种特殊精油才能洗掉。"吴小姐说，而此时那瓶所谓的"精油"已经在未经她同意的情况下被工作人员拆开了，最后她只能被"半强迫"地花了1000多元买了精油，才得以脱身。谈起这段"免费美容"的经历，吴小姐至今追悔莫及。

无独有偶，黄女士也遭遇了这样一个"免费体验"的骗局。一天下班途中，黄女士路过某商场，被一年轻男子拦了下来。男子将手中的卡塞到黄女士手中，声称凭借此卡可以到他们的美容院免费领取美容产品一套。黄女士婉言谢绝。可男子拉着她不放，受不了男子的软磨硬泡，她进了美容院。马上就有工作人员满脸笑容地迎上来，说领取美容产品前还要进行一个皮肤测试，这个测试也是免费的。

美容师在她的额头上"测试"了两三分钟，就下结论说她的脸上有各种毒素沉淀，而且从脸上黑色素和雀斑的分布可以看出她有宫寒、肾虚等症状。接着美容师开始强烈推荐他们公司的全套护肤产品和经络按摩服务，如果她定期到他们这里做调理，现在办卡还有优惠服务。黄女士在此时警觉起来，推说自己还有事，试图脱身。

可工作人员这时才告诉她需要支付100元费用。黄女士自然质疑："不是说免费的吗？"工作人员已经拉下脸来："测试是免费的，人工和消炎药水不是免费的。"黄女士立刻要求结束皮肤测试，并称如果发生红肿、过敏等症状后果自负，工作人员才勉强放人。

类似的遭遇在消费纠纷里不在少数。很多女性消费者会在逛街时被人以"免费体验"的名义拉到店里，在体验完相关项目后就很难脱身了。因为只要进了店，你就等于进入了一个"连环套"。甚至在你不知情的时候，那些被抹在你脸上、头发上的产品已经是计价的了。多数人

会在稀里糊涂的情况下被强迫消费。

比如美容机构就大多以"今天店内搞活动，可免费体验"或"填写一份调查问卷，免费领取礼品"等幌子来吸引顾客。而被"免费"二字吸引进去体验的顾客，在半胁迫半诱哄的"围攻"下大多购买过一些来历不明的产品，或被游说办季卡、年卡，消费 100 元至 2000 元不等，能真正体验完免费项目就走出店门的顾客几乎没有。虽然商家存心欺瞒不合规范，但鉴于这种事情投诉举证困难，所以最保险的方法还是不要随便接受各种试用和体验邀请，以免在不经意间就掉进"陷阱"造成难以挽回的损失。

"办卡"的打折陷阱也是商家的惯用伎俩。比如这种推销说辞——"做一次护理要 300 元，办卡预存 2000 元就能打五折"。如果这是个信誉好、口碑好的商家，你又打算长期享受他们的服务，办这样的卡还能考虑考虑。但如果是底细不明的商家，你千万不要被忽悠着去办理那种金额高、时间长的卡，万一无良商家卷款跑路了，你的钱可就永远追不回了。不过需要注意：从人的消费心理出发，这种预付费的折扣卡使用起来不以现金形式结账，因此往往更容易"冲动消费"。

林爽在一个手机专卖店买了一款手机，付钱时随赠优惠券一张。券上包括了免费送一张 10 寸的照片，一张水晶照片，免费三个化妆造型，免费拍照 20 张。听起来很诱人，林爽去了，结果发现：化妆免费，可一个粉扑 10 元，一对假睫毛 20 元；造型免费，能选的衣服比路边小摊的还差，稍好一点的衣服穿一下 5 元；照片洗出来后，先给你看洗成一寸的小照片，这些小照片你想要的话，每张两块钱。从里边你选想要放大的照片，选一张 20 元，如果你只要送的，那些服务人员会告诉你，他们业务太忙了，你想要的话一个月后来取。值得一提的是，事先林爽还交了 20 元拍照的押金，交的时候说一定退，结果退的没有几个人。最后林爽花了 200 多元依然没能拿回底片。

像这种随着购物行为捆绑"赠送"的优惠券也是常见的"免费陷阱"。这看起来像是一种新的购物体验，实则所有的免费都是消费的前奏。因为有实物购买在前，这种优惠券的赠送就显得很合理，所以消费者的警惕心就会随之降下来。等真正开始"体验"，商家就会有各种各样的名目来让你把钱掏出来。在你决定使用那张优惠券的时候，你的钱包就注定不安全了。免费的午餐，不管你信不信，都不要去试。在诱惑面前我们要保持足够的理性。

女性消费者们要对以"免费"为名的骗术有一个大致的概念，在见到一些似曾相识的手段时立马"防御"。比如黑心商家以免费领取试用装、开发新产品为由，邀请路人免费测用、免费赠送产品；试用网站打着免费试用的旗号，实际将有限的赠品以抽奖形式蒙混试客，真实目的则是套取试客的个人信息挪作他用；使用电话骗局、免费健康讲座专骗中老年人等，然后强制客人消费几十元至数千元不等。还是那句话：往往想占小便宜的更容易吃大亏。因为一点点贪心都可以成为漏洞，让窥视着人性弱点的商家有机可乘。

储蓄让你的钱袋鼓起来

对于那些没有储蓄习惯的女性，养成存钱的习惯非常必要。因为储蓄是一种稳步向财富靠拢的理财方式。而且坚持长期储蓄比偶尔一下子存入一大笔钱要有益得多。定期存款、积少成多，千万不要因为一时做不到就轻易放弃，因为你不可能预知，储蓄在保障你的未来时将发挥多大的作用。

存钱最直接的目的就是让你的钱袋充实起来，而最终目的当然是实现个人目标。女性理财者首先要关注自己存钱的动机。比如，出国深造的储备金，换一所舒适点的房子，买一辆代步的车，给父母养老一个保障，为了子女的教育等，创业的起步资金等，投资的原始积累等，不管你出发点如何，把目标写下来，贴在你每天可见的范围，提醒自己让存钱计划持之以恒下来。毕竟要有目标才有动力。现在的"存"自然是为了以后的"花"，不过现在花钱只能让你看到眼下，现在存钱却能让你看到未来。

 ## 1. 你清楚自己到底有多少钱吗

☆ 开始存钱并及早投资，这是最值得养成的好习惯。

☆ 一生能够积累多少财富，不取决于你能够赚多少钱，而取决于你如何投资理财，钱找人胜过人找钱，要懂得钱为你工作，而不是你为钱工作。

清楚自己有多少钱会是你一切理财规划的起点。而个人财务报表可

以清晰地反馈出你当前的财务信息，并简要归纳你的收入和支出状况。在我们制作个人的财务报表时，请先牢记一个公式：资产－负债＝净资产。

第一步：确定资产。首先把自己的资产做一个简明的分类。

（1）流动资产——现金、活期存款和储蓄账户。

（2）房地产——住房、带公用区域的公寓、度假住房及其他个人所有的土地。

（3）个人物品——家具、家电、设备、珠宝等。

（4）投资资产——孩子教育、退休金账户和基金股票等。

第二步：确定负债。大致可分为两类。当然列在财务报表上时也要包括将来要支付的债务利息。

（1）流动负债——税单、信用卡、保险金、医疗单和赊购账户等。特指你必须在短时间内还清的债务。债务期限通常少于一年。

（2）长期负债——抵押贷款、汽车贷款等。特指至少要还两年的债务。

第三步：计算净资产。利用上面提到的公式。所谓净资产用通俗的话来说就是卖掉所有的资产并偿还所有的债务后你得到的那部分现金。

你拥有较多的净资产并不能代表你现在的资产状况非常乐观。因为净资产并不是你可用的现金，而是对你一定时间内财务状况的衡量标准。每半年统计一下自己的财务状况，如果你的净资产有所增加，那说明你的财务状况一直在改善。如果你每月都流出固定的钱用作储蓄和投资，那么经济状况改善的速度将会更快。

2. 量身定做自己的储蓄计划

☆ 强本而节用，则天不能贫。

☆ 细雨落成河，粒米凑成箩。

☆ 金钱慢慢流向那些愿意储蓄的人。每月至少存入十分之一的钱，久而久之可以累积成一笔可观的资产。

曾有人问零售业巨头沃尔玛致富的方法。沃尔玛反问了对方一个问题："假如你拿出一个篮子。每天早晨在篮子里放 10 个鸡蛋，每天晚上再从篮子里拿出 9 个，最后会出现什么情况？"对方回答："有一天，篮子会满起来。因为每天拿出的鸡蛋比放入的少一个。"沃尔玛揭出其中道理："致富的第一个原则，就是将你们放进钱包里的 10 个硬币，顶多用掉 9 个。"就像安德鲁·卡内基说的："一个人应该学会的第一件事就是存钱。"

小楚每月节余都有 2000 多元，一年下来，发现工资卡上只有 100 多元利息。"物价涨得这么快，存款利息完全跟不上物价上涨的脚步，这可怎么办啊？"看着工资卡上的存款余额，小楚一脸无奈。

绝大多数职场女性的工资都直接打在卡上，通常是用多少取多少，每月节余部分放在卡里吃活期利息，不利于资本积累。而在节余比较固定的情况下。可以采用月月存储，充分发挥储蓄的灵活性。

月月存储是指 12 存单储蓄。如果你每月的固定收入为 2500 元，每月平均节余 1000 元用于储蓄。那就可以选择整存整取一年期，当存足一年后，你手中便有 12 张存单。一年后每月都有一张单子到期。若需要用钱，就把钱取出，无须用钱，就取出本金和利息，和第二期所存的1000元相加，再存成一年定期存单。以此类推，你手中将时刻持有12张存单。一旦急需，可支取到期或近期的存单，减少利息损失，充分发挥储蓄的灵活性。循环储蓄可让资金具备一定灵活性，同时获得最大收益。

林太太有一笔现金，想存一年定期，觉得资金灵活性太差，存半年又觉得利率太低。怎样才能在保证利息的前提下，提高资金灵活性呢？林太太有些伤脑筋。

有的女性朋友在持家一段时间后可能会积累出一些小额闲置资金，她们对资金灵活性要求不是很高，但又不想把存款"锁"得太死。在这种情况下就可以考虑"一分为二"的储蓄法。

假定林太太手中有3万元现金，可把它平均分成两份，每份1.5万元，然后分别将其存半年和一年定期存款。半年后，将到期的半年期存款改存一年期的存款，并将两张一年期的存单都设定成为自动转存。这样交替储蓄，循环周期为半年，每半年就会有一张一年期存款到期可取，相当于享受一年定存利息的同时，将资金灵活性提高了一倍。

洪女士打算将手头一笔大额现金存进银行，但又不知何时需要用钱，要用多少钱。存活期吧，取钱方便，但利息太低；存定期吧，要用钱时又得提前支取，利息一样损失惨重。到底是存活期还是存定期？洪女士非常犹豫。

如果你一年内有用钱预期，但不确定何时使用、用多少，那么用分份储蓄法会是不错的选择。这种储蓄法就是把资金分别存成4张存单，但金额一个比一个大，呈金字塔状，故这种方法又称"金字塔"法。

举例来说你有10万元现金，就可将它分成不同额度的4份，分别为1万元、2万元、3万元、4万元，然后将这4张存单都存成一年期的定期存款。在一年内不管什么时候需要用钱，都可取出和所需现金数

额接近的那张存单，剩下的可继续享受定期利息。这样，不仅利息比存活期高很多，用钱时也能以最小损失取出所需资金。

你可以根据自己的实际情况来打造符合自身需求的存钱计划。而如何在规划中实现储蓄利润最大化？下面几个小贴士可供你参考。

第一，尽量不要存活期。很多单位都把员工的工资打入一张固定的银行卡，使之变为活期储蓄。对于每个月的节余，很多人并不在意。其实这是一种很不明智的做法。因为在所有的储蓄种类中，活期存款的利息最低。一般情况下存款存期越长，利率越高，所得的利息越多。因此，要想在储蓄中获利，就要将节余的钱尽量都存成定期。

此外，定期存款也是有差别的。整存整取的利息是最高的。但是，长期存款计划不是一成不变的。因为利率会发生变化，如果存期太长，一旦银行升息，以前的存单并不跟着调整利息，这样就会损失掉一部分利息。比较折中的方法是选择一年期或三年期的存款，利息既不低，就算遇到升息，损失也不是很大。

第二，不提前支取定期存款。女性朋友们存钱时，最好合理选择存款期限，正确确定储蓄种类，如果能存定期一年或三年储蓄存款，就选择一年或三年定期储种，不要本来能存定期一年或三年定期储蓄存款，而存成了半年储蓄存款或定活两便储蓄存款。如果选择错了储种就会大大减少利息收入。因为提前支取定期存款，只能按活期利率计算利息。

若存单即将到期又有急需，则可拿存单作抵押，贷一笔金额较存单数额小的钱，用以满足急用。如果必须提前支取，则可办理部分提前支取，尽量减少损失。

第三，存款到期后办理自动续（转）存以增加利息。存款到期后应及时支取，有的定期存款到期不取，逾期按活期储蓄利率计付逾期的利息，所以要注意存入日期，存款到期就取款或办理转存手续。否则，如果存款金额更大一些、逾期时间更长的话蒙受的利息损失就会更大。为避免这些不必要的损失，女性朋友们在存定期储蓄时，要多采用与银行约定"自动续（转）存"的方法，银行对自动续（转）存的储蓄存款以转存日的利率为计息依据，转存时，都会把原来储蓄存款的本和利都按约定续（转）成定期储蓄存款。这样既可避免到期后忘记转存而造成不必要的利息损失，又能为你省去多跑银行进行转存奔波的辛苦。

对于职业女性来说，想进行固定储蓄和赚定期利息，可绑定自己的工资卡，自动将卡内的活期存款转为定期，并为工资卡办理约定转存。

以一家银行的约定转存为例，设定活期存款的年利息为 0.36%，定期存款的年利息是 1.71%。如果你现在有 1.1 万元的储蓄存款，全部以活期存在银行，一年应得利息为：11000×0.36% = 39.6 元。如果你选择约定转存，你可以与银行约定好，1000 元存活期，超过部分存一年定期。那么，这 1.1 万元就被分成了 1000 元的活期和 1 万元的一年定期。一年下来，你应得利息为：1000×0.36% + 10000×1.71% = 3.6 + 171 = 174.6 元。两者相比，后者应得利息是前者的 4.4 倍。如果你对此有兴趣，可凭工资卡和身份证，到银行柜台开通这项服务，并可设定一个转存点，让活期账户里的资金自动划转到定期账户。

如果是遇到降息，自动续（转）存方式也可保证定期储蓄存款到期后储户的利益。一旦及时给予了自动（续）转存，而该笔储蓄存款又期限较长、金额较大，就会为你带来相当不错的收益。需要注意的是，不同银行的转存起点和时间有所不同，你要在储蓄前了解清楚。

第四，预支利息。存款时留下支用的钱，实际上就是预支的利息。假如有 10000 元，想存 5 年期，又想预支利息，到期仍拿 10000 元的话，你可以根据现行利率计算一下，存多少钱加上 5 年利息正好为 10000 元，那么余下的钱就可以立即使用。尽管这比 5 年后到期再取的利息少一些，但考虑到物价和利率变动等因素，这也不失为一种经济的办法。

3. 变通方法帮你"玩赚"储蓄

☆ 蓄积者，天下之大命也。

☆ 致富的秘密是存钱后再花剩下的钱，而不是存你花剩下的钱。存后再花，你通常能够存下钱。存你花剩下的，你通常一分钱都存不下。

☆善治财者，养其所自来，而收其所有余，故用之不竭，而上下交足也。

纪云，电视台记者，27 岁，每月扣除五险一金后还剩 4000 元工资收入，这个数目刚够日常生活开支，所以她工作两年多来没存下一分钱。对于理财，她更是直言"想理，却无财可理"。"我究竟该怎么办，才能在 30 岁结婚时凭自己本事，攒出嫁妆钱？"纪云很想得到一份详细的"存钱秘籍"，并在当下开始实施自己的攒钱计划。

那么，单身女性到底该如何通过储蓄攒到钱呢？理财专家给出了下面几种不一样的储蓄方式：

第一，阶梯储蓄法。阶梯储蓄法是将资金分成若干份，分别存在不同的账户里，或在同一账户里设定不同存期的储蓄方法。存款期限最好是逐年递增的。这种方法既可获取高利息，又不影响资金的灵活性。具体方法为：假定你准备储蓄 5 万元，可分成 5 个 1 万元，分别办为 1 年期存单、2 年期存单、3 年期存单、4 年期存单（即 3 年期加 1 年期）、5 年期存单各 1 个。1 年后，就可以用到期的 1 万元，再去办 1 个 5 年期存单。以后每年如此，5 年后，手中所持有的存单全部为 5 年期，只是到期年限不同，依次相差 1 年，由于每年都有 1 万元到期，这样每年需要钱的话，可以只动一个账户，避免提前支取带来的利息损失。这种储蓄法具有较强的计划性和灵活度，既能应对存款利率调整，又能获取相对较高的定期存款利率。

第二，组合储蓄法。这种方法又被形象地称为"利滚利"储蓄法，是将一笔存款的利息取出来，以"零存整取"的方式储蓄，让利息"生"利息，是"存本取息"方式与"零存整取"方式相结合的一种储蓄方法。具体方法为：假如现在你有3万元现金，你可以先把它存成存本取息的储蓄。一个月后，取出存本取息储蓄的第一个月利息，再用这第一个月利息开个零存整取储蓄账户。以后每月把利息取出后，都存到这个零存整取的储蓄账户上。这样不仅得到了利息，而且又通过零存整取储蓄使利息又生利息。这种储蓄法在保证本金产生利息外，又能让利息再产生利息，让储户的每一分钱都充分滚动起来，使其收益达到最大化。长期坚持将会带来相对理想的回报。

第三，利率向导法。利率向导法是指利用国家宏观经济政策，合理选择存款周期。如果央行存在加息可能性，可以选择较长期的存款期限；相反，如果央行有降息可能，存款期限应以中短期为主。如此一来，投资者可以赶上央行政策调整节奏，规避利率风险。

第四，活用7天通知存款。通知存款是一种不约定存期、支取时需要提前通知银行、约定支取时间和金额，方能支取的存款方式。这种存款方式是按复利计息，提前7天就可取款，流动性很强，但门槛较高，存款金额5万元起步，一次存入，可分次支取，利随本清。这种存款方式比较适合于手头有大笔资金准备用于近期（3个月以内）开支的储户。比如，你现在手中有20万现金，拟于近期首付住房贷款，但是又不想把这20万存成活期而损失利息，就可以存7天通知存款。这样既不耽误支付房贷首付，又可享受比活期高的利息。

需要注意的是，假如你选择了7天通知存款，如果在向银行发出支取通知后，未满7天就去支取，则支取金额的利息就会按照活期存款的

利率来计算。所以只有支取时间、方式和金额都与约定的一致时，才可享受到预期的利息。

第五，基金定投。这种方法其实是为了达到强制储蓄的目的。对于上班族女性而言也是一种管理自己工资卡的方式。具体做法是，和银行签订一个协议，约定每月的扣款金额，以后每月银行就会从你的工资卡中扣除约定款项，划到基金账户完成基金的申购。

第六，利用外币赚息差。如果你手头有外币，你可以好好了解一下各银行的利率，因为适当的储蓄方法可以让你赚到可观的息差。以两年期美元存款为例：你手边有10000美元闲置，稍稍调查一下，你就会发现各家银行的挂牌利率存在明显差异。以现在的利率作比，一家是1.5%，另一家是0.75%。简单算一下账在前面那家银行存款两年，税前年收益为150美元，而在后面那家银行选择同样的储种，税前年收益为75美元，差额是75美元，折算成人民币息差约为470元，如果存满两年的话，息差约为人民币940元。可见，因银行间的外币存款利率不同，这中间的息差会有相当的差距。

4. 准备好你的"安全气囊"

☆ 你所度过的几天可能是很多人再也看不到的明天。生活中总有太多的无常，要懂得为自己积累财富以备不时之需。

☆ 年轻是资本，但经不起浪费，属于你的就那么几年。所以未雨绸缪永远是明智的。

☆ 上帝照顾不了那么多人，所以发明了保险。

现在有不少女性年轻时是潇洒的"月光族"，挣多少花多少，甚至早早当上了"房奴""车奴""卡奴""孩奴"。25 岁开始贷款买房子，如果没有意外之财从天而降，普通工薪族大概需要还贷到退休前，甚至到了退休年龄还在还债。能还完还是幸运的，万一赶上"高龄失业"，房子断供了，你又是否想过 50 岁后的日子要怎么过？

即使你觉得这样的生活还太遥远，那么再想想：现在的工作是否稳定？五险一金是否有单位缴纳？近期有没有结婚生子的打算？家中父母的养老是否有所保障？万一生病，你自己又能负担多少？随着年龄的增加，你身上的责任只会越来越重。即使有爱人分担，你所有关于未来的规划也可能被一次突发事故而破坏，甚至遭到毁灭性的打击。因此，对于女性朋友们来说，有一笔应急储蓄或购买一份合适的保险，都是很有必要的。应急储蓄之于人生的意义就像安全气囊之于驾驶，用不上自然最好，用上了就可能让你绝处逢生，那也是不幸中的万幸了。

曾有人开玩笑："现代人有三大烦恼。一是活得太久，自己要钱用；二是走得太早，家人要钱用；三是中途波折，大家要钱用。"这段戏言还是折射出了一定的事实。在人生的各个阶段，我们都可能面临手头紧张的局面，因此为自己准备一笔应急储蓄就是在为自己做"风险保障"。而要特别注意的是，这笔钱是不到万不得已绝不能动用的。

崔莹的丈夫突发急性胃穿孔，需要钱做手术。但是这对夫妇两个月前刚买了房子，现在一点钱都拿不出来。而且身在异地，父母朋友都不在身边。面对这样一筹莫展的情况，崔莹完全失了方寸，同时后悔不已。本来她自己是有一笔钱在银行存着用来应急用的，但是买房时钱不太够，就全部拿出来花掉了。所以这个意外一出，她完全被打击懵了。

现实生活中，想必很多女性都遇到过崔莹的这种状况。在风平浪静的时候，会给自己留一个储备小金库，但是总会因为各种各样的原因将它在一些重要但不紧急的情况下用掉，之后又不能及时补进去，到真正

需要的时候却束手无策。

不论你是单身还是主妇，对于这一部分钱，无论你有多么好的发财项目，都是不可以将它们拿出来投资的。"人无远虑，必有近忧"，它是你生活突遭变故时最重要的保障。所谓"意外"都是不可预期的，你并没有足够的底气去承担这样的风险。如果你非要动用它，也应该留有后路能在最短的时间内将之补上，如果不能及时地补上，也就意味着在这段时间内随时都有生存危机发生的可能。这并非杞人忧天，"晴带雨伞，饱带饥粮"才是真正眼光长远之举。

当然这并不是说永远让这笔钱躺在银行里睡大觉，你可以拿它出来应急或消费，但是你要保证它能及时地"回流"。因为它是你眼下甚至未来几年生活的一项保障。你要确保它在一个相当的周期里能维持一个稳定的底数。因为大部分女性每个月都有固定的收入，所以应该可以保证这笔钱在长时间内能够保持一定的数额。而为了能有效抵御风险，这笔钱的数额至少应该能够维持你6个月左右的生计，从而可以保证你能在意外到来时平稳过渡，如你突然失业、突发急病、家人陷入困难等。这笔钱至少让你能从危机中稍稍缓一口气，即便你断了收入来源也不致陷入恐慌无助的境地。不过这笔钱是为解燃眉之急用的过渡款，并不能帮你彻底解决问题。所以在这笔钱用完之前，你需要早作打算，尽快地调整自己，重新踏上生活的正轨，否则，危机仍会卷土重来。

你也许已经发现，这笔钱的金额越高，它能为你提供的保障就会越有力，也会为你赢得更多的时间去整理自己的状态。所以，女性朋友应该在力所能及的范围内尽早积累出这笔钱，不要拖延等待，越早开始积累，这笔钱的底数就会越大，你所要承担的风险就越小。但是，也并不是要求你将大部分的收入都当成应急款储存起来，矫枉过正的话也势必会影响其他方面的理财计划，阻滞你财富积累的渠道。因此，这笔应急储蓄的数额还是要维持在一个合理适度的范围内，这样，一来可以让你

"临危不乱"，二来也不会妨碍财富流动的活力。

只有准备好自己的"安全气囊"，我们才不会在事故到来时发生致命的危险。大家不妨从现在就开始为自己做好这方面的储备，让自己时刻占据人生的主动。根据自己的收入确定好比例开始储蓄，越早完成这笔款项的储备，就能越早减轻你的后顾之忧。

随着你收入的增加、家庭成员的增多，这笔钱也应该跟着上涨，以保证你一定时期内的生存用度为目标。它的储备过程有点像"强制储蓄"，但是它的职责非常明确，有且只有一个，就是与你"风雨同舟"。故而你要务必保证它的"专款专用"，一切"挪用"行为都有"渎职"之嫌。

人生不打无准备之仗。一个对自己和家人负责的女人总是能防患未然。提前采取预防措施，规避风险，才能在危机出现时冷静面对、从容处理。古人曲突徙薪的用心放到现代也是毫不过时的，毕竟预防远比补救好。

5. 存钱游戏欢乐多

☆ 千万不要为数字而存钱！否则就像转轮上的老鼠，工作—赚钱—工作，无法得到快乐。

☆ 存钱的第一步，一定要变成一种习惯，即使钱少也无所谓。当数字开始累积，就会产生激励效果，存钱就会愈来愈有动力。

☆ 从巨额的消费中，我不会得到什么快乐，享受本身并不是我对财富渴求的根本原因。对我而言，金钱只不过是一种证明，是我所喜欢的游戏的一个计分牌而已。

洋洋有两个储蓄罐。一个里面装的是花花绿绿的零钞，另一个装的是形状各异的纸条。将纸条打开来，稚嫩的笔迹写着："玩半小时电脑""吃一次麦当劳""到水族馆参观""去大连旅行"，等等。这个奇怪的储蓄罐到底有什么用呢？

洋洋的妈妈这样说："这是我们和儿子的约定：只要他除正常的作业以外另得 10 个小红花，就可以实现一个小梦想，如每天玩半小时电脑，吃一次麦当劳，或去公园野餐；得 50 个小红花，就可以实现一个中等的梦想，如一架高倍望远镜，去一次海洋馆；如果得了 100 个小红花，就可以实现一个大的梦想，如去看海、远途旅行，等等。去年他得了 130 多个小红花，我们兑现承诺带他去了大连，他高兴的劲头就别提了，简直比中了头彩还美！一回到家就忙不迭地酝酿下一次梦想，每天都要写几张纸条投到里面。现在，这个罐子就是他最宝贝的东西，平时是不准任何人动的。当然，他投入学习的热情也只增不减。"

另一个罐子里的零钱也有个中学问。洋洋妈妈解释说："这是借鉴国外的办法，只要里面的钱每增加 10 元，我们就要奖励 1 元投到里面；增加 100 元，就奖励 10 元。漫无目的的储蓄别说孩子，大人都很难坚持。有了这样的规则就不同了，每一次数钱的时候，他都会有新的惊喜，也清晰地知道自己下一步的储蓄计划是什么。"

洋洋妈妈是一个极为睿智的母亲。她在给予儿子生命的同时，也在教会他生存的智慧：储蓄金钱和储蓄梦想！她用近似游戏的形式让儿子对"存钱"的概念有了逐步深入的认识，"理财"意识的萌芽也从这一刻开始成长。而我们可以从这位母亲的巧思里得到什么呢？

对很多女性来说，花钱是种愉悦的享受，存钱反倒是种痛苦的惩罚。因为我们在进行这两种行为时的心态不一样。很多女性想到存钱，就只想到牺牲生活品质，但是，如果走出"存钱"误区，自动化存钱工具、设定梦想目标、养成存钱习惯，其实就能找到存钱的杠杆，轻松体会财富自由的快乐。

关于"存钱"的三大误区：

第一，"等我涨工资了再来存钱。"存钱对数额大小并没有要求，即使是零钱也可以存。因为存钱是一个讲究积少成多、需要持之以恒的过程。而如果你无法克制自己花钱的欲望，薪水涨得再多，也存不下来。最后的结果可能就是你穿得越来越体面，吃得越来越精致，玩得越来越有规格，可你却并没有变得越来越富有。

第二，"每个月扣除支出，手里的钱就所剩无几了，根本存不下来。"这个观念的问题在于你不能想着"先消费再存钱"，而应将顺序调整过来，先扣除要存的钱再来安排支出。看起来差别不大，可显然前者只能让你囊中羞涩，而后者则能帮你有效地存下钱。

第三，"要存钱还不简单，每个月少买件衣服，少叫份外卖，总能存下来的。"太过相信自己的存钱意志对于"存钱"这个行为并没有多少帮助。在物质诱惑越来越让人难以抵挡的现代社会，你的意志力并不见得可靠。很有可能在你发誓这个月不出去逛街时，你看中了一双灯箱广告上的鞋子。然后你的意志就软弱了，最终溃不成军。

如果你仅仅是因为爱花钱而难以开始存钱的话，你可以把存钱看成是一个游戏。一旦你意识到这个游戏充满着挑战，你会很乐于成功的。以下介绍的几种方法，你可以选择一个或若干个组合试试，相信你可以得到存钱游戏的胜利。

第一，每天从钱包里拿出 5 元或 10 元钱，放进一个信封。每月把信封里积攒的一定数目的钱存入你在银行的存款账户中，记住聚沙成塔的道理。假定你每天存 10 元，每月就是 300 元，一年就是 3600 元！给自己一段过渡时间去适应这种手中可支配现金比以往减少了的生活，看看你有什么改变。2~3 个月之后，可以适当增加这些零钱的金额。

第二，以少起步。建议你每月储蓄收入的 15%，这是个不错的目

标，不要因为你可能做不到就放弃。培养一个良好的储蓄习惯和坚持存钱要远远好于你偶尔一次存入一大笔的钱。

第三，找一个自动化扣账机制。改变现有财务状况的简单方法就是找到一个符合自己需要自动化扣账机制。每月薪水一入账时，你不必走进银行柜台去写转账单、定存单，而是让机器自动帮你执行扣款存钱。这种机制要能自动定期执行这一任务。同时，若要提高存钱成功的比率，你最好不要在中途轻易赎回。

第四，核查信用卡的对账单，看看你每周用信用卡支付了多少钱。如果有可能，减少你每月从信用卡中支取的金额，也就是说，改变花钱如流水的习惯，毕竟刷卡消费总是能让人沉迷于消费的快感。每到月末，将那些本来会因刷卡"流"走却最终省下的钱存入存款账户中。

第五，画出你的目标。现在就开始关注你为什么存钱。存钱不是最终目的，看着数字的叠加毫无意义。存钱是为了实现你的目标，你是想换一所大点儿的房子，买一辆车，为了你的宝宝，还是打算读书深造？或去投资？总之，把目标统统画下来，画得难看也不要紧，自己明白就行。或者找一些照片画报剪出你的目标，然后贴在冰箱上、卧室床头、餐桌上等任何你会经常看到的地方，在潜意识里加深渴望。这些画在纸上的目标会增加你存钱的动力。

投资要有经济头脑

巴菲特说："我只做自己明白的事。"这句话也非常适合投资领域。在我们能力范围内的事情，我们可以承担其风险。可一旦超过这个范围，即使效果不如预期，我们最好也不要跳出圈外，而应该静心等待。因为投资这件事，与其说是在拼智力，不如说是拼经验和耐心。

在这个意义上，女性朋友们如果要真正开始自己的投资计划，那首先要准备好的就是清晰的知识体系和良好的心理素质，不要因看似庞大、芜杂的投资知识而望而却步。知己知彼百战百胜，了解各类可投资产品的基本属性、操作方法，是理财的敲门砖，也是金钥匙，同时也可以降低风险，防止各类上当受骗。在指导自己的投资理财的同时，还能增长知识，充实业余生活，何乐而不为呢？

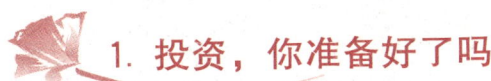

1. 投资，你准备好了吗

☆ 投资者成功与否，是与他是否真正了解这项投资的程度成正比的。

☆ 不进行研究的投资，就像打扑克从不看牌一样，必然失败！

☆ 金钱愿意为懂得运用它的人工作。那些愿意打开心胸，听取专业的意见，将金钱放在稳当的生利投资上的人，他们将会源源不断创造财富。

机会总是更青睐有准备的人，投资也不例外。那么在正式开始投资

之旅前，你是否已做好了相关的准备？这个准备应该包括三个方面：心态、知识、工具。

心态能直接左右一件事的成败。在投资前你需要明白，投资需要我们具备"三心"。

第一，恒心。投资是细水长流的系统工程，如果有人告诉你投资能让你一夜暴富，这个人不是骗子就是疯子。因为创造暴富的是投机而不是投资，所以你要做好长期斗争的准备。

第二，耐心。投资是个人理财行为，不是赌徒行为。要求你量入为出，冷静理性。因此，不要让不合时宜的虚荣心出来作祟，也不要盲目地追随大流，更不要耍贪小便宜的心机。记住一句话——在别人恐惧时我们贪婪，在别人贪婪时我们恐惧。放长线才能钓大鱼，静候时机才能一击即中，耐心可谓是投资行为里最最可贵的品质。

第三，平常心。理财是为了财产的稳定增值，以不亏本为基础，以银行基准利率和CPI相关数值作为增值参照。所以理财要擦亮眼睛，多学习，多看，多思考，保持平和的心态，切忌贪心。

在投资中，与心态同等重要的是相关的知识储备。这一点很好理解，比如你想投资债券，可是你连债券的种类、各类债券的区别、风险、购买方式都一知半解甚至一无所知，那么你觉得自己的盲目投入能得到一个什么结果呢？所以学习是必需的。

今年30岁的聂冰一手创办了一家游戏软件开发公司。提起她的创业经历，聂冰这样说："最开始我是受朋友的影响，开始关注财经新闻。我本科的专业是平面设计，与财经新闻基本没有太大关联。起初觉得它挺枯燥无味的，各种数据让人觉得烦不胜烦，但是真正地潜下心来仔细琢磨，我发现它是件相当有趣的事情！"

"刚毕业的时候，我通过财经新闻了解到国家正在鼓励一项新兴行业的发展，我就有意识地往这方面去找工作，在一家比较有发展潜力的外贸企业就了职。后来，又通过财经新闻选择买股票，在行内朋友的指导下，股票获得的收益也相当不错，那就是我的第一桶创业资金。不得不说，那些有用的新闻的确培养了我的经济头脑，3年后就有了自己的小公司，我成功的大部分因素都应该归功于那些有用的财经新闻！"

聂冰的成功为我们提供了一个迅速了解掌握投资知识的方式——经常关注财经新闻。要认真学习投资知识，除此之外的途径当然还有很多，下面列举一些建议，你可以按自己的习惯来挑选你易于接受和吸收的办法。

第一，经济方面的书籍与杂志是你获得财经知识的重要手段。而且那上面的财经知识都相对比较专业，可以让你对金融、投资、资讯等方面的内容有一个比较系统的了解。但是，如果你对复杂的图表、烦琐的公式、专业的语言都有所抵触，那不妨选择一些通俗易懂的理财书籍或者财经类杂志来阅读，读着不别扭，学着较轻松，用着也简单，非常适合投资领域的新手们。

第二，网络囊括了万千知识，不仅各大门户网站都设有专门的财经板块为你提供投资方面的资讯和指导，而且各种搜索引擎可以瞬间帮你找到自己想要的任何金融或投资消息。你在网上"摸鱼"时，千万别漏掉了那些重要的财经消息。万一你"视而不见"，就可能在不经意间错失了一个投资的好时机。

第三，三人行必有我师，你还可以向身边的朋友取经。那些精通或者略懂财经知识的"活字典"就是你请教的对象。他们当然没有书籍那么系统，也不如网络来得及时，更比不上电视那么直观，但是他们却可以跟你互动，甚至亲自教你如何操作。或者你可以找几个热衷于投资或有过投资经历的人共同探讨一些经济类的话题，边积累经验，边掌握一些财经知识。与别人在一起探讨，总比你一个人自己摸索进步要快。

当你的投资知识也积累到一定程度，你就可以着手准备一些必要的

工具了。古语云，工欲善其事，必先利其器。这些工具会带你更快进入投资领域的大门。

第一，除了用于储蓄的卡，再开通一张以上拥有网银甚至是手机银行的卡用来投资。开卡时需要考虑的因素有：银行的性质、卡片的年费、小额账户管理费、手机短信提示费等，在办理的过程中建议一次性向银行问清楚。当然，最重要的是方便。下面是一个网友晒出的"卡单"，你可以学习一下她在办卡时采用的思路。

我个人有三张卡，一张工商银行的卡，国有银行业务多（特别是有我要的业务），在很多基金网站、第三方网站都享受申购4折，同时还是工资卡。一张民生银行卡，用来做储蓄36单，两年期以上的存款利率都上浮到顶，工行2年期3.75％，3年期4.25％，民生银行2年期4.125％，3年期4.675％。而且民生银行没有年费、小额管理费等功能。再有一张是招商银行的卡，也是自己的第一张贷记卡。目前用来做基金定投，因为绑定了信用卡还款，免去了不少管理费用，招行手机银行转账各种免费，省了不少。招行离住所近，取现还钱也非常方便。

第二，一个证券账户。证券账户投资股票自不必说，另外它还有很多用处，比如你可以用它来玩一直很热的国债逆回购。证券账户还可以买债券、买场内基金ETF（交易型开放式指数基金），投资可转债也可短期的拆借，甚至是来买货币基金。在开证券账户时，最好是找个代理人，这样可以取得不少交易折扣。

第三，对基金特别感兴趣的女性朋友还可以开通一个第三方的基金平台账号，如好买基金、天天盈、天天基金等，好处是可以享受申购的折扣，最低是4折；不用去各个基金网站注册账号，填一大堆资料；缺点是账户安全不怎么有保障。所以你要权衡利弊，谨慎选择。

2. 购买保险：今天作明天的准备

☆ 保险的意义在于：今天作明天的准备；生时作死时的准备；父母作儿女的准备；儿女幼时作儿女长大的准备，如此而已！今天预备明天，这是真稳健；生时预备死时，这是真旷达；父母预备儿女，这是真慈爱，能做到这三步的人，才能算作是现代人！

☆ 如果我办得到，我一定要把保险这个字写在家家户户的门上，以及每一位公务员的手册上，因为我深信，通过保险，每个家庭只要付出微不足道的代价，就可免遭万劫不复的灾难。

☆ 对于一个愿意帮助他自己的人，我没有想出比购买保险更好的办法。

保险是一种针对可能性经济损失的保障。种类繁多的保险有一个共同的特点：提供安全感。因为你知道现在是在为未来的生活做准备，购买保险就是用一定的成本为自己修筑一个安全又牢固的堤坝，以便自己能从容应对工作、生活、健康等方面可能出现的风浪。一张保单不能改变生活，但它可以防止生活的改变。

王女士为在外企工作的丈夫购买了较高身价的保险产品，却认为自己身体较好不需要保险，3 年后查出乳腺癌中期的王女士面对当初的决定后悔不已。王女士表示："现在非常想购买重大疾病保险，但已经没有购买保险的资格了。"

据相关资料显示，当代女性的平均寿命一般比男性长 5～8 岁，且近年来许多重大妇科疾病已呈现出发病率提高、发病时间提前的趋势。这意味着她们在养老和医疗方面将承担更多的风险。在女性独立自主能力不断增强的背景下，女性在职场和家庭中要面对更多的压力，总体健

康状况实在不容乐观。

　　女性如何规划自己的保险计划是一门学问，如何选定合适的保险组合让它既能发挥保障性又能兼顾理财功能，值得你好好揣摩。衡量一张保单价值的主要因素是保障的范围和额度。女性朋友可以根据自己的经济状况，选择购买意外险、女性健康保险或具有分红理财功能的保险品种，以达到意外、疾病、养老和理财等综合保障目的。

　　曲小姐今年26岁，单身，以后可能不结婚，会领养一个小孩，没有什么固定资产，没社保，没保险，没股票。就目前来说，父母能独立养老，有一定资产。本人每月收入约8000元，存款约15万元，没车，没房贷，开销每月1000元左右。她表示，她希望五六年后可以有一笔可观的资金投资生意和购房，也希望若干年后可以领像养老金那样的收入安心养老。

　　理财分析师认为，由于曲小姐没有社保或者商业保险，靠储蓄能够应付的风险保障性太低。所以曲小姐一方面可以通过适当的渠道购买社保。另一方面她可以每年购买"重大疾病保障险＋意外伤害＋意外伤害医疗＋住院医疗险"的险种组合，年缴费约8000元。由于曲小姐现在很年轻，没有负债，存款较多花费较少，收支盈余比例很高，未来又打算过自由的单身生活，做好中长期理财规划是必要的，拿出这笔钱作养老规划也是完全可行的。

　　20岁到30岁的女性往往还是事业奋斗期，最多处在家庭成立初期。这一阶段的女性在单身时就应该尽早为自己购买一份基本的医疗保险，涵盖大病保障、意外、住院医疗这些方面。请你记住一点，购买保险有个特点，那就是：越早保险越轻松。同样是重大疾病险，如果你到中年后再买，一则费用高，二则你的体检核保难过关。

　　再者，如果你像曲小姐一样没有成立家庭的打算，又缺乏必要的养老保障，那么购买养老险也可以列入你的规划。如果你觉得现在购买养老险太早了，那等你步入中年再买时，费用就相对较高了。打个比方，如果一个 40 岁的女性计划购买养老年金险，若选择 55 岁领取（我国女性的一般退休年龄），缴费期 15 年，届时每年领到 36000 元（每月 3000 元），那么现在年缴保费大约在 1.7 万元～1.8 万元。若到 50 岁或以上的年龄，届时就完全不适合购买养老年金险了，因为很可能出现费用倒挂的情况。所以说越早保险，你的负担就越轻。

付太太是某公司人事主管，今年 31 岁，年收入 10 万元，公司交纳四金，去年刚和丈夫完婚。付先生在投行工作，家中有房一套，月还贷 3000 元。夫妇计划明年要个小宝宝。这几个月付太太在各种保险产品中挑花了眼，她想要一种对自己和宝宝都能有保障的产品。

作为事业型女性的付太太，收入有保障，家庭关系稳定，经济上相对宽裕。明年有生育计划，这是购买保险时需要关注的重点之一。除了辅以意外伤害险和住院医疗险外，付太太可以尝试将分红式的两全保险作为投保的主要险种。所谓"两全保险"，简单说来就是保生也保死。投保人如果在保险期内出了意外，它会给付赔偿；如果在保险期满后依然活着，它会到期还本，基本兼顾了"给付性"和"储蓄性"。而当宝宝出生后，还可以考虑尽早为孩子购买教育金保险，这是一种带有强制储蓄性质的保险，尤其要注意细心选择缴费期。

30 岁到 40 岁的女性家庭已进入稳定期，这时比较关键的是全家人的医疗保障，投保的重点也可以落在这个方面。通常男主人是家庭支柱式的存在，所以可以按其年收入的 5 倍设计重大疾病保险金额；而鉴于近年来女性特有疾病的高发病率，女主人更不能轻忽自己在医疗保障上的投入，保重自己也是关爱家庭；同时每个孩子要有基本的教育或成长型的保险金额。在一个家庭里，夫妻就像家里的两扇门，孩子就是家里的窗户，一扇门或一扇窗没关好，就有可能被疾病或风险这个"小偷"进入，造成家庭财产的损失，所以投资保险一个都不能少。

　　不过你也不要以为，投资保险就是买份意外保障，现在市场上还有一种保险因其出色的理财功能颇为引人瞩目。

　　身为"黄金单身白领"的司小姐收入不菲，热衷理财但缺乏精力。经银行理财专家推荐，她选择了某保险公司的一种投资连结险。她于去年1月2日以净值1.05元买入该产品的指数型账户，由于不收取任何初始费用，她投入的每一块钱都可以实实在在地通过保险公司进行投资。到今年1月9日，该产品的净值已达到1.9966元，短短一年时间全年增值达到90.15%。而且为了鼓励长期投资，从今年开始，若司小姐追加投资资金，公司还将按追加资金的1%进行配比，以特别给付金的名义赠送进入她的投资账户。

　　我们可以看到，司小姐购买的这项保险投资回报率相当可观。这种理财功能强大的保险就是"投资连结保险"。投连险是一种集保险和投资于一身的保险理财产品，保险公司为每个投保人单独设立投资账户，一般每款投连险都会提供不同的账户进行选择，如基金账户、发展账户、保证收益账户等。因为投资领域不同、投资策略不同，导致账户收益和风险存在差异，有利于满足用户的不同投资选择。投保人可以自行选择保险费在不同投资账户的投放比例。投连险的收益来自投保人通过保险公司向股市、债券、货币等资本市场进行投资所获的收益。

　　投连险也是一种保险产品，与理财功能同样重要的当然还有其保障功能。比如司小姐投的那份投连险，除了投资所带来的稳健收益外，还能拥有三重高额保障：高额的身故保障、高残保障以及航空意外保障，而只要保单有效就可终身享有这些保障。这充分满足了司小姐的需要，让她可以毫无后顾之忧地工作生活。

　　由于"进可攻、退可守"的投资特性，再加上保险所特有的避税与保障功能，因此投连险作为一项重要的理财和保障工具，也成为越来越多理"财女"性关注的一个项目。

在人生的任何阶段，保险都是一种预防危机的工具，也是人生中的一项财务安排。主要目的就是在不同的人生阶段，当风险发生时降低自己的经济损失。只有分清主次，我们在投资保险时才不会显得盲目。购买保险时可以参照的一个优先顺序是：先意外、重疾、医疗，后养老规划，再购买万能、投连等投资型险种。

3. "鸡蛋分装" 提供风险保障

☆ 我们不希望自己所持的股票跌价，然而它可能下跌，因此，我们不把所有资金购买一种股票，即使它前景看起来异常美好。

☆ 要终生投资成功，不需要超高的智商、罕见的商业眼光或内部消息，需要的是作决定的健全心态架构、避免情绪侵蚀的能力。

当你把鸡蛋放在一个篮子里时，万一失手，一个完好的鸡蛋都剩不下来。同样的道理，如果你在投资时将钱全部投入一个项目，一旦失败，你可能就血本无归。下面这两个女性投资者都犯了"将鸡蛋放在一个篮子里的错误"。

案例一：刚步入花甲之年的邹阿姨进入股市已有四年，最初投入的20万元全部被套，一直到不久前才解套。当牛市突然来到后，她不顾老伴和儿女的反对又加仓10万元，其中就包括了她原先存在银行的退休金和住房公积金，现在投在股市里的钱几乎是她除了房子之外的全部身家。虽然牛市依然强劲，成交量也每天刷新，别人的投资也喜讯频传，但邹阿姨的几支股一直持续下跌，平均每天要亏上百元。特别是上月底一场暴跌，邹阿姨一支高价股跌去了4元/股，资金一下子缩水1

万多元，该股至今仍没有解套。上周股指又涨了不少，但邹阿姨的账户上仍处于亏损状态。

案例二：吴太太一生积蓄了 20 万元，为图省心安稳，从 20 世纪 90 年代初起，就一直将钱存在银行。她认为钱存在银行最保险，少赚点利息可图个安稳。可近年来，城市里整体物价上涨 3％以上，特别是生活必需品涨幅大，与此同时，她的一年期银行存款利息只有 252 元，还要扣 20％的税。她其实也明白："钱存银行不划算。"她还用自己的想法把这个"亏本生意"算了一下："我的 20 万元钱，20 世纪 90 年代初能买 5 套 100 平方米左右的商品房，90 年代中期能买 4 套，2000 年左右只能买两套半，现在付个首付都够呛。"

邹阿姨把自己的钱全部投入股市却不幸被套牢，等到牛市来到时想借机翻本，却将自己的养老金也搭了进去；吴太太过于倾向储蓄的稳妥，将自己的积蓄几十年不动地放在银行，却很难承受物价上涨与通货膨胀的压力。这两个女性投资者虽然选择的领域不同，但都存在相同的问题——投资渠道过于单一。这直接导致了风险过于集中，能够"一荣俱荣"自然是皆大欢喜，可如果"一损俱损"，你的财富就会严重缩水甚至因而背上赤字。所以在投资中你应该学会把"鸡蛋分装"，用组合投资来分散风险。

五年前，霍思有存款 30 万元，她是这样安排的：用 20 万元买了一个门面用于出租，当时的售价是 3200 元/平方米。三年前的市政规划里，这个门面的所在地正好被划在重点发展区域，地段变得抢手，门面自然增值了，·现在的市值已涨到 5500 元/平方米。她的门面一共增值了 14 万元，加上五年的门面租金 6 万元，这 20 万元已经翻了一番。

此外，三年前她和丈夫协商后花 10 万元买了基金，虽然基金一度跌至 0.85 元，但由于股市投入所占家庭资产比例不太，她并不过分紧张。而今股市行情转好，她的基金目前已经涨到 2.12 元，她的股市投资也成功地翻了一番。由于夫妻两个都是公务员，收入稳定。霍思又给一家三口分别买了三份保险，每年总计交保费约1.2万元，夫妻的工资扣除日常生活的必需开支、应交保费，每年还可以节余一部分钱用于储蓄，目前霍思还有10万元的银行存款。女儿上大学的钱也早就准备好了。目前霍思家的总资产在100万元以上。

由于霍思选择了合理的投资组合，根据自身和家庭财产状况分批次、分阶段地投入资金，目标明确，理性等待时机，不但游刃有余地承受了风险，而且成功地让自己的资产实现了可观的增值。可见投资组合在理性理财中发挥的重要作用。

女性朋友们在选择投资组合时可以参考这样两个分配方式："4321"组合与"32221"组合。这两个组合获得的普遍认同度较高，你有兴趣的话可以尝试一下。"4321"指的是家庭资产合理配置比例，即家庭收入的40%用于供房及其他方面投资，30%用于家庭生活开支，20%用于银行存款以备应急之需，10%用于保险；"32221"组合指的则是将个人积蓄的30%用于储蓄以备后用，20%用于购买债券这种风险较低的投资方式以增加收益，20%用于购买股票这种高风险的方式以寻求高利，20%用于收藏品投资这种长期投资回报高的方式以谋未来，10%用于购买保险以防止意外。

"不要把所有鸡蛋放在一个篮子里"是为了提高你承受风险的能力，但同时也要记住，"不要一个篮子里只放一个鸡蛋"，因为投资的过度分散降低你的投资回报率。当避免了这两个极端后，不要忘了最后一点：把鸡蛋放在不同类型的篮子里。"不同类型"是指相关系数低的投资产品。举例来说，股票和基金彼此关联高，股票和债券彼此关联低。前两者的投资组合就是不合适的，而后两者的组合才能发挥出组合的优势。

4. 基金定投，稳中求胜

☆ 通过定期投资于指数基金，那些门外汉投资者都可以获得超过多数专业投资大师的业绩！

☆ 我只管等，知道有钱躺在墙角，我所要做的全部就是走过去把它捡起来。

☆ 平常时间，最好静坐，愈少买卖越好，永远耐心地等候投资机会的来临。

尽管舆论一直在强调投资市场的风险性，然而有一种投资方法，却成为近年来各家理财机构共同推荐的品种，频频见诸报端。几乎所有的基金公司、银行、理财分析师，都在向人们讲述基金"定期定投"的故事。究竟什么是基金定投？定期定投到底有怎样的优势？

基金定投的全称是定期定额投资。顾名思义，这一投资方法，要求投资者在固定的时间间隔内投入固定金额购买某种基金产品，比如一个月或者一个季度。投资人可以通过销售机构，主要是银行和部分券商，提出申请，约定每期的扣款时间、金额以及方式，并由销售机构于约定日期在指定的银行账户内自动替投资人完成扣款及基金申购申请。

这种方法最大的好处在于平摊短期的市场波动风险，尽量避免买在市场高位。它将购买的时间点分散到了多个，由于股票市场通常都是随时间不停波动，如果在不同时间购买，每次都买在短期高位的可能性就相对较小，而更大的可能是买到了一段时间内的平均价格。

对于普通投资人而言，基金定投是小额投资，不会带来经济负担；它的约定简单，省时省事；并且这一投资方式不需要投资者时刻关注市场波动，只要认同市场长期向上的趋势即可。随着时间的持续，如果经济形势能继续保持健康增长的话，我们就有比较大的可能取得市场的平均回报。从经验来看，如果能够从熊市初期或者中期开始定投，甚至可能取得优于平均的长期回报。

敏华有意为孩子准备一笔留学基金。她在 2003 年 1 月开始定投某个股票型基金产品，每月投入 1000 元，在此期间上证指数的年复合收益率为 28.5%。到了 2007 年 12 月，也就是整 5 年后，她的基金账户金额达到了近 20 万元。

再作一个假设，如果把时间拉长，假设敏华在 1993 年 1 月就开始投资，每月依旧投入 1000 元，待到 2007 年 12 月，这 15 年间，她的账户金额可翻到 79.6 万元。由此可以发现，时间是这一投资方法最大的奥秘。对于基金定投而言，选择适当的品种，长期坚持加上复利的魔力，就能让利滚利，产生丰厚的回报。

那么，如何才能在种类繁多的基金市场上，寻找适合自己的定投品种呢？

一般而言，定期定投的前提是，投资人坚信市场长期向好，因此选择这种投资方法以获取市场的长期平均收益。在这一前提下，股票仓位较高，业绩波动较大的股票型基金就成为比较适合的品种。值得注意的是，定期定投策略需要坚持较长时间才见成效，比如，一个完整的市场周期。因此，股票型基金产品的长期投资收益就成为选择的关键。女性朋友们可以关注晨星、理柏等评级机构的基金 3～5 年期评级，以此来作为自己判断抉择的依据。

而被动管理的基金，即指数型基金，作为股票型基金中的一个分类，也值得"财女"们关注。由于指数基金的管理费用低，受基金管理人主动判断的影响较小，而基金定投策略则平均了成本，一直以来是国外基金定投产品的主力。国外经验表明，从长期来看，指数基金的表现强于大多数主动型股票基金，是长期投资的首选品种之一。据美国市场

统计，1978 年以来，指数基金平均业绩表现超过 7 成以上的主动型基金。总之，若你对国内经济的长期增长怀有坚定的信心，定期定额投资，作为一种投资方法，可以成功帮助你积累更多财富。关键是你要学会丰收前的等待。

5. 进入股市，坚持"安全边际"

☆ 架设桥梁时，你坚持载重量为 3 万磅，但你只准许 1 万磅的卡车穿梭其间。相同的原则也适用于投资领域。

☆ 只要经济是正增长，投资股市每年 20％的回报率并不是一个天文数字，而是一个可以接受的比较容易实现的比率。所以理财过程中风险与使用的精力并不是很大，而你的代价也不过是——愿意等待。

☆ 承担风险无可指责，但同时记住千万不能孤注一掷！

股神巴菲特曾将他传奇式的投资成功归结于格雷厄姆的安全边际原则。他特意指出，理性投资的基石是"安全边际"。在风云莫测的股市里，初入其中的投资者们在买入价格上必须留有足够的安全边际，这样不仅能降低因为预测失误而引起的风险，即使在预测成功的前提下，可以降低买入成本，从而提高投资回报。这里的安全边际主要是指自身资金的安全边际。如果不在自身资金的管理上划出足够的安全边际，那股民的暴富梦终将幻灭。

孙小姐今年刚刚入市，曾在 15 日内获得翻倍收益。但她此时却乐不起来了，因为孙小姐刚入市时，常常听说股市有风险，所以胆子比较小，初期仅有资金 5000 元。结果股价翻了 100％，瞬间获利 5000 元。

于是心中涌起一个新念头，要是我将家里的 10 万块钱全搬到股市里炒，岂不是赚发了，只要有 50％ 的利润，都比自己一年的工资高了。

接下来的两个月里，孙小姐把家里的现金全投进股市，正逢股市大好，很快她就赚进 2 万元，这更坚定了她的想法。然而带给她好运的那支股票并没能逃离突如其来的灾难，连续 4 天累计下跌近 50％，先前的投入连本带利共损失 6 万多元。直至现在，股价仍然在低位区域徘徊，被深深套住的孙小姐只盼望早日寻到一个好价位，清仓出局。

曾有一位老股民这样说："行情的顶部是新股民告诉我们的，每当看见新股民个个信心十足的时候，往往是风险即将来临之时。"这个结论看上去荒谬且讽刺，却恰恰符合了股市暗流中隐秘的潜规则。每个人都有炒股赚钱的能力，却不是每个人都有承担风险的度量和果断离局的魄力。对于新手而言，初入股市，首先要面对的问题不是如何赚钱，而是如何对待损失。对于股民来说，每一笔损失都像账户内潜伏的肿瘤。一旦任其扩张，就会破坏整个投资生涯的潜力。所以股票投资的第一要义是果断止损。

亏损不可怕，可怕的是亏损后不果断止损。止损不仅是一种概念也是一种操作。一般而言，在出现下面几种情况时，你应该选择及早抽身，避免陷入泥淖。

第一，判断错误，在最初就买入错误的股票。比如误听传言，传闻某支股票将会有较大的涨幅，追涨杀入，结果一路走跌，证明所谓"消息"只是以讹传讹。

第二，中途生变，买入时的基本理由不复存在。比如某支股票原来预告有重组题材，后来重组却并未成功。购买的依据临时生变，预期的上升空间不复存在，就要果断止损，否则可能会越套越深。

第三，积重难返，股票的价格跌破支撑线。当买入股票后，不升反跌或者升后下跌，就要注意及时观察。若做的是短线，就应先行斩仓出

局，否则可能越跌越深，将你套牢；如果做的是中长线，这可以不计较一时升跌，但要是价格已跌破支撑线，还是要趁早筹谋止损为宜。

高小姐从名牌财经大学毕业后，一直从事与财经有关的工作，丰富的专业知识和得天独厚的工作环境，加上这几年热闹的股市，使得高小姐在股市中，游刃有余。不论是股市火爆，还是股市处于震荡之中，即使是在目前的熊市，高小姐也能依靠自己的聪明才智和节制不贪婪的个性，使得投入股市的钱，在短短的几年间就翻了数番，小小地发了一笔财。

谈到自己的心得体会，高小姐说，专业技术是一方面原因，最重要的是心态，炒股切忌急躁和贪婪，还有就是频繁不断地操作以及对小道消息趋之若鹜。无论股市如何变幻莫测，一年之中总会有那么几次从底部反转的机会，而高小姐的聪明所在就是善于及时地抓住这样的机会。每年无论股市如何变化，高小姐只是找准时机进场操作几次，每次进场前先将资金分做三部分，设好止盈点和止损点，并在实际操作中坚决按照计划执行。

周围的人往往惊奇于高小姐选股的正确性，去并不知道这完全得益于高小姐平时的细心积累和专业的技术分析。不炒股的时候，高小姐习惯在工作之余从重大题材的个股、短期跌幅较深的小盘股、弱市中上市的新股等股票中选择5支股票，对其股性进行长期、仔细、专业的研究与分析，直到能准确地预测该股未来的趋势变化后，才选择合适的时机、波段出手。

高小姐说，股票其实和人一样，每支股票都有各自的性格，投资者如果通过分析，了解了自己手中持有股票的股性，就能从它的波动区间中获取差价。这样做虽然间或有失误，但概率很低。

在这个案例中，高小姐的投资行为是非常理性的。她既能努力学习掌握股票投资的专业知识，又能在入场前设好止盈点和止损点，在实操中坚守安全边际，所以她能在股市里获得不错的收益。而有意投资股市的女性朋友们要增强安全边际的理念可以从下面三个方面入手。

首先，不要付出过高的价格乘数。价格乘数可以从流通市值与可能的真实资产、赢利的比率入手考察；其次，要慢慢从实践中揣摩企业资产与赢利的真实性、可靠性、未来的发展空间和潜力，并形成自己的经验；最后，也是最重要的一点，要认真学习分析投资技巧，阅读财务报告的细节，识别财务漏洞和企业骗术，提高对消息真伪的辨识度，增强各行各业的运营知识，了解国际国内政治经济的局势变化在股市的微妙影响。

想要进驻股市的"财女"们，你们要坚守"安全边际"的关键其实就是一个心态问题。贪婪会令我们丧失理智，而怯懦则会让我们错失良机。两者都不可取。真正能在股市中赚钱的人，都应该善于忍耐并能谋定后动。

6. 债券为你打造低风险乐园

☆ 大钱不是在买进或卖出时赚到的，真正的大钱总是在等待时赚来的。

☆ 不要忘记，在某个地方总有牛市的存在。

2008 年，国际金融危机袭来，哀鸿遍野的时候。"股神"巴菲特大约损失了 163 亿美元，财富缩水 25％；比尔·盖茨的财富缩水 120 亿美元，约相当于其总资产的 40％；沃尔玛家族损失 211 亿美元，约相当于其总资产的 19％；但 PIMCO 投资管理公司比尔·格罗斯管理的 TotalReturnFund 总回报 4.8％，并且获得 140 亿美元的净申购。

同样是在 2008 年，国内经济持续下滑，投资不振，外贸低迷，上市公司或利润下滑或亏损扩大，上证综指跌去 65％。但就在那种极端恶劣的经济环境中，国内市场 32 支债券基金的加权平均收益为 5.15％，成为表现最为抢眼的品种。

当金融危机到来时，股市大跌，资金出逃，再加上利息下调，债券的优势凸显，就成为一片惨绿中异军突起的黑马。从这一点看，债券投资有其自身极为独特的优点。不过在介绍其优势前我们有必要先简单了解一下债券的基本内涵。

债券是一种有价证券，是社会各类经济主体（主要是国家、金融机构、企业等大型单位）为筹集资金而向债券投资者出具的并且承诺按一定利率支付利息和到期偿还的债权债务凭证。其实，你可以将债券简单地理解为一种贷款协议，就是债券持有人将钱借给债券发行机构，除了到期后可以取回本金，其间持有人也将会得到利息作为回报收益。

而在目前的交易所债券市场主要有以下四个品种：

第一，记账式国债。收益率较高，利息收入可以免交利息税；流动性强。在国债投资期间，如果需要资金随时可以变现，而持有期间的利息收入还是归投资者所有；品种多样，可选择性强。目前交易所交易的国债品种颇多，你可以根据自身资金的期限要求，选择合理的品种，实现收益最大化。

第二，企业债券。其特点和国债极其类似，最大的不同就是企业债券的利息收入需要交纳 20％的利息税。不过扣除该方面的因素，其收益率仍然要高于类似的国债，是小金额投资者比较理想的选择。

第三，可转换债券。即可按一定的条件转换成股票的债券，身兼股票和债券两个特点，所以既能获得股票上涨带来的好处，又能在股票下跌的过程中体现债券的稳定，是想投资股票又畏惧股票风险的投资者的首选品种。

第四，回购。回购交易实质上是一种以债券为抵押品拆借资金的信用行为。对于资金拆出方，由于有足额的债券作为抵押，基本不存在风险，而收益又高于同期银行存款，是无风险投资的最佳选择。

很多人都热衷债券投资，主要在于它具有以下四个优点：

第一，具有偿还性。债券发行方必须要在规定的日期内偿还购买方的本金与利息。

第二，收益相对较高。与银行储蓄相比，债券的利息一般要比银行储蓄利率高出许多。

第三，具有一定的流动性。在偿还期内它不仅可以拿来转让和买卖，也可以拿来作为抵押进行贷款，具有较大的流动性。

第四，安全性较高。相比风险较高的股票和期货，债券的风险要低得多，在安全性方面仅次于储蓄。

如果你已经开始对债券投资跃跃欲试了，先别匆匆下手，掌握债券价格波动的因素能让你的投资更有方向性。简单来说，市场利率水平决定债券价格高低。市场利率越高、债券价格越低；市场利率越低、债券价格越高。而影响市场利率短期波动的因素有：银行存贷款利率水平、市场资金供给状况、人们对利率升降的预期等。可见，投资过程中牵一发而动全身，你要仔细观察、全面分析后再选择下手的时机。

在债券的众多种类里，国债投资一直是长盛不衰。因为国债不仅仅是保值增值的工具，更是一种理想的投资工具。当投资者持有国债以后，一是可以将国债作为质押向银行申请贷款；二是可将未到期的国债提交银行贴现；三是能用国债进行市场投资交易。所以它是债券市场当之无愧的宠儿。但这并不意味着你投资国债后就可以高枕无忧等着收钱了。再低的风险投资也不是零风险，而且既然是投资，你就不能忽略收益。理性投资是需要有科学规划的。

个人投资国债时应根据每个家庭和每个人的具体情况，以及资金的长、短期限来计划安排。如有短期的闲置资金，可购买记账式国债或无记名国债。因为记账式国债和无记名国债均为可上市流通的券种，其交易价格随行就市，在持有期间可随时通过交易场所变现。如有三年以上或更长时间的闲置资金，可购买中、长期国债。一般来说，国债的期限越长利率就越高。

对收益的稳定性要求较高的女性朋友，在资金允许的条件下进行组合投资能保证收益的稳定性。例如将资金分作 3 等份，分别投资于期限为 1 年、2 年、3 年三种不同类别的债券，这样每年都有部分国债到期，收益相当稳定。或者为了保证流动性而投资于短期国债，或为确保债券收益持有长期债券，不买入中期债券。总之，投资方式应该因人而异、因需而异。

 7. 房产投资小心误区

☆ 投资房产和做股票一样，一定要在合适的时间，以较低的价格，介入有潜力的房产，然后在一片叫好声中及时出局。这样才能获得很好的投资收益。

☆ 你身边所有的人都在讨论房子，都在炒作房子，都在囤积房子，你要是没有一套房子，你就会觉得被边缘化了，你就忽然有一种恐惧感。

现在中国的房价对于普通老百姓而言是真正的大数字，买房时总要慎之又慎。需要住房的人、炒房的人和房产商三者角力，房价依然居高不下。那从投资角度看，买房是否合算呢？专家们众说纷纭，而真正的市场依然扑朔迷离。如果你有房产投资的意愿，也不要被某些资料里的数字吓住了。因为购买决策主要取决于对未来房价涨幅的预期、价格的

涨跌和社会心理环境等因素。而在这些方面，一般人是做不出精确预估的。所以与其寄希望于哪个高人的绝对预判，不如小心地避开误区，再行选择。

稍稍对房产投资有过关注的女性朋友应该了解，目前在许多购房者中依然存在着"以房养房""以租抵贷"的房产投资方式。具体说来，就是房产投资者以贷款方式二次置业后，往往出租其中一套房产，以租金收入偿还另一套房产的月供。

随着央行加息，这批人开始背负比以往更加沉重的还贷负担，相对于步步高升的房价，一直较为平稳的租金使得一些经济实力并不过硬的购房者开始决定出售自己的其中一套房产，但很快房产营业税（个人将购买不足 5 年的住房对外销售的，全额征收营业税）的开征又使他们陷入了两难的境地。

在这个前提下，那些"以房养房""以租抵贷"的房产投资是否有价值？可行性不高的情况下，又该如何抉择？资深人士指出，出租收益率是决定房产投资者是选择卖房还是出租的关键。

2014 年，5 年期以上银行按揭贷款年利率是 6.55%，而二次置业贷款购房始终居高不下，甚至部分银行已停贷。当前房产投资的资金成本最低付出为 6.55%，如果出租房产的年收益率低于 6.55%，则出租不如出售，顺利出售的话至少可以将一次性回收资金用于提前全部或部分偿还另一房产的银行贷款。

两年前，欣怡买了一套位于城市西区的房改房，建筑面积 60 平方米，稍后又在北区贷款 50 万元购买了一套商品房用于今后自住。西区房改房每年需负担暖气费 1800 元、物业费 900 元，目前该区域房屋售价约为 42 万元（包含装修），月租 2000 元。为确保出租房屋的品质，欣怡还需要投入 1 万元左右购置电器和家具；此外，出租过程中每年几乎都留有一个月的空置期。虽然考虑过"以房养房"的方式，但是沉重

的还贷压力还是让她开始犹豫：出租还是出售，这真的很难决定。

我们可以简单计算一下：年租金净收益＝2000×11－1800－900＝19300万元，年租金收益率＝1.93万/（42万＋1万）＝4.49%。显然，与其靠收取租金获取4.49%的年收益率，不如将房产出售，回笼42万元资金去归还北区那套房子的部分银行按揭贷款，因为北区的房子所付出的资金成本是6.55%，远高于4.49%的出租收益率。"以房养房"的初衷极有可能半路夭折。

除了"以房养房"的可行性需要你自己考证外，房产投资还存在于其他误区。

就职于某国企的夏女士，当初听了开发商"当房东如何赚钱""世代受益"的宣传，于十年前在某市场买了一套门面带住房的房产，价值35万元。当年她手头只有15万元现金，全部拿出来后还不得不从银行贷款20万元。但市场建好后，却始终不怎么景气，门面租不出去，夏女士每月要偿还银行本息共计1200多元，一年下来差不多要还贷近15000元。直到房子到手后第四年，门面才租出去，不过当时年租金只有6000元，到了第九年租金只涨到12000元，付银行的贷款都不够，每月都要自己贴钱。为了省钱还贷，在第四年时，夏女士就卖掉了原单位的福利分房，搬到门面带的住房里去住。因投资不当，夏女士的儿子上高中时也遇到了困难。

夏女士轻信房产开发商的推荐，贷款投资房产，不仅没有收回本钱，甚至整个家庭生活都笼罩在债务的阴影下。投资房产是讲究时机的，你不能轻率地以为"捡进篮子就是菜"。而且由于国家正强力出手调控房地产，谨慎投资显得更加必要。你需要避开的主要误区有这样三个。

雷区之一：坐等收租就可以赚钱了。如果你打算以获取租金收入作为投资回报，就必须考虑地段因素。特别是在一线的大城市，千万别轻信开发商的话。他只要房子卖出去而不会管房子是否租得出去。

雷区之二：趁早为子女准备好房子。趁手上有钱买套房子留给后代长大了结婚时再用，但不要忘记物业有折旧因素在内。当一样物品没有被使用或充分使用时，它的价值就会大打折扣，更不用奢谈什么保值增值了。

雷区之三：低进高出可以赚差价。这种方式风险高而且是带着投机的色彩踩法律的底线。国内的房价连续上涨多年，已经达到了一个很高的水平，持续快速上涨的余地相当有限。除了要慧眼独具选准物业，还要精明算账才有赚钱的可能。

那么在房产投资时，为了获得较为理想的收益，我们可以在能力范围内做些什么呢？

第一，在他人贪婪时谨慎。巴菲特说过这样的话："在他人恐惧时我们贪婪，在他人贪婪时我们恐惧。这句话亦适合房产投资的领域。只有耐心足够，才能获得较好的投资收益。"在别人都在"闻风而动"时，千万保持头脑冷静，不要"见风就是雨"，先谨慎旁观，以静制动，看好想好再出手。不要人云亦云，因为巅峰的狂欢后总是紧跟着低谷的冷寂。

第二，投其所好。一定要注意，目标楼盘附近是否会有较大的租房需求，你理想的租客是哪类人群，他们会喜欢什么样的户型、环境、配置等，这样才能针对市场需求，准确地做到"投其所好"。比如在写字楼附近的楼盘，有大批白领经常出没，偶尔聚餐，他们会倾向于社区氛围好，安静整洁，安保设施先进，房间敞亮，卫浴方便，物业服务档次较高的小区。在城里置业的投资买家照此标准和条件，应该会获得满意的回报率。

第三，试试二手房。除了上面谈到的商品房，如果你资金实力并不强或者你想在房产投资这块试试水，不妨关注一下热点区域的二手房，

总的原则是干净实用，精装不太必要，大小合宜，家电配置较全即可。"财女"们投资房产也讲契机，如果你住了几年的这套房正好属于升值区域内的抢手房，那么你可以考虑做一把投资，借机卖旧房，换品质更好的新房。

8. 揭开黄金投资市场的神秘面纱

☆ 黄金是杠杆交易，杠杆越大，仓位就越需要控制，否则就有可能出现较大的风险。

☆ 黄金市场没有庄家，没有任何财团和机构能够人为操控如此巨大的市场，完全靠市场自发调节。

☆ 吉姆·罗杰斯说："黄金的投资者只需搞清楚供求关系，而不用关心淘金或购金的狂潮，就可以成为巨富。"

相较于股票、债券、基金等投资手段，黄金投资似乎总是笼着一层神秘的面纱。在国内只有少数投资者对此有所了解，而多数投资者对其"只闻其名，不见其影"。如何在黄金投资中拟定投资策略，控制投资风险，把握投资利润，从而挖到黄金市场上的一桶金呢？首先你需要对一些常识有所了解。

若有意投资黄金，就必然要了解黄金价格。而能影响黄金价格的有三大要素：

第一，美元汇率。一般在黄金市场上有美元涨则金价跌，美元降则金价扬的规律。从历史数据统计来看，美元与黄金保持的大概是 80% 的负相关关系，因此，我们在分析金价走势时，美元汇率的变动是一项重要的参考。

第二，原油以及相关市场。国际大宗商品市场上，原油是最为重要的大宗商品之一。我们一般的理解为油价的上涨将推生通货膨胀，从而彰显黄金对抗通胀的价值。

第三，国际局势。国际上重大的政治、战争事件都将影响金价。但凡有重大政局的变动，政府要为战争埋单、大量投资者转向黄金保值投资，这些都会扩大对黄金的需求，刺激金价上扬。"大炮一响，黄金万两"的说法就是对黄金避险价值的贴切诠释。

冯宴的妈妈年轻时就有存款买金的习惯。冯宴还记得当时 100 元能买一两黄金，而现在 100 元连一克也买不到。受到母亲的影响，冯宴也觉得黄金是硬通货，且有留存价值，很有投资前景。正好有一段时间，她发现物价好像一下就开始暴涨。当时国家说是结构性通货膨胀，但她觉得这种情况可能还要持续一段时间。联想到人们或许会去买黄金来保值，直觉告诉她黄金会涨。她就拿了 5 万块钱进入了金市。

对于首次黄金投资经历，她记忆犹新："因为是第一次买，而且当时的资金量小，我记得非常清楚，以 129 元一克的价格进场。持了大概两年就平仓出货了。这中间反反复复操作过多次，赚了多少我也没细算过，但肯定是赚了。自己以前只知道金价会受油价的影响，真正接触后才发现其中的学问还挺深的，我还需要好好学习。长线我还是很看好黄金的。"

在你开始对黄金投资感兴趣时，你首先要面临的选择就是采用哪种黄金交易方式。黄金实物交易、纸黄金交易、黄金现货保证金交易……这里我们来看一看目前世界上最热门的黄金投资方式——伦敦金。伦敦金不是一种黄金的名称，而是一种黄金交易方式的名称。同理，伦敦黄金市场并不是一个实际存在的交易场所，而是一个通过各大金商的销售网络连成的无形市场。伦敦金采用黄金现货保证金交易制度，这种形式

相对于美国的期货黄金，又被称为现货黄金。

伦敦金的特点：

第一，双向交易制度；黄金可以买涨，也可以买跌，也就是说可以做多，也可以做空。低进高出或高进高出都可能获利，只要你主要方向判断正确。

第二，交易方式灵活；24 小时交易，一周 5 天可以在任意时刻进行交易；T＋0 交易，也就是说可以当天买入当天卖出；即时交易，没有涨跌停板的顾虑，无须等待，即时就可交易，变现能力强。挂单、挂止损亦可。

第三，信息公开、公平、公正；全球市场，价格完全靠市场自发调节，规范公正，没有任何机构可以人为干涉和控制。

第四，风险可以控制；当你判断方向错误了，可以用止损价和止赢价来规避。当然前提是你愿意及时离场。

第五，买卖单一；无须因为种类繁多难以选择。当然这也便于投资者专注于观察。

第六，杠杆效应；资金放大倍数高，高风险，高利润。保证金交易制度正是利用了财务杠杆的投资原理。打个比方，比如有一颗 100 元的珠子，你现在用 1 元就能操作它。如果你有 100 元，那么你就能操作 100 颗这样的珠子。如果珠子涨到了 101 元，那么你就能获利（101－100）× 100 ＝ 100 元。利润回报率为 100%。反之，如果珠子跌至 99 元，那么你的损失也将是 100 元。利润和风险的额度都是以同样的 1：100 的杠杆运作的。所以高收益意味着也要承担高风险。"以小博大"同样要提防因小失大。

工作之余，苑蓓对金融知识很感兴趣，也曾尝试过不少类型的投资，股票、基金都有过涉猎，甚至还跟朋友买过收藏品，但在收益方面，却始终不尽如人意。股票都被套在了股市里，基金也长期处在亏损状态，而在收藏方面因为缺乏专业的眼光，她好几次都被骗了。

后来在银行工作的亲戚建议她投资黄金，很多人都看好这一块的前景。苑蓓考虑了一段时间，觉得黄金投资还是挺划算的，既可保值又能赚钱。她做过实物黄金投资，也操作过电子盘。谁也没想到，以前在投资领域屡战屡败的她在这一块上却如鱼得水，而今她已经是朋友中名副其实的黄金投资"顾问"了。

苑蓓表示，黄金投资很重要的一点就是"不贪、不惧"。投资时给自己设定一个心理价位，到了那个价位就果断地出货或者入货，心一定要稳，不要随意受金价波动干扰。有一条经验虽谈不上科学理性却很直观玄妙，那就是：多数人觉得欣喜的时候也许就该出货离场了；而众人都陷入犹豫恐慌时，或许就是出手入货的时机。因为贪念总是会成为人们投资获利的期望中最强大的对手。

那么在黄金投资领域，一个新手要如何快速入门呢？

第一，寻找权威专业的机构开户，找一个靠谱的专业顾问。选择有信誉保障的公司能让你不至于出师不利，毕竟现在以"投资"为名的骗局和陷阱总是让人防不胜防；而听取专业人士意见，多做沟通方能尽快学习黄金投资技巧。

第二，自己分析和统计行情波段，了解金市每天的涨跌幅规律，可有效把握金市脉络，提高决策的正确性。自己的统计非常重要，了解和掌握其中规律会对我们的投资导向大有益处。我们在统计金价上涨和下跌时，总是能得出上涨幅度和下跌幅度以及相应时间。比如，当上涨幅度总体大于下跌幅度，上涨时间大于下跌时间时，我们总体的操作策略应该是逢低买入，这是一个胜算比较高的策略——顺势而为。即使买的位置高点也没关系，以后总会涨回来。

第三，重视风险控制，防范强制平仓。新手期是摸索期，总体盈利大于亏损已经非常不错了，等对黄金投资比较熟悉了，再追求盈利目

标。而在此之前，你一定要设置止损价。什么是止损？就是当你认为你判断错误时应该离场的价位。止损价的设置非常重要，这关系了整个投资策略的成败。由于黄金交易多采取保证金的形式进行交易，财务杠杆让风险和利润齐高。一旦我们判断错误，行情反转，价格往相反方向走，我们仍心存侥幸、不肯离场，本来只是伤及"皮肉"，最后可能就会伤了"元气"。如果我们采取像股市一样补仓的手段，那我们的风险将继续扩大。一旦价格持续往反方向走，那么剩余的资金就很难承受价格继续波动的风险，甚至有暴仓的风险，也就是被强制平仓，直到账户没有剩余资金抵扣亏损。

第四，拟订投资计划，理性投资。所谓"理性"是指有目标、有计划、有原则、有强硬的执行力度。在瞬息万变的黄金市场上，如果你想碰运气、凭感觉，或者因感性主导而影响计划的执行，那你终究无法获得持久性的稳定获利，还极有可能被连续获利后的一次错误吃掉全部利润。所以请务必记住两个词：不贪、不惧。这才是决胜金市的两大底牌。

9. 你的眼神够敏锐吗——收藏品投资

☆ 色差一分，价差十倍。

☆ 虽然几乎每种物品都可作为收藏对象，但并不是每件物品都是可以投资的收藏品。收藏品投资最重要的是其必须要有流通市场。

☆ 无论投资收藏品是为了经济利益还是文化需求，都要注意投资对象的精品性和权威性。要判断这一点，关键是要有一双"火眼金睛"。

提到收藏品，你会联想到什么呢？质薄色润的瓷器，光泽剔透的玉石，纹理精美的古家具，书画大家的墨宝，还是时代特征鲜明的邮票？这些物品能给人带来审美体验，能反映出历史的变迁，具有极高的文化研究和艺术鉴赏的价值。这些东西可以成为收藏爱好者的"心头好"，也可以在收藏投资者手中转化为现实的财富。收藏品投资就是收藏古董、钱币、字画、邮票、玉器、珠宝等物，在未来某一天能以更高的价格来出售以获取利润的投资行为。

首先你需要明白收藏品能够保值增值的原因，也就是其投资价值所在。第一，这些东西年代久远，数量越来越少，"物以稀为贵"。如古家具、明清瓷器、名人字画之类的东西已经不可再生，而存世的数量又极其有限，其价值不言而喻；第二，通货膨胀会使金钱的购买力下降，这些收藏品的价值却不会轻易改变，甚至可能水涨船高，有保值作用；第三，因为多数可以投资的收藏品具有文史研究和艺术评鉴的特殊价值。这种特质决定了这些物品并非是单纯的理财工具，其包含的技巧工艺和历史积淀能始终保有其自身的价值。

如果你有收藏爱好，并具备相当的鉴定眼光，不妨玩一玩收藏品投资。收藏品除了丰富你的精神生活，也可以为你的物质生活带来一些惊喜。在踏足这一领域前，你还需要一些准备。

第一，知识为盾，实践为矛。做任何投资都需要谨慎地准备各种知识，收藏品投资在这一方面的要求就更为严格或者说严苛。因为它涉及的知识专业而驳杂，如果你无法掌握乃至精通，就容易被人忽悠，造成直接且惨痛的经济损失。如果不懂装懂，那等于是自绝后路。

有了足量的知识储备还是不够的，还必须练就好的眼力，这直接关系到你投资的收益回报。而只有实践才能造就一双利眼。长城筑起也非一日之功，不经常跑市场是绝对不行的。市场是练就慧眼识珍品的前提条件，对藏品没有过眼、过手、过心，你就像没有上过手术台的外科医

生一样。纸上谈兵永远不可能成就一个目光犀利的收藏品投资者。

第二，选择自己熟悉且有市场的收藏品。选择你本人相对熟悉的藏品，不管是对藏品的鉴定还是对藏品市场的门路，你有过研究并且是兴趣所在，那么你的投资才不会显得盲目，你所承担的风险也会降低，你的投资目标也会相对清晰。因为外行永远是瞎子摸象，而内行才能见微知著。

光有熟悉度还不够，收藏品还必须要有流通市场，比如曾有人喜欢收集各种各样的便器，家里堆满了大大小小的便器，可实际上会将之作为藏品的人很少。这个纯粹是属于个人的偏好，就不宜作为藏品来投资。在发掘收藏项目的时候，多看看各种展览，或者听听真正行家的意见。当然这些专家不仅要懂得藏品价值，也要熟悉市场变化，能够对市场的发展趋势作出准确判断，帮助你选择正确的收藏项目。

第三，心态要闲，一夜暴富是神话不是实话。如果有了很多闲钱，再去玩收藏，就是一种乐趣，在这种乐趣之余，又能够有收益。收藏者的心态越平和，投资收藏盈利的机会就越大。一般百姓想靠收藏品投资养家糊口显然是不切实际的，而倾尽家产去把宝赌在一件藏品上也是偏激的。媒体上充斥的"天价竞拍"多有炒作之嫌，永远别在现实里期待一夜暴富。"有多少钱办多少事"，着眼长线才会有意外收获。

在一切就绪后，你正式踏上收藏之旅。面对"乱花渐欲迷人眼"的收藏品市场，你还要按照一定的标准，去评估一个摆在你面前的藏品。

以下是评估收藏品价值时应注意的几个要素，你可以适当参考一下。

第一，时间价值。一般而言，时间越久，收藏品的价值越高。

第二，艺术价值。很多古玩字画都能带来独特的审美体验。而且有的艺术品的工艺已经失传，且不能恢复，更使得这些藏品身价倍增；有的画家很出名，但并不是他的每一幅画都值得收藏。如果是应付之作，在行家眼里也是没有多少艺术价值的。

第三，特殊意义。具有历史底蕴的藏品价值一般高于仅具有观赏性的藏品。比如《韩熙载夜宴图》是一幅描写当时现实生活，反映真人真事，具有深刻主题思想的作品。这幅画的存在就能为一些史学研究提供依据。还有一些收藏品对某些特定的人群具有其特殊的意义，比如传奇巨星的遗物之于粉丝，像约翰·列侬的定制吉他、迈克尔·杰克逊的手套、奥黛丽·赫本的晚装小礼服，都曾拍出过不菲的价格。

第四，存世数量。供不应求时价格就会上升是一条价值规律。比如老邮票不断在升值，就是因为其不可再生的稀缺性。反观新邮票，永远都在不停发行，却难出精品，因为没人寄信的年代自然也没了消耗，所以巨量存在的新邮票只能靠炒作。而经过了巨大历史消耗的老邮票却能在收藏价值上远胜新邮票一筹。这就是存世数量的重要性。

以上方面要综合考虑。不同种类的收藏品的优先考虑因素也是不一样的。投资钱币时就要优先考虑其存世数量；投资古董，就要首先考虑其艺术价值和时间价值。当你评估藏品价值的能力也练到一定火候的时候，就要防备一些常见的投资"深坑"了。

第一，收藏要专，不要全，更不要跟风。搞收藏切忌样样都藏，收藏要"专"，比如你看准了某一个时期某一种器物或某一领域的某个系列，不要搞大家都一样的东西，有时走走冷门，反而会有意想不到的收获。投资的眼光一定要准，要有市场前瞻意识，瞅准了，再下手，不要盲目跟风和胡乱投资，对一时吃不准的藏品像瓷器和书画之类，最好多看少买，与其花很多钱买一大堆不值钱的甚至全是赝品的东西，还不如攒够钱买一件像样的珍品。收藏在精不在多，花钱要物有所值。最好，多看、少动。一些还不被人们重视的有关民俗和民间工艺的东西，不妨进行一些小额投资，或许还会有点成效。有些处在某种位置的人或者有些机构，自己有大量某种藏品，就会利用自己的影响力大肆鼓吹，其实

该种藏品的收藏价值也许很一般。市场是会变化的，不要追赶流行，只要是流行的，生命力都不会长。

第二，警惕炒起来的高价。"盛世话收藏"。每当通货膨胀预期强烈，热钱涌动，股市、楼市前景不明时，收藏市场就会不断出现天价拍卖品，民间游资上蹿下跳，几乎对所有具备炒作概念的物资都有兴趣。业内人士却认为，不少拥有资金、苦寻投资出路的投资客，将"另类投资"当作资产保值增值的渠道，相信炒家抛出的"时间换空间"，投资藏品回报大的言论，无疑是在一起参与"击鼓传花"的游戏，不断"吹"大这个市场。恶炒"另类投资"，看似一个市场现象，但背后折射出民间强烈的投资愿望与较少的投资渠道的矛盾突出，市场游资慌不择路，很容易陷入庄家与炒家共筑的"投资陷阱"。

2010年春天，黄庭坚的书法《砥柱铭》以4.368亿元的总成交价刷新中国艺术品拍卖成交价的世界纪录；在北京嘉德秋拍上，王羲之《平安帖》摹本以3.08亿元人民币成交。业内人士笑言，中国艺术品投资进入了名副其实的"亿元时代"。除了古董，在玉石市场上，一种名为"黄龙玉"的玉石正在创造中国玉石史上的涨价奇迹，几年前它还只是每公斤几块钱的"黄蜡石"，如今已经摇身一变成为每公斤上万元的珍宝；一整版1980年庚申年首轮生肖猴票，2010年以约110万元人民币的价格成交，较30年前狂涨17万倍，红木家具价格在8个月内猛涨了40%，一些稀有木材暴涨10倍；翡翠价格普涨3成，顶级品质的翡翠价格翻番。

像黄龙玉、岫玉等近年来被"恶炒"的品种，原本归为"石英岩"一类的石头，由于开采量大、硬度不够、无法雕刻，价值很低。这种次等玉也涨得这么疯狂，炒作的痕迹太重，明显是一些商家、投资者利用老百姓对玉的追崇却又无法分辨玉的价值，抬高价格，刻意营造某种玉石"很值钱"的假象，忽悠大众，没有任何收藏投资价值。

而事实上，这些"另类投资"最大的风险来自流动性极差，此类物品基本都没有正规的回购渠道，即使升值也会遭遇有价无市的局面，基本是买得到，卖不掉，终究是"砸"在手里，无法脱手。

在人们投资欲望强烈、闲置资金积聚的背景下，通过疯狂炒作带来暴增的财富效应的诱惑性和迷惑性很强，难免越来越多的投资者卷入其中，只是艺术品市场向来是波谲云诡，一旦购买了赝品或者艺术价格低的作品，高位套牢、等待接盘的现象在所难免。设法开辟更多投资渠道，将闲置资金引向更合理的投资方向，冷静对待艺术品市场的"火热"，这才是一个理性的投资者应该主动思考的问题。

理财计划里的聚财窍门

你或许离开校园不久，还是社会、职场的新鲜人；你或许已经组建了一个小家庭，正在努力为未来打拼；你或许正在做退休前的准备，稍事休息一下劳碌的人生。在人生的不同阶段，女性在社会和家庭里承担的角色会发生一定的改变。而与理财相关的目标也要做相应的调整。金钱会留在懂得保护它的人的身边，而时间会给这样的人以丰厚的回报。希望你重视时间报酬的意义，耐心谨慎地维护它，让它持续增值，而不是在岁月的流逝里忽视了它，消磨了它。

1. 人在途中的你是否有自己的目的地

☆ 成就一个好射手的不是他的弓箭，而是他的目标。

☆ 如果一个人不晓得把船开往哪一个港口，那么所有方向的风都是逆风。

☆ 无目标的努力，犹如在黑暗中远征。

某天，一个心理学家做了这样一个实验：他组织三组人，让他们分别向着10公里以外的三个村子进发。

第一组的人既不知道村庄的名字，也不知道路程有多远，只告诉他们跟着向导走就行了。刚走出两三公里，就开始有人叫苦；走到一半的时候，有人几乎愤怒了，他们抱怨为什么要走这么远，何时才能走到头，有人甚至坐在路边不愿走了；越往后，他们的情绪就越低落。

第二组的人知道村庄的名字和路程有多远，但路边没有里程碑，只能凭经验来估计行程的时间和距离。走到一半的时候，大多数人想知道已经走了多远，比较有经验的人说："大概走了一半的路程。"于是，大家又簇拥着继续往前走。当走到全程的四分之三的时候，大家的情绪开始低落，觉得疲惫不堪，而路程似乎还有很长。当有人说"快到了"时，大家又振作起来，加快了行进的步伐。

第三组的人不仅知道村子的名字、路程，而且公路旁每一公里都有一块里程碑，人们边走边看里程碑，每缩短一公里大家便有一小阵的快乐。行进中他们用歌声和笑声来消除疲劳，情绪一直很高涨，所以很快就到达了目的地。

这个实验说明，有了明确的目标，才会为行动指出正确的方向，只有让行动不断与目标互相比照才能增强继续前行的动机和力量，才会在实现目标的道路上信念坚定、少走弯路。事实上，漫无目标，或目标过多，都会阻碍我们前进，要实现自己的心中所想，如果不切实际，最终可能是一事无成。在人生途中的你，又是否有了自己的目的地呢？

世界演说家廷伯莱克·里德曾说过："统计表明，95%的美国人65岁的时候，要么靠亲友或者慈善机构生活，要么必须继续工作。在最富庶的土地上，很多人因为贫困而死亡，因为他们从来就没有确立过自己的财富目标，从来没有过实现自己梦想的计划。"由此可见，无目标的人会在不定的未来尝到苦果。这样的人劳碌一生，却是在为有目标的人达成所愿，为他人的幸福明天作嫁衣。

对于一个渴望挣钱、渴望财富的女性来说，聪明的头脑或许可以帮助你拥有财富，而明确的目标则能帮你守住自己的财富，并激发你的潜能获得更大的财富。你的财富目标越是明确，你的理财效果就会越好。

这就像是一种特定、长期、可衡量、有时间限制的期望值，有一定的挑战性却也有成功的可能性。只有这样，你的奋斗欲才会渐次浓烈，你的耐挫力也会不断升级，你的注意力和精力才会更加集中，你的时间和资源也才能得到更明确有效的分配。"伟人之所以伟大，成功者之所以成功，在一定程度上是因为他们总是把全部力量集中于一点"。以致富为愿的女性们，你找到那个聚力的点了吗？或者说你的目标已经明确了吗？

目标的作用首先是帮我们选择一条适合自己的正确道路，然后就是指引我们前行的方向。这一目标不仅要正确，还要适合自己，有个人特色。制定自己的理财目标时要有一定的标准。比如：

第一，有清晰翔实的数据可以支持这个目标的合理性和可行性。

第二，有确切实现目标的时间，太短会有欲速则不达的危险，而太长则会削弱你的意志力。

第三，最终的结果是可以预期的，自己的每一步努力都能看到阶段性的成果。

第四，这是现阶段最想实现、最急于实现、也最可能实现的目标。当然这不妨碍你有自己的中长期目标，但你当下瞄准的目标一定要是最迫切、最渴望、最实际的那一个。

理财的目标和方法都不能在流水线上批量生产，它要求因人而异，因时而异。各年龄段的女性在理财目标的定位上会出现鲜明的差别。我们可以来参看一下。

第一，25岁以下的女孩——理"才"重于理财，应着重于自身的投资。

刚刚参加工作走上社会的女孩正处在人生精力最充沛的时候，虽然收入不是很高，但基本不会有财务和家庭的负担。这一段时间与其挖空心思地想赚钱，不如投资自己，提高自己创造财富的能力，扩大自己在未来的上升空间。

建议：每月强制储蓄的前提下，把资金用在为自已充电提高上面，等积累到一定资本后，也可拿出部分储蓄进行风险大报酬高的投资，目的是学习投资理财的经验。

第二，30 岁以下的女性——风险可承担，预备进入婚姻生活。

这一时期的女性渐渐开始适应职场环境，收入会稳健上升，同时也逐步有了结婚的打算，要储备结婚基金。

建议：可以承担风险，但必须在可控范围内。把理财目标锁定在稳健型的投资工具上会比较符合预期，例如每年分红稳定的股票型或稳健型的基金产品。

第三，35 岁以下的女性——子女生育教育，转型家庭理财。

随着家庭生活的展开，子女出生、成长，教育基金的需要量也会同步增长。在孩子年龄还小的时候，要重点考虑教育基金。这个年龄段的女性资产会逐渐增多，责任和压力也逐步增大。因而选择的理财目标就要相对保守一些，针对性更强一些。

建议：选择教育型保险等未来保障型产品，以保险和银行定期存款为主要工具，辅以 25% 的股票基金或 25% 的债券。

第四，40 岁以下的女性——储备保障型和健康险的产品，关注家庭财产的累积。

子女正处在成长期，家庭收入渐趋稳定，财富已有了相当的积累，但积累速度相对变慢。同时自身的健康状况需要纳入一个重点保障范围。

建议：适当考虑进行不动产投资，并投保一些保费较高的保障型和健康险产品。而股票等风险性较高的投资项目则可以适当缩小比例。

第五，50 岁以下的女性——维持生活水准，做好退休保障。

职业生涯即将画上句点，必须为退休作好打算。子女开始迈向独

立，生活逐渐从忙碌中缓和下来，可以为自己的晚年做一些提前的规划。

建议：给自己或家庭成员再购买保险，资金充裕可以考虑再购买一套房，风险项目可以进一步缩小比例，留有现金以应付突发情况，并为退休养老筹措资金。

所以，理财之前，女性朋友们一定要学会给自己设立理财目标，设定的目标还要和自己的实际状况相切合。如此，才能最大限度地减少理财的盲目性、冲动性，取得最佳的理财效益。

2. 未婚的你，挣钱也要挣未来

☆ 在这样的年龄，生活还没有撞疼我们，责任感和悔恨还都不敢损伤我们，我们还敢于看，敢于听，敢于笑，敢于惊讶，也敢于做梦。如今我们也要开始自己的奋斗生涯，去面对各种变化及复杂的难题。

☆ 发光并非太阳的专利，你也可以。

顾言君，25 岁，单身，人力资源部培训专员，研究生在读，月薪 5000 元左右，奖金浮动在每月 500 元，各种福利补贴每月平均 500 元。虽然觉得自己的工资待遇还不错，但临到月末却剩不了几个钱，有时还要向朋友、父母借钱周转。这让她觉得很困惑。

虽然顾言君的收入在同龄人中已算不错，可她缺乏理财意识，所以基本算是一个"月光族"。她的原始积累较少，而非理性因素在日常消费中占据主导，存在很多非必要支出。整理出的非必要支出可以作为投资的成本。据此，专业理财师给出了三点建议：

第一，首先应为自己建立一笔应急款，以作必要的风险防范。以顾言君的"月光"状态，万一发生失业、生病等情况，她是没有余力来应付这不时之需的。所以这笔款项必须尽快到位。额度大概是 3～6 个月的生活开支，可从每月的工资中扣除，大约每月 800～1000 元，这笔资金可以现金、活期存款和货币市场基金的形式组合配置，保持较高流动性是关键。

第二，将每月从消费中节余下来的资金做基金定投。因为顾言君年轻，具备承担一定风险的能力，同时又缺乏投资经验，基金定投就是相对理想的选择。每月投入资金较少，风险较小，而且带有"强制储蓄"的性质，又能带来投资回报，所以非常适合她目前的财务状况，也能间接改善其非理性消费的习惯。

第三，配置适当比例的商业保险。年轻时购买保险，才能享受更低的保费、得到更高的保障。顾言君每月可以从收入中拿出一部分适量投保，以防因疾病或事故造成损失。以她目前的收入来看，健康和意外险不容忽视，分红险也是可以优先考虑的对象，从而在保障和增益两方面为自己的未来构筑坚强的"堤坝"以抗击"意外"的"风浪"。

这样的理财规划从整体上优化了资源配置，加之灵活的投资方式，可以让顾言君走出"月光"阴影的同时得到财富的增益。未来不是"想"出来的，未来是"挣"出来的！

郭蕊今年 28 岁，任某化妆品公司部门经理，月收入 8000 元，平日工作比较忙碌。公司负责缴纳三险一金。家境比较好，父母身体健康，本人无任何债务负担，工作四年多已有了 12 万元的存款，全部以定期储蓄的方式放在银行。她近期设置的理财目标是：购置小户型住房一处用于投资，首付加装修约花费 6 万元；同时计划贷款购小轿车一辆，价值 8 万元以内，首付 2 万。

从郭蕊目前的财务状况来看，她月收入比较高，有基本的社保和医

保在身，也有一定的资本积累，具有一定的抗风险能力。但问题也比较明显：储蓄品种过于单一，缺少有效的投资，缺乏全面的保险保障，而且她在短期设定的理财目标会让她在单身期的资金压力骤然变大。

为了满足未来生活的需要，她急需在单身期进行财富的扩充。因为从长远看来，买房、买车、结婚生子、养老等人生阶段会接踵而至。未来 2-5 年对郭蕊来说，在事业和生活上都会是关键的积累期和重大的转折期，开销会较大，所以资金流动灵活性好的投资品种可以优先考虑，在确保一定流动性的基础上实现保值、增值是比较理想的。相对来说，风险较大或短期变现比较困难的投资方式不予考虑。盲目追求短期内实现高利润，可能会得不偿失。

专业理财师给予的建议是从三方面入手，调整郭蕊的理财计划，让她能在实现有效风险管理、建立全面保障的同时实现资产的保值、增值。

第一，调整储蓄结构。在现有的 12 万定期存款中，抽取 6 万元作为投资的本金。剩余的 6 万可以继续做定存，但不要将 6 万存在一起，而是分成三等份，分别存为一年定、两年定和三年定。手中有三张存单，每年一张存单到期，都转为三年期存款。从而在保证资金流动性的基础上又降低了提前取款时利息的受损，还受益了定期存款相对活期的较高利率。这笔钱每年到期时可以划出一部分作为保险费用。此外，还可以另外开一个零存整取的账户。每月从工资里抽取一部分来存入，这种固定存款的行为保持下来，能够养成节俭的习惯。这个账户的钱也可以灵活安置，可以做长期的基金定投，还可以作为应急款的储备。

第二，购买健康和意外险。郭蕊虽然年轻，但是也不可忽视日常生活里疾病和意外的风险。而且由于年龄越小，分期缴纳的保费越少，所以及早购买纯保障型寿险附加住院医疗、重大疾病保险以及意外伤害保险险种，为自己安排这方面的保障很有必要。因为公司为她缴纳了三险一金，养老型保险品种暂时不必考虑。毕竟不是现阶段必需的，而且费用较高，再考虑到购买时机，不宜急于购买。

第三，适当进行投资增加收益。郭蕊没有任何投资经验，工作又比较繁忙，股票、外汇等比较复杂且风险高的方式就不在一个"新手"的投资选项之内了。比较之下，基金是风险低而且收益稳定的投资方式。她手中的 6 万元可分批投入。比如，3 万元购买货币型开放式基金，确保流动性和收益的稳定性；3 万元购买股票型开放式基金，承担一定的风险换取收益的丰厚性，即使有所损失也可以增加投资经验。这样的安排灵活且能随时变现，对于处在诸多人生变动期的郭蕊来说是比较适宜的。

年轻的女性朋友们在单身期时的理财目标可以倾向于资产增值这一块，因为这个时候你的责任还不是很重，承担风险的能力也相对高一些。但也不要忘记要考虑到未来，毕竟人生是一步步慢慢走出来的，只有早作打算，当你不再年轻时，才不至于悔不当初。明智的"财女"总会谨记一个简单的道理：挣钱亦要挣未来。

3. "PSG"原则送给成家的你

☆ 在而立之年学会理财，在不惑之年过质感生活。

☆ 30 岁时，一个人应该了解自己像了解自己的手掌一样，应该确切知道自己有哪些缺点和优点，应该知道自己能走多远，能预见未来将成为什么样的人。而且更重要的是接受这一切，因为接受真实的自己才能接近真实的生活。

☆ 要经营好自己的家庭，没有一定的持家财识就会觉得力不从心。就像经营企业一样，关键在于有一个人能纵观全局，把所有人有力地组织起来。

温玲在一家软件公司工作，一年前结婚，爱人是她的高中同学。同样是一名软件工程师。目前，两人月收入合计在 9000 元左右，支出 4000 元，存款 2 万元。生活在初步稳定后，两人有了要孩子的打算。

在结婚不久的小家庭里，理财需要靠夫妻双方共同的努力。而对成立不久的新婚家庭而言，结婚从筹划到正式举办，本身就意味着一笔巨大的开销。就一般的上班族来说，以前累积的资产可能就所剩无几了。女性在家庭生活里一般握有财政大权，而能否持家有方，就要看你的家庭理财规划是否合理了。而温玲是这样做的：

第一，建立家庭账本。在温玲看来，记账是对家中流水明细最直观的记录，而且这便于从整体上掌握家中的经济收支，对于资金的流出流入都心中有数，从中能检视出很多造成浪费的支出，养成理性消费的习惯。还能有效规划资产的配置，提高资金的利用率，为其保值、增值提供依据和方向。

第二，投资有度。温玲对投资理财是很感兴趣的，不过她仍旧强调，在他们的小家庭里，投资的前提是不影响家庭的正常生活，在稳健的基础上才能进行适当比例的投资。所谓"适当比例"是指不超过自己家庭总资产的三分之一。风险不高、流动性强、收益相对稳定的投资是他们夫妻二人的首选，比如国债和开放式货币基金。

第三，储备育儿资金。很多新婚家庭都会面临这样的重要问题，因为下一代的出生就标志着家庭生活步入了一个新阶段。与孩子相关的生育、成长、教育等资金都需要早作准备。投资一些商业保险和每月定期储蓄都可以为子女的出生预留必要的费用开支，这种保障既要着眼于短期的抚育规划，又要从长远角度将比较大宗的教育费用考虑进去。

下面给大家介绍一个专有名词——"PSG 个人财务工程系统"。PSG 是英文 Protection Saving Growth，即保障、储蓄、投资的缩写，它直观地说明了保障、储蓄、投资在家庭财务规划中都具有不可或缺的作用。如果你成家不久，你可以从这个名词的三个关键字中观察一下自己家的财务状况。比较理想的理财结构是"金字塔"。储蓄和保障作底，而成长性投资作顶。三方面配置都不能少，也不能比例失调。如果储蓄过多，则财务流动性太差且投资收益率过低；如果投资过多，那家庭保障性太差，甚至容易陷入债务危机，抗风险能力过低。所以，你要权衡利弊，量入为出，不在家庭理财规划上走"保守"或"激进"的极端。

伍璇，32岁，家庭主妇。在家里照顾1岁多的孩子。爱人33岁，邮局工作人员，工作稳定，月收入4000元。双方父母都已退休，有医保，无重大疾病史，3～5年内不需太大支出。有住房一套，自己居住。目前夫妇都有社会保险，孩子也办了商业保险。基本生活开支以及孩子的花销等月总计2000元左右。有储蓄存款10万元。因为伍璇担心风险过大，夫妇没敢涉足股市，目前有开放式股票型基金3万元，无债务负担。

伍璇的家庭是个处于成长期的三口之家。目前收入稳定，无负债，无过大的经济负担，也没有随时可能爆发的隐患。不过随着孩子的逐年成长，抚养和教育开支也将逐年扩大。而随着家庭生活进入成熟期，购车和换房等一系列问题会相继出现。此外，时日渐长后，父母的赡养也需有所准备。

这个家庭的财务状况有比较突出的一点：整个家庭收入来源全部依赖丈夫。伍璇是全职主妇，考虑到目前孩子较小需要照顾，这可以理解。不过很显然，这种"男主外、女主内"的模式客观上加大了这个三口之家的财务风险。而且在这个工薪家庭里，随着下一代的成长，财务上的压力会日趋增大。在这个普通工薪家庭里，等孩子长大一些，伍璇应该计划重新参加工作，因此她在这段赋闲的时间里最好做一下相关的职业规划，不要怠惰已有的知识体系，同时还要努力充实自己，做好重返职场的准备，以"才"生"财"，两者兼修，才能有效减轻家庭财务

压力，使整体的收入结构更为稳定。

从投资规划的角度看，伍璇家的策略太过保守，这虽然能有效规避风险，但投资回报率将会过低。首先，作为储蓄存款的 10 万元，可以从中保留一部分现金做家庭应急基金，额度大约为 6～12 个月的生活开支；其次，10 万元存款里可抽出一半转做其他成长性较强的投资，适当提高收益性资产所占比例，以盘活家庭资产；最后，在投资品种的选择上，渠道应该更加多样化。已有的 3 万元股票型基金不用动，因为这一投资对成长期家庭是适合的，但同时可以尝试收益较高、风险适中的投资项目，如记账式国债、货币型基金等。

从保障角度看，伍璇家在孩子的保障上做到了未雨绸缪。但忽视了一点：作为家庭经济支柱的丈夫，并没有相宜的保障规划。丈夫是当前家庭经济收入的唯一来源，可以说是重中之重。万一有意外发生，牵一发而动全身，整个家庭都可能毁于一旦。故而加大对丈夫的保障力度是十分必要的，人身意外险、重大疾病险等险种就完全可以满足这一保障需求。在规划保险保障这一块时，我们始终要记住：月之圆缺或许可以预测，人之祸福却永远是无所凭依的。

已经成家的女性朋友们，还记得"PSG"原则吗？在每一个家庭的财务规划里，PSG，即储蓄、投资、保障，三者一个都不能少，而且必须各司其职，各安其位，才能确保家庭经济的持久稳定，家庭生活的顺遂美满。

4. 步入中年，理财也要有蓝图

☆ 我曾以为，女人是飞蛾，天性擅长不怕死地扑火。后来我才知道，还有一种女人是候鸟，无论如何都沿着一种静谧的轨迹安静地飞翔。

☆ 20 岁时，意志支配一切；30 岁时，机智支配一切；40 岁时，判断支配一切。

倪慧今年 47 岁，三年前丈夫因意外去世，独自带着儿子生活。如今儿子正在外地读大学。作为一名私人培训机构的数学老师，倪慧月收入 5000 元左右，除去自身开销和儿子上学费用外，每月还可省下一半。有存款 15 万，学区房一套，用来自住，价值 80 万元人民币。她平时既不炒股，也不买基金，更没有购买过任何商业保险。不过，随着年龄的增大，她又常常担忧：万一哪天不幸生病或发生意外，儿子可怎么办。由于自己单身一人，抗风险能力差，儿子又尚未自立，还要靠她操持成家立业，这不能不让她忧虑。

在专业人士眼中，倪慧如果有意理财，那么如何处理那 15 万元存款和每月 2500 元左右的工资结余就是理财规划中的关键。而健康和未来保障问题同样亟待解决。

第一，购买重大疾病保险和养老金，为自己提供保障。倪慧虽然收入不错，但在私企工作，单位没有为其购买社保，一旦失业或出现健康问题，将失去所有的收入来源，给未来的养老和生活带来危机。所以，可以拿出一部分钱来，购买意外险、医疗险、重疾险及养老险，为自己提供保障，解除后顾之忧。

第二，将自住房利用起来做点投资。倪慧的房子虽然属于自住，但

因为是学区房，有相当的优势。所以要增加收入，她可以在房子上边做点文章。可以考虑将多余的房间用于出租，或者将现有的房子换成面积相对较小、地段相对差点的住房，将所得差价用于风险系数低且容易变现的投资，以备未来不时之需。

第三，让闲钱活起来。可以充分利用每月节余的收入做些稳健型投资。比如，购买一份3~5年的定投基金、保本型的货币市场基金。货币市场基金免手续费，收益免税，可以作为现金管理的工具。

第四，在确保手头的存款保值的前提下，想法让存款增值。因为人在35~55岁间最容易发生疾病，特别是各种重大疾病，怎样把风险转移出去是问题的关键。因此可以采用年缴费的方式购买女性重疾保险。与此同时，从15万元存款中拿1.3万元左右用于购买保额5万的年金保险，缴费10年，从60岁开始每月领取500元养老金，并每3年后增长50元直到85岁，到85岁时仍生存，还可得到1万元祝寿金及红利。总之，无论是投资、储蓄还是保障，中年"财女"们都需要比以前更谨慎、更精细，尤其是在单亲家庭，这是保证家庭财务安全的方法，也是提高长期生活质量的准则。

43岁的岑明芳离婚10年，现在某外企做销售部经理。她一直没有再婚，一方面是担心女儿会在成长期受到冲击，另一方面则是相信自己的能力，可以独立抚养女儿长大，把这个家撑起来。

她很能干。在这个城市里，她拿着7000元的月工资，还有2000元的福利补助，年终奖3万元，有"五险一金"。现有存款20万元人民币和3万美元。岑明芳离婚时住房归前夫了，她和女儿现住在父母家。女儿今年读小学四年级，前夫每月支付给孩子抚养费500元。因为和父母同住，她几乎包办了平时家庭的所有日常开销，平均月支出约2500元，包括女儿和父母的衣食费1500元，交通、通信费700元，其他支出300元。

尽管没有了再婚的念头，但因为所从事的营销行业形象非常重要，在个人的"包装"上，岑明芳还是不能有一丝一毫的马虎。她每个月花在自己身上的钱大概 2500 元左右，包括买衣服、美容、健身、买书，以及和朋友吃饭、喝咖啡、泡茶馆等。另外，每年她还会不定期地参加一些营销领域的专业培训课程，平均支出大概在每年 6000～8000 元，公司可以报销 50%，其余部分自掏腰包。

因为父母都是机关干部退休，所以在供养父母方面岑明芳没什么大的压力，只是想着"应该尽力存笔钱在父母生大病的时候用"。除此之外，她生活的重心就是孩子的教育，她想尽早送女儿去英国读书，直到在国外读完研究生。还想在两年后购买一套新住房，供一家四口居住。

岑明芳家庭资产状况良好，目前无任何负债，在央行连续提高贷款利率的情况下，更有助于优化资产结构，提高资产收益率。岑明芳家庭的消费比率为 44%，在正常比率之内；相应地，该家庭的储蓄率就比较高，达到了 66%，促进了家庭资产的快速增长。

从岑明芳的理财结构情况来看，人民币存款高达 20 万元、美元存款 3 万元，在目前投资渠道不断增多、理财收益普遍提高的情况下，这种"有钱存银行"的思路有点过于保守。另外，她家的风险保障力有所欠缺，虽然本人的职业风险性较低，单位也为其缴纳了基本的养老、医疗保险，但是对于单亲家庭来说，风险保障还是略显不足。在理财计划上可以从两方面着手，改变思路，在稳妥的前提下灵活利用新的理财工具来提高收益。

第一，现有人民币存款可以适当调整。目前除了银行储蓄之外，稳健型的投资渠道日趋增多，如果合理利用，完全可以稳妥地实现更高的理财收益。针对岑女士的风险偏好，她可以将现有的银行存款一分为三，这种"不把鸡蛋放进一个篮子里"的投资策略，既能满足增加收益的目标，又会最大限度地防范风险。

1/3 的现有存款转成国债，从稳妥性和收益性的角度来考虑，国债最适合岑女士，可从存款中拿出 1/3 的额度，购买凭证式或记账式国债。

1/3 的资金购买债券型基金，这种基金以投资稳妥型债券为主，风险略大于国债，但收益性优于国债。

1/3 的资金购买人民币理财产品。人民币理财产品收益普遍高于同期银行储蓄，比如，某银行推出的"T 计划"第三期的年收益率为 3.4%，比同期银行储蓄、国债、货币基金均高出不少。

第二，美元储蓄可转为相关理财产品。目前，银行外币理财的竞争日趋激烈，收益率不断攀升，所以，岑女士可以对各家银行的外币理财产品进行综合衡量，选择一款收益较高、收益相对稳妥的外币理财产品，以提高理财收益，以备将来女儿留学之用。

第三，完善保险保障是防范家庭风险的最后一道屏障。一般情况下，一个家庭投保各种保险的保额，一般为家庭年收入的 10 倍，年交保费不超过年收入的 1/10。因为岑明芳已经有一定的保障，所以，缴费数额可根据个人对保险的偏好，用后续收入投保人身意外以及住院补贴等寿险。

人到中年，偶尔会有恍然如梦之感。人之一生不到百载，却已经匆匆过去一半。到了这个阶段，女性朋友们更应该以理性来主导自己的行为。所以在投资上要格外谨慎求索，果断出手。尤其是那些单身的中年"财女"们，要独自掌起家庭之舵，在为家人撑起一片天的时候，也不要忘记关爱自己，以平淡隽永的姿态在生活的轨道上慢慢前行吧。

理财，这些事项要警惕

> 财富能给我们带来安定、快乐和满足。适度地创造财富，不为金钱所累，应该是我们的目标。所以，当我们逐渐意识到理财的重要性时，往往会进行各种各样的尝试，以发挥理财对改善生活、管理财富的作用。但是，在这个过程中，由于专业知识的缺乏和实际经验的不足，我们常会无意间陷入一些误区，甚至在造成损失后亦不自知。对于这些隐蔽的"陷阱"，我们需要警惕。

 **1. 本末倒置：为了理财而理财**

☆ 我们手里的金钱是保持自由的一种工具，我们所追求的金钱则是把自己变成奴隶的一种工具。

☆ 如果你把金钱当成上帝，它便会像魔鬼一样折磨你。

☆ 金钱能让你买到一条最好的狗，但只有爱才能让它摇尾巴。

王艺和丈夫都是初中老师，两人都无意要孩子，所以两人都觉得一定要趁年轻时多积累一些。"中学老师的收入并不高，"王艺说，"因此帮学生补习是我们最主要的收入来源。"王艺是语文老师，丈夫则是教历史的，业余时间里他们几乎都在忙于帮学生上补习课。一个月下来，

两人的收入达到了 23000 元，即使在一个大都市里，这也是不错的收入水平了。

可是，尽管每月的结余近两万元，两人的生活却非常地俭朴。他们一家的月度开销只有 3000 元。王艺有些不好意思地说："忙得没有时间花钱。"下班后、周末、包括教师独享的寒暑假时间，两人都忙于开班授课，而享受属于自己的休闲时间则成了一件奢侈的事情。

"前几年还会利用暑假的时间和老公一起旅游，现在一直忙着补习班的事情，哪里顾得上去旅行。"王艺说。丈夫和她都觉得，这也是为了多攒一些钱，旅行的事不如等以后退休了再安排。而王艺目前最迫切的愿望，还是赚更多的钱，甚至她专门去找了理财顾问咨询，就是为了让钱生出更多的钱。她说："理财不就是为这个吗？"

"理财"这个词好像在不久前对人们而言还是一个略显生涩的词汇，然后仿佛一夜间，这个概念就受到了人们爆发式的关注。"你不理财，财不理你"这句话几乎人人都耳熟能详。而与以前对理财漠不关心的态度相比，还有一部分人陷入了另一种极端：在一切可能的时间为钱财而奔波，将理财这个手段等同为目标。为了理财而理财，完全忘记了理财的根本目的是为了更自由、幸福地活着。

现代社会里，越来越多的女性有了独立的事业、不菲的财富，却渐渐迷失在高度紧张的生活里。必须适时调试自己，重新摆正对工作、对财富的态度，才能找到初心，整装出发。我们来一起看看心美的故事。

"以前，我也像很多现在北上广的年轻人一样，只知道努力打拼，日夜不停地工作。"直到一次突发的"自律性神经失调"才让心美意识到享受生活的重要。"那一次难得的假期，我在吴哥窟放松心情，在巴肯寺听须弥山 33 位神祇的故事，在火红的神庙班德斯蕾散步，在佛塔前凝视那些精美的浮雕，在近乎垂直的狭窄楼梯上虔诚祈祷。"谁知这个假期却让她重病一场。医生告诉她，她得的是"神经自律性失调"。

平时习惯了高强高压的工作节奏，一下子放松了，身体反而无法承受。

"从那一天开始，我改变了对生活的态度，不仅要去享受工作的成就感，也要学习去享受生活的乐趣。"每年无论工作再忙，她也要为自己安排出时间四处游历。而正是这种对工作、对财富张弛有度的态度，为她赢得了更多的成就，也造就了更多的财富。

我们是否也陷入过与心美一样的境地呢？辛苦地工作赚钱、积极地投资创富，匆忙之间更需要思考的是，努力追寻财富的根本动力到底在哪里？究竟是为了存折上的数字，还是为了现实中看得见、摸得着的每一分、每一秒。

理财的目的并不是财富越多越好，数字的堆积除了给我们带来一种所谓的"安全感"之外，并没有太大的意义。真正的要义在于在拥有同样多资源的基础上，动用理财这种工具，让我们获得更多享受生活的机会。比如通过积极的理财投资，让我们的储蓄获得更高的保值、增值效果，确保我们在今后丧失收入能力后仍然能够保持较高的生活水平。比如通过合理地分配财富，让我们提前达成各种生活的目标，保障这一生中优越的生活。只有彻底认清对财富和生活的观点，才能够让我们走出为理财而理财的误区。

2. 乱花迷眼：不可尽信的预期收益率

☆ 盲目让你莽气倍增，因为你看不到危险。

☆ 金钱会从那些渴望获得暴利的人身边溜走。金钱的投资报酬有一定的限度，渴望投资获得暴利的人常被愚弄，因而失去金钱。缺乏经验或外行，是造成投资损失的最主要原因。

　　去年 7 月，曾小姐就购买了一款挂钩型的理财产品。"当时看重这款产品最主要的原因就在于它的最高预期收益率可以达到 8％左右。"曾小姐觉得，在股市低迷的环境中，有理财产品的收益率能够达到 8％，已经是让人满意的收益率了。

　　然而让曾小姐不解的是，产品运行了不足 5 个月的时间，就由于挂钩股票跌破了预先设置的最低价格，产品自动终止。除了没能获得预期的 8％的收益外，曾小姐的本金也亏损了 10％。

　　曾小姐这才想起仔细研究自己的产品说明书，原来预期 8％的收益率只是在最理想的情况下才可实现的最高收益，由于曾小姐投资的时期正值金融危机加剧，挂钩股票跌破了产品设置的最低价格，也就触发了产品自动终止的条款。由于是一款部分保本产品，最终曾小姐获得了 90％的本金。

　　"这款产品的收益率如何？"在选择投资理财产品时，这是绝大部分投资者必问的一个问题，很多时候这也是他们最为重视的一个问题。

　　尽管这几年来随着理财产品的不断发展，过去一些机构以"预期收益率"吸引投资者眼球的做法，已经成为了明令禁止的行为。但是很多投资者在选择产品时，仍然习惯于把"收益率"当作了选择投资产品时的唯一标准，投资只看收益率，由此带来的理财不当也不在少数。

　　投资产品时根本不在意产品的风险几何，也不管产品的预期收益率究竟有没有可能实现，只是抓着收益率作为决策的唯一刚性指标，这种做法是极其片面和武断的。事实上，如何看待理财产品的收益率，已经不算是个新鲜的问题了。预期收益率的依据，是理财产品设计部门在相关数据的预期和趋势判断的基础上做出的一种"预测"，最高预期收益率也仅在最理想情况下才能够实现。当趋势判断错误，或是预期未实现时，投资者实际获得的收益就可能远远低于理想的水平。因此，就和它的名字一样，预期收益率是一种"预期"，未必是它实际可以获得的收益。

当然，对于不同结构和不同投向的理财产品，预期收益率实现的概率也存在着很多的差异。相对来说，一些标的为货币市场或是融资计划的理财产品，预期收益率可能并不起眼，但实现的概率比较大。挂钩型理财产品的预期收益率，通过结构化的设计，可以帮助投资者在下跌的市场中也能实现"保本"或是"局部保本"，但是它的收益与一定的挂钩前提条件相关，只有市场的走势与前提条件的设定密切贴合，投资者才有可能获得理想的收益。反之，如果市场的走势背离了前提条件，预期收益率往往就难以实现。而对于基金、FOF 等产品来说，它们的收益直接取决于市场的走势，如果要对它们的收益进行预测，那可能只有"天知道"了。

值得一提的是，在对收益率的误读中，也有一种现象越来越典型，那就是使用"平均年化收益率"来代替对产品的收益预期。

比如在我们所接触到的不少银行理财师中，非常乐意向客户推荐开放式基金产品作为理财的工具。这是因为不同的开放式基金往往可以满足到不同投资者的不同需求——积极型投资可选择股票型基金、稳健型投资可选择灵活配置基金、保守型投资可选择债券型基金，等等，对于不同基金的收益预期，理财师们往往会给出一个"平均年化收益率"的数据。

很多人以为，"平均年化预期收益率"就是对基金的收益预期，比如股票型基金的长期平均年化预期收益率为 8% 左右，一些投资者就误读为投资股票型基金每年能够获得 8% 的收益。这样的理解显然是有失偏颇的。股票型基金的收益率数据是依据基金多年来的投资表现，以年化的方式复合计算出来的复合数据，来自历史表现和统计规律。在一个较长的投资期限内，股票型基金的表现往往能够比较贴合这一数据，但在较短的投资期限内，往往会与长期年化平均数据有很大的偏离，比如

在牛市中，股票型基金一年内甚至可以出现 100%以上的收益，而在熊市中，它也可能出现 50%以上的亏损。虽然我国的开放式基金发展的历史并不长，但过去几年的发展足迹也印证了这一点。因此，对于这样的"长期年化平均收益率"我们也应当用全面、审视的眼光来看待，切勿把这些数据当作短期收益率数据的替代品，特别是涉及短期的理财目标规划时，使用这些投资工具时更需要谨慎再谨慎。

3. 人云亦云：无主见的投资选择

☆ 凡事须有自己的主见，追随他人只会迷失自己。

☆ 人生的舞台上，每个人都是拥有自由意志的演员。你的财富掌握在自己手里，而不是他人的嘴里。

"你说，我是继续存银行，还是买股票呀？"今年 5 月份，拿着刚刚到期的定期储蓄存折，张女士满怀期望地询问王主任。看到周围很多人都通过炒股赚了不少钱，张女士的心也蠢蠢欲动起来。对股票一窍不通的张女士决定向王主任求助，从开户到选股，全由王主任做主。然而，看到王主任帮自己选的股票价格连续五天下跌，张女士傻了眼。

"王主任，你看这行情，我是不是该割肉走人呢？"张女士急切地向王主任"咨询"。

"这个嘛，我看你暂时还是别动，先看看后市再说吧。"王主任给出模棱两可的态度。看着那支股票一直跌，大盘也没有太大起色，张女士终于决定抛掉止损。她跟王主任说了一下，结果没想到王主任说，他在上周已经抛掉了。

"那你抛的时候怎么也不跟我说一声呢?!"张女士有些"很受伤"，如果王主任那天抛的时候也叫上她，那么她就能少损失几千块钱。

"那我也没办法说呀。我们资金量不同，操作风格不好一样的，而且我怕直接说叫你抛掉，万一后来又涨了，你不是又要怨我了，所以不好明确答复呀。"王主任也有些委屈。

张女士的经历，几乎每天都在我们身边发生。"听别人推荐"和"随大流"是在投资行为中普遍存在的两类现象。很多新手尚未掌握基本投资知识就急于开始投资，并对周围一些获得较好收益的投资者、专业证券机构存在"崇拜心理"，导致他们在进行投资决策时都出现了仅听别人推荐就购买某支股票或追随大多数人购买同一支股票的情况。而即便是一些老股民，也会出现从众心理，或者以小道消息为投资风向标，结果遭遇惨跌。

不仅仅是买股票喜欢听别人的消息，即便是买基金，国内投资者也喜欢"一哄而上"。比如在 2006 年春天，国内股市涨势喜人之际，不少基金取得了绝对高额的回报率，于是人们又一哄而上，去追捧基金，类似广发基金的超级发行规模更是一破再破。殊不知，基金之间也有很大的差异，上半年高涨的基金并不代表未来也会一路高涨，而大量的资金涌入同一支基金，这只基金的操作难度会加大很多，不容易使这支基金保持良好运作。

再回头看 2000 年的投连险、2005 年的万能险、2007 年的投连险，在各方极力鼓吹之下，这两类产品在当年成了相当"流行"的理财产品，众多的投资者都投入其中。殊不知，这样的理财类保险条款复杂，奥妙良多，运作方式与传统保险完全不同，不了解概况的人买入这样的产品，真的有点险！

这种种景象，都让我们不得不感慨，国内个人投资者对于投资理财还是相当地盲目。片面追求"快速致富"，片面追求"短高快"，是很多

个人投资者的通病。但我们必须明白，任何投资行为都存在一定的风险，投资者只有在了解自己、了解市场的基础上做出适合自己的投资决策，才是对自己负责任的表现。任何盲目听从他人意见或"随大流"的行为，非但不能降低投资风险，反而容易给自己的投资带来更大的损失。

轻易听从他人意见、盲目跟随市场热点，也是投资者对自己的判断、决策能力缺乏自信的表现，而要想树立自己对投资决策能力的自信，投资者就必须学习并掌握相关股票、基金、债券和保险等投资理财知识。同时，平时也要多关注国际国内的重大政治、经济事件，多和周围朋友沟通一些投资技巧（而非直接跟随他人的投资动作），学习和汲取别人身上的一些经验教训，做到过滤后为我所用，形成适合自己的投资风格，配置适合自己资产状况和风险承受度的投资品种，而不要和别人去盲目攀比。

最后，"投资要自主决策，自担风险，自享收益"，这三个"自主"我们必须记牢。如果跟随别人、听了别人的消息去投资，亏了也不能怪别人。

4. "债"的悲剧：失衡的杠杆

☆ 金钱是什么？金钱是浇花的水。浇得适量，可以使花木健壮，繁花似锦，花开四季鲜艳夺目。浇得过量，就使得花木连根腐烂。

☆ 金钱会从那些不懂得管理的人身边溜走。对于拥有金钱而不善经营的人，一眼望去，四处都有投资获利的机会，事实上却处处隐藏陷阱，由于错误的判断，它们常会损失金钱。

生活在上海的倩倩夫妇是新婚，意外怀孕打乱了家里的一切财务计划。恋爱时，小两口就买下了一套一室一厅的老房子，总价60多万元，首付20万元，贷款40多万元，每月还款3000元，每月租金收入2300元。到结婚的时候，一室一厅的房子明显偏小，于是两人又动用了双方父母的几乎全部积蓄，买下了一套98平方米的两房一厅，首付60万元，贷款80万元，每月还款5000多元。

尽管背着每月8000多元的还贷，但这对小夫妻以为咬咬牙还是可以承受的。两人每月税后收入共10000元左右，加上那套小房子2300元的租金，基本上还是可以有4000元可供两人生活。

但婚后不久，倩倩发现怀孕了。因为倩倩怀孕反应过大，而且有些出血，医生建议在家至少休息两个月以保胎。怀孕满三个月后，倩倩身体还是感觉很累，于是只好病休在家。一直到现在，孩子已经三个月了，倩倩还没有去单位上班。

当初因为倩倩的怀孕和病休，家里月收入一下子从12300元下降到了8300元。因为当初买那两套房几乎动用了小两口和双方家庭所有的积蓄，所以倩倩他们的财务状况瞬间捉襟见肘——家庭月度总收入还掉房贷后就没有剩余了，手里只有5000元左右的现金，根本没有任何回旋的余地。大家商量下来，只能把那套一室户卖掉了，不然家里的经济状况无以为继，甚至连基本生活都过不下去了。

但因为全球金融危机的影响，大家对经济的预期都比较悲观，房价也开始有一点下跌的趋势。但是没办法，倩倩的老公只能在各家房产中介那里催一催，终于把那套小房子出售了。扣除所有税费，净到手69万元，还算小赚了几万元，但比他们的预期要低不少。

不仅仅是倩倩夫妇，现在很多的年轻人（包括他们背后的家长）都成了为房子而活的"房奴"一族。他们月收入的70%甚至更高比例都用于供房子的按揭贷款，不敢出去旅游，不敢去好的餐厅吃饭，更别提

奢侈消费了。

究其原因，房价高是一个原因，但更重要的是一个主观因素，是因为他们过于"自信"，负债比例过高。过高地运用银行贷款，让他们通过杠杆享受到了房价上涨的好处，获得了不少的资产增值收益。但也令他们的家庭财务状况"危机四伏"，一旦有什么风吹草动意外开支，就会很难应对。而与此相反的是另一种现象：因惧怕负债而错过了投资的时机。

林先生和妻子月收入大约能达到12000元。2008年6月，林先生将金桥的一套房子卖掉，净得82万元，家庭总资产达到102万元，无负债。此后，他们搬到源深体育馆的一个小区，花费3000元租了一套两室一厅的房子。此时，该小区房价约16000元/平方米，如果购买一套88平方米的房子，总价约145万元。林先生的太太建议买下这样一套房子，毕竟有孩子了，以后上学要划学区。但林先生说，他不希望总负债超过50万元，如果买145万元的房子，首付70万元（家里留一部分资金），那么还要贷款75万元，每月还款额要5000元左右。林先生觉得太高。

结果，时不我待。转眼到了2009年7月，该校区房价已经涨到了2.1万元/平方米，林先生夫妇那套目标房已经涨到了180多万元，距离林先生的目标反而更远了。还花掉了林先生一家36000元的现金（房租）。

像林先生这样过于保守，在自己能力范围内却不愿意合理举债的人士，一旦错过了利用银行杠杆做巧妙投资安排的机会，可能也就意味着错过了让财富较快速膨胀的机会。如果是太过保守的人士，在对待"举债"的问题上就要稍微积极一点，在对自己未来的收入有自信的前提下，使用一点银行贷款，既增加了自己的可支配资源，也可以积累自己的信用。只要在一个合理的负债范围内，"让银行为自己打工"，可以算是上上之选。

而对于盲目多度举债的人士和家庭而言，在申请各类贷款之前，最好能衡量一下自己的还款能力，看看是否在自己的可承受范围之内。比如，房贷占收入的比例为多少方是上限？银监会 2004 年曾经公布了一个《商业银行房地产贷款风险管理指引（征求意见稿）》，其中规定，单笔房贷的月支出须控制在收入的 50% 以下，于是，我们可以把贷款额不超过收入的五成认为是一种"度"。如果超过了这个"度"，我们就不认为这是个积极的理财行为，而是有风险的理财行为了。

同时，月还款与收入的比例还要计算全面。月还款额不止包括了你的房贷的支出，最好也将你的车贷、信用卡前款以及其他消费贷款的支出计算在内，得出的数值再和"50%"这个最高限额比较。

当然，"房奴"还可以进行财务调整以缓解眼前压力，而不一定要向倩倩夫妇那样将第一套小房子卖掉。比如，可以更改还款方式，如原来的等额本金无法承担，可以改为等额本息的还款方式，或者采用月公积金冲还贷方式减轻月供的压力。还可以延长还款时间，如把原来 10 年还款期修改为 20 年或 30 年，就可以减轻目前的还款压力。还有一招就是想办法提高收入，使还款占月收入的比重降低，达到合理负债的范围。

5. 温柔一刀：信用卡分期的潜在风险

☆ 信用卡免息分期付款并非免费的午餐，而是甜蜜的陷阱。一次"喜刷刷"，多月"长戚戚"。

☆ 敬爱的用户，本行郑重提醒：信用卡分期付款逾期也要缴纳滞纳金。所以分期付款也要按时还款，否则，不仅不能免息，还要交罚息。

"我上月对信用卡账单金额中的 6000 元申请了分期还款，分六期每期不是应该还 1000 元吗？怎么还要多收我 36 元呢？"因为购买了新款手机，仇晓的信用卡欠款总额超出了她的还款能力，在听说分期还款免息后，她兴冲冲地申请了，没想到，次月收到的账单中"账单分期"一项显示需要还款 1036 元，多出的 36 元可把她弄糊涂了。

在拨打信用卡客服中心电话后仇晓才明白，原来信用卡分期并非"免费午餐"，表面看似不收取利息，实际上却有一笔手续费需要申请人负担。仇晓申请分六期还款，每期需要支付手续费 0.6%，也就是 6000×0.6%＝36 元，而她此笔分期还款的总成本是 36×6＝216 元。

信用卡中心推出的"免息分期"业务让不少持卡人误以为可以零成本分期还款，如果真有这样的好事，可要比申请贷款方便、优惠许多了，不过，银行可不会这么"傻"，分期还款的利息的确能免，但手续费却不能免。

免息分期还款主要有几种类型，一是对账单金额进行分期，持卡人在申请时卡中心会做一个考评，可能只对账单中的一部分金额予以分期还款；第二种是对单笔大额消费进行分期，只要满足卡中心规定的单笔消费下限，就可以提出申请；还有就是在银行的合作商户消费，可以直接刷卡分期。

我们不妨借用仇晓的例子算算分期还款究竟成本多高。表面上看，她分期还款的费率是每月0.6%，一共不过3.6%，但这一算法忽视了货币的时间价值。从附表中我们看出，未来6个月中，仇晓每月需要归还欠款本金1000元，占用银行的资金将逐步递减，而她所要支付的手续费却没有因此降低，无形中使得借款成本逐步提高。

当然，我们不能忽视分期还款的益处。对于短期还款压力较大的持卡者来说，选择分期还款总要比被银行罚息、影响信用记录强百倍。即便在支付能力尚不充足的情况下，分期还款也能使持卡人买到心仪的商品，这不正是其优势所在嘛。只不过，持卡人需要根据自身的需求来做出选择，不要被表面的"免息"所误导。

另外，如果在银行的特约客户直接做分期还款，应先对商品本身的价格做个横向比较，可能打着"免息、免手续费"旗号的同时，商品原价已经被抬高了，这对消费者来说又怎么能称得上划算呢？

6. 因小失大：为了赠品买商品

☆ 一只猴子，抱了满怀的果子。眼看地上还有一颗，它对着怀中所有，犹嫌不足，因此弯腰想要再捡地上的果子时，却让已有的果子掉落一地。

☆ 人，都有贪小便宜的念头；不过真正想贪小便宜的常常因小失大，得不偿失。

晶晶打电话邀朋友陪她去购物，"刷我的信用卡在联名的百货公司购物，满 1000 元、2000 元、3000 元、5000 元都有奖品赠送，而且正好是我原本想买的呢！前几天我已经去过一次了，赠品是一套床上用品，可我还想要一套小型储物盒，你有空就陪我一起去看看吧。"

晶晶年初刚和未婚夫一起买了新房，现在正是忙着买这买那布置新房的时候，只要看到百货公司购物返礼活动她都特别来劲。"平时自己买套床上用品少则几十元，多则几百、几千元，这次百货公司送的可是名牌，不就等于省了很多钱嘛。"晶晶盘算着，如果再获赠一套小型储物盒，就等于又省了一两百元。

不过，为了得到赠品，晶晶可要先消费满一定数额，她的名牌床上用品是消费 3000 元后获得的，而如果想要那套精美的小型储物盒，就必须再消费满 2000 元。由于一些商品不参加此次活动，例如化妆品、家用电器等，所以晶晶选择的范围也就小了不少，基本局限在服饰、鞋帽方面。这不，她第一次消费的 3000 多元就是买了两条裙子和一双鞋，"虽然已经有很多衣服了，但总是要穿的嘛。"

商场、银行冲着消费者喜欢"便宜"、讲究"省钱"的特点，推出千姿百态的促销手段，面对这些诱惑，我们可要冷静再冷静。为什么这么说呢？我们不妨先为晶晶算笔账。晶晶所获得的赠品包括一套名牌的床上用品和一套储物盒，估计总价值最多不会超过 800 元，而为了获得如此价值的赠品，她必须消费满 5000 元。实际生活中，我们很少有如此精准的消费，一般都会超支一些。可见，为了这几百元的赠品，我们起码花上 5 倍甚至更多钱，这样的买卖到底是否划算呢？

其实，为了需求而购物无可厚非，但关键是这个需求是商品本身，还是附带的利益。像晶晶这样为了得到床上用品、储物盒而消费几千元，购买本来并不急需甚至可能没什么用处的东西，就有失妥当了。这样的消费者就有如"买椟还珠"寓言故事里的主人公一样，花了大价钱买了宝贝，却不要里面的珠宝只是相中木盒子。其实，包装盒再精美、附赠品再诱人，都是不值得的。理清这笔账后，我们发现晶晶还不如直接花上几百元购买床上用品和储物盒，也不会因为 5000 元信用卡欠款造成还款压力了。

为了积分而购物也是消费者常常陷入的误区。银行常常会推出"单笔消费满××元，消费满××次，可以用××积分兑换指定礼品"的活动，或是"在×月×日至×月×日期间，消费满××元，就可以免费获得××大礼"。往往这些时候，我们刷卡消费的目的不在于买下我们需要的东西，而是为了之后的兑换资格、获赠礼品，如此一来不就可能因小失大了吗？

消费、购物总会需要一些冲动，但不能太多，过多就可能失策。面对商场、银行推出的优惠活动，我们应该先算算性价比如何。平日最常见的是消费打折、价格直减的形式，过年过节时优惠幅度会很大，这时候我们不妨先问问自己商品是否实用，是不是已经有同类商品了，不然买回家"晾"着也是一种浪费。

还有是"满××送××"活动，这类活动的规则非常多样，消费者应该先问问哪些商品参加活动，使用细则又是如何，不然到手的返金券

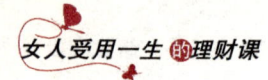

用不掉，或是一定要再消费满××元才能抵扣，就会在无形中增加消费金额和成本，显然很不划算了。对于消费赠礼、积分赠礼之类的活动，我们觉得是"可遇不可求"的。如果正好消费满了指定金额，或是原本想买的商品积分只差一点点，那么补个差价换个礼品倒还不错，但是为了礼品而消费就未必明智了。

　　总之，省钱之道并非买了便宜的商品、享受到折扣优惠，或是获得难得的礼品，而是把钱花在真正实用的地方，尽可能多地满足实际需求。

Part 5
一些过日子的小学问

　　古巴比伦曾与中国并列四大文明古国，创造过人类历史上璀璨夺目的文化，还一度享有全世界首富之都的盛誉。这片原本贫瘠的土地是在古巴比伦人的辛勤劳动和理财智慧下才逐步成长起来的。

　　在这里，人人都懂得金钱的价值，明白理财的智慧，还充满着如何让人逐渐摆脱贫穷走上富裕之路的种种实用技巧。在古代巴比伦人的眼里，致富的秘诀其实很简单。首条金科玉律就是：你要学会从赚来的钱中省下钱来。如何做到这一点呢？这就牵涉过日子的学问。

花钱花在刀刃上

女性是天生爱美的。在现实生活里，很多女性朋友都会希望：走过少女时代后，自己能成为打扮入时，手头宽裕，可以照顾家人，而且全身散发着优雅魅力的成熟女性。不过显然，这种美丽而自在的生活是需要用钱来做基础的。为了将来的幸福生活，请记得巴比伦富翁的致富秘诀：用收入的 10% 养活你的"金母鸡"。也就是说，你至少要将收入中的 1/10 存起来，长此以往，你的钱包很快就会鼓起来。但是，在当今社会里，很多女性并没有这样的习惯，她们总在不知不觉里花掉了自己的钱。要做一个漂亮而聪明的女人，就必须把钱花在刀刃上，为自己的幸福加分。

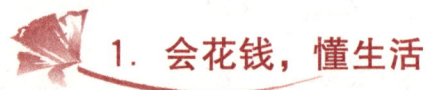

1. 会花钱，懂生活

☆ 会花钱的女人是天鹅，不会花钱的女人是土鸭。

☆ 女人花钱要讲究一个"会"字，不能谁的钱都花，也不能不管家境随意挥霍，也不能只给自己花。这个度要拿捏住，多一分则滥，少一分则亏。

有人说："会花钱的女人才是好女人。"这与传统观念大相径庭。在人们的普遍认知里，只有会省钱持家的女人才是会过日子的女人，才是标准意义上的"好女人"。那为什么现在开始有另一种观念兴起呢？

事实上，在那句话的语境里，"会花钱"的具体含义为"懂得花钱"。这种女性不会被商家的巧舌如簧所蛊惑，也不会为广告的五彩缤纷而冲动，她不会因为刷卡付费就没有花钱的实感，也不会看着别人的美妆彩衣就去血拼来盲目攀比，她不会买样东西只用一两次就束之高阁，她更不会经常懊悔地看着自己的银行账户。显然，处在一个消费的狂欢时代，要做一个会花钱且花得清醒的女人需要极高的判断力和卓越的自制力。如果你是一个会花钱的女人，你应该为自己感到骄傲无比。

杨蕙蕙搬过好几次家，房子的面积越来越大，而她在装修和布置上的经验也越来越多。在她看来，居家过日子，大宗耐用消费物品是家居布置里需要重点考虑的问题。比如厨房卫浴、五金用品，很多都是长年使用、更替不便，所以要求一次到位，以免日后麻烦不断。

合理消费的秘籍之一就是把钱花在大宗耐用消费品上。在这一块上要舍得花钱，要买牌子硬、质量好的。价钱比同类产品高也不用多计较。还有冰箱、洗衣机等家电也值得投资。有些产品虽然便宜，但质量或售后服务上口碑却不怎么样。毕竟这些东西的实用年限不会短，与其将来劳心劳力再花修理费，不如从开始就最大可能地排除隐患。而相对来说，像电视、数码相机等电子产品更新换代非常快，淘汰率也高。只需要买中档价位的，以防价格不断跳水贬值。

钱如何花才能既提高生活品质又不导致浪费，这是一门学问。尤其在中国式家庭中，女人大多是家中的"财务大臣"。大部分的家庭琐事都需要女人操心安排，女性自然成为了消费市场的主导力量，她们不仅对自己需要购买的物品具有决定权，也是家庭生活用品的主要购买者。而会花钱的女人懂得哪些应该花、必须花、花得值，哪些不该花、没必要花、花得冤。

另外，在形象工程上投入相当的精力，添置一些为个人气质绝对加分的单品也是很多女性朋友的选择。她们同样属于会花钱、懂生活的女

人。

在职场打拼多年的林毓认为，"男人看表，女人看包"已成商场潜规则。名牌手袋虽造价昂贵，但使用率高，出得了场面。而今，各大奢侈品牌对于这一单品的重视日渐突出，各种设计精品层出不穷，你完全可以好好挑选一个符合你个人气质和职业风格的。类似适合投资的单品还有大衣、眼镜等。而在另一方面，在套装上则不必投入太多钱。除了少数正式场合，套装的使用概率极低，基本处于"半隐退"状态。通勤装倒是流行，且各场合皆宜，常换常新，且不是奢侈品。

就日用化妆品来说，她的经验是：眼霜、精华素、粉底液这些直接关系到肤质维护和妆后的整体效果，所以务必在适合的基础上多买好品牌，而眉笔、眼影等修饰性的化妆品则无须花费太多。

对于先生的着装，林毓同样有自己的一套见解。她认为，除了重视皮件外，男人的着装可少而精，没必要在款式的新颖上多做追求。她为先生打理衣服时，基本遵循这样的标准：正装里选购款式颜色兼顾各种场合的经典装，可以撑起体面；休闲装中偶有亮色，可以体现品位。总之，在她眼中，会花钱的女人就要扮靓自己和家人，内外都要凸显高品质。要做到这一点就要艺术地把钱花在特定的单品上。

会花钱的女人不仅能使自己显得内外兼修，进退得宜，也能将家人的生活打理得井井有条，品位和品质兼具。那么不会花钱的女人呢？"不会花钱"有两种可能：无计划性的花钱和节俭过度的不花钱。前者代表着不懂得如何花钱，这样的女性消费观念非常盲目，买东西多是兴之所至，心情就是其消费欲望的指向标，而对商品本身的实用性并未给予充分关注；而"不花钱"的女人有的是习惯使然，有的是因为囊中羞涩。节俭过度必然会导致人的生活品质下降，甚至于丧失很多生活的乐趣。还有因"没钱"而压制住的"不花钱"，这种欲望一旦爆发，那可能就是另一场灾难。

除了将钱花在实用性高的商品和形象必备的品牌上，会花钱的女人对"情感型消费"也是毫不吝啬。她会根据实际情境而做点情感型投资，也有基本的纯感性消费，比如时不时买束花装点卧室，比如家人遇到不顺心的事而为了哄人开心而消费。而且也并非只有大笔的金钱支出才能收获高品质的回报。会花钱的女人同样懂得一些低投入高回报的生活方式。

在城市生活久了，有时就会想要逃离这样一座钢筋森林。偶尔享受一把田园牧歌式的生活会让人的心情彻底舒缓下来，心境也为之开阔不少，对身体也大有益处。李玫就是这样一个崇尚健康的都市白领。她的作息非常规律，每日早睡早起，定期健身。周末得闲，就为家人煲靓汤，熬杂粮粥，带家人去采摘、爬山、摄影、旅游，一年到头全家老少健健康康、其乐融融。她觉得，相对于那些高级娱乐场所，她更倾向于自然。这样的生活不仅省钱，而且健康愉悦，还能有充分的时间和家人相处，是真正的"高收益投资"。

会花钱的女人并不是一味享受奢侈带来的愉悦，她们并不追求高价的标签，她们追逐高端、大气、上档次的生活。会赚钱的女人是能干的，会花钱的女人是聪明的，因为赚钱是一门技能，而花钱是一门艺术。

2. 三思而行，花"对"的钱

☆ 一粥一饭，当思来之不易；一丝一缕，恒念物力维艰。

☆ 装阔不在于花钱太多，而在于挥霍失当；吝啬不在于花钱太少，而在于节俭失度。

我们的生活一日也离不开钱。各种消费行为发生在世界的每一个角落。正因为"花钱"是如此频繁而普遍的动作，一个真正的"财女"就更应该意识到：如何花"对"的钱，是一个非常严肃而关键的议题。

小冯最近搬家。入住新居后，她邀请朋友们到家里来玩。整个家居布置的环境典雅而温馨，朋友们纷纷表示赞赏。当得知她的装修花费后，他们惊叹了。"怎么这么便宜？比我家当初少花了近两万块，而且整体看着还是你家布置得更舒服。"心直口快的小陈问道。

小冯笑着解释："这里很多细节都是有考虑的。你们现在坐着的组合沙发和天花板的灯饰都是我在网上团购买的，整体打了七折；卧室里的矮柜是旧家具，不过重新刷过漆，看上去就像新的一样了；刚刚我们吃饭时用的那套骨瓷餐具是在外贸小店买的，和商场展柜里的一样，价格却便宜了差不多一半……"

大家听罢，对小冯佩服不已。

生活里的很多支出是不可避免的，如何花得正确，花得物超所值，就需要你像小冯一样三思而行了。很多女性相信自己的精明和直觉，但往往在大额消费的筹划中显得捉襟见肘。以家居布置为例，如何在有限的预算里，获得比较合意的效果呢？以下是一些小技巧，也许会让你茅塞顿开，灵光乍现。

第一，不要为了"品位"而追求高档家具。买全套的北欧家居是没必要的，细节之处才能看出一个人的品位。平时多看看生活类的电视节目，相信自己有一双巧手。旧家具有很多只需经过重新粉刷和改装，变废为宝指日可待。

第二，组团购买。一般而言，单件购买的东西总要比成批购买的东西贵许多。因此，相同性质的家具，如橱柜、灯饰等，如能在一家店里购买，老板一般会给相对高一点的折扣。同样，约上有同样需求的同事或朋友一起去买，或在网上参团，也能以数量上的优势赢取折扣。

第三，在柜类家具后面节省建材。在有大面积遮挡的情况下，处于隐蔽处的建材可以用相对低档一些的材料。如墙面瓷砖，在放置固定家具的位置可铺设较便宜的地砖，而在露出来的地方用材质相对好的瓷砖，这样一来就可以节省不少不必要的开销。

除了像家居布置这样大宗的消费外，日常生活里的开支也处处充满着学问。毕竟它与我们的生活息息相关，虽然单笔的消费数额不大，可因为消费频率高，也值得我们重视。正像《朱子家训》里所说的："一粥一饭，当思来之不易；一丝一缕，恒念物力维艰。"

楚云在搬入新小区后，很快就加入了一个以社区为单位的QQ群。群里的组员都是主妇，大家以门牌号作为昵称。每天晚上，各家主妇都能在群公告栏上刊登，自家这月、这星期乃至明天，需要的米、面、油、水果、蔬菜、手纸之类的生活必需品，有需要的就在后面自愿跟帖报名，达到一定数量后就轮流选一人集体去批发。楚云很快就适应并喜欢上了这样的批发购买方式。因为这不仅省了大批的开销费用，还节省了很多时间和精力。

超市购物是不少女性朋友青睐的消费方式。不少生活区里大中型超市，不仅东西全，质量和售后有保障，而且价格适中，分量公道，是日

用品采购的理想选择。像楚云加入的 QQ 群显然就是主妇们为了省钱、省时、省力地购物而想出的妙招。此处还有一些方法推荐，相信你可以举一反三，融会贯通。

第一，列清单，作对比，择优选购。在购买之前，可以将最近准备购买的货物列一个清单，然后在近期超市寄来的促销商品的宣传单上仔细对比，寻找同一天里价格最便宜的商品，或者同种商品价格卖得最便宜的商品。在促销期内的商品，价格的差幅达 6%。虽然有些麻烦，但久而久之能省下不少钱。

第二，分类购买，数量多少因物而异。像洗衣粉、沐浴露等对保质期要求不高的商品尽量买家庭装，因为大包装的价格往往更为划算一些。一个月至少省下几十元；而像食品之类的打折商品则不要贪多。因为对保质期有较高的要求，吃不完反而浪费，更不要为了赠品而勉强凑单，得不偿失。

第三，把握时间，赚取差价。一般来说，大型的综合类超市，食品专柜里的熟食，每天打烊前为了避免食物久放影响销售，都会提前几个小时打折促销，你只要熟练掌握时间，完全可以买到质量放心、物美价廉的熟食，而价钱却比正常销售便宜了许多。一般熟食的正常保质期都有 2~3 天的时间，完全不影响正常食用。而一些面包、馒头，也会在一天的固定时段降价销售，你若是掌握了这个规律，完全可以借此机会买进。

现在你应该可以逐渐体会到：花"对"的钱，需要你周密考虑、谨慎选择。只有注意细节、多尝试，你才能找到自己的消费之道，而不至于让"消费"沦为"浪费"，更不会在消费后再痛苦地去"销废"。

3. 丰衣足食靠自己

☆ 知道什么是最好的吗？自己煲的汤和自己做的面膜，还有充足的睡眠。

☆ 爱上 DIY，给生活加点糖。

柯怡在自己家的阳台放了很多盆盆罐罐，里面是各种各样的种子。清明前后正是点瓜种豆的时节。她总是会到花鸟市场去买一些肥料，到乡下挖回一些土壤，放在废弃不用的罐子或陶盆里，随意地撒上一些青菜、白菜、菠菜的种子，过上十天半个月就会有绿油油的蔬菜冒出来。因此，柯怡家的餐桌上基本每天都有无污染无公害的绿色蔬菜。大家吃得开心又放心。

最近她还在计划把自家阳台改造成一个微型蔬菜大棚。搭上架子，在里面种上微型品种的黄瓜、西红柿、南瓜等蔬菜瓜果，闲暇时候，既舒展了筋骨，又保证了自家的蔬菜供应，省钱不说，自己辛勤播种收获的菜，吃起来还别有风味。

商场里卖的绿色健康食品价格极其昂贵，而像柯怡一样自己动手，花上少许工夫就能有所收获。可见，新节俭生活方式不需要刻意追求，居家自己动手，就完全可以做到。在食物上类似的还有，自己动手酿酒、腌制泡菜等，你可以充分发挥你的创造性和动手能力，成本低却会有令人惊喜的回报。各位"财女"们，零食、外卖等费钱又无营养的垃圾食品还是尽早放弃吧，种下一颗种子，收获绿色生活。

DIY，即 Do It Yourself，"自己动手"不仅可以成为一种省钱方式，更可以成为个性的艺术，生活的时尚。DIY 的快乐生活已经被探索出了

多种形式：

第一，旧衣改造。旧 T 恤可以剪缠成色彩艳丽的编织拖鞋；牛仔面料的旧裤子可以剪贴成拼布靠垫；素色的单衣加上布艺烫画瞬间焕然一新，个性十足；旧毛衣在简单地改造后可以蜕变为时尚的韩式围脖……这都是心灵手巧的"diyer"们自己摸索出来并展示在网上的成品。看到这些，我们还有什么理由把衣柜里的旧衣服继续扔在那里睡觉？其实要做一个旧衣改造达人并没那么难，花点心思，多多参考能人们的经验，你一样可以！

第二，手工礼物。我们在很多时候都需要送礼。可市场上的礼物不仅昂贵，而且常常千篇一律。你不妨尝试自己动手制作，不但可以让你体会到创造的乐趣，还可以让家人和朋友感受到你独一无二的心意。记住用手边现成的材料做，尽量不要买多余的东西。尤其是包装。比如，亲手烤制的曲奇饼。用保鲜膜包好，放在纸盒子里，用缎带打上蝴蝶结。简单、有诚意而不乏意趣。

第三，自制饰品。家中的装饰品买回来时很光鲜。但很快就会变得陈旧暗淡，毫无光彩，无法再给人以视觉和心理上的新鲜感和愉悦感。这时，不少兰心蕙质的女孩子会选择自己制作，比如用干花制成的壁画，用牛仔纱布制成的屏风，用红酒瓶改造的田园风花，用吸管编成的插花，用易拉罐改造的笔筒。这样既能常常翻新居家环境，又不失为一种放松心情的途径。

和大多数女孩子一样，魏悦从小就喜欢美丽的东西。一个鲜艳的蝴蝶结，一件漂亮的花裙子，或者是一方与众不同的小手绢，都会让她兴奋不已。那时她就很佩服做出这些漂亮东西的人，希望有一天自己也能像他们一样。

长大后，她开始试着做一些简单的东西。第一件作品是一个用旧衣服改造的双肩背布包。衣服的面料很好，暗红色，有着闪亮的光泽，很挺括。经过她一天的琢磨和剪剪缝缝，才算完工。这个布包她现在还留着。而现在，做布艺已经成了她业余生活的一部分。去书店时必定要找一找布艺方面的书。在布店看到漂亮的布料就难以自制！大到家里的窗帘、枕套、靠垫、小到笔袋、零钱包、钥匙包，她都喜欢做得与众不同。

每件作品从选料到构思，从裁剪到缝制，都需要全身心地投入。在制作中她常常忘了一切烦恼和琐事，心里眼里只有那些花纹和布料，只是盼着快点看到完工后的效果。她说，成品出来后，有说不出的愉快和成就感，能保持几天的好心情。

第四，自制化妆品。专柜里的化妆品总是标价不菲，可是有很多敏感肤质的女性还不一定适合，常常花了冤枉钱，又达不到"悦人悦己"的效果。这时不妨尝试一下纯天然的自制化妆品。例如，米糠磨成粉涂在脸上可以控油，西红柿绞碎敷在脸上可以淡斑，用蜂蜡可以自制唇膏，用面霜加上二氧化钛粉可以制成隔离霜，用茶叶袋敷眼睛可以改善黑眼圈。

当 CPI 涨幅远远超过你钱包中零花钱的上涨速度时，DIY 的黄金时代就来到了。如果你还再为绿色食品的高价而咋舌，为一份独一无二的礼物而绞尽脑汁，为室内设计的样板化而不满，那不如就试试省钱而时尚的 DIY 吧，Do It Yourself 也是一种明朗的生活态度！

节俭而体面地生活

节俭应该是聪明女人的持家之道。滴水穿石的道理每个人都懂。可真正实践起来，你又会茫然无觉。也许你现在节约的是一分钱、一张纸，但是一旦你养成了节俭的习惯，那么很多东西都会融入你的潜意识，成为你生活的一部分。随着时间的累加，你一定会发现从量变到质变的这个过程，你的生活和心态都发生了相应的变化。

节俭并不意味着寒酸，也不是一毛不拔。它是一种让资源利用最大化、让财富收支更合理的生活方式。节俭也可以过得精致而体面。因为节俭并不是降低你的生活质量，以必需品的短缺为代价来换得财富的留存，而是将所有不必要的花费都合并删除。节约一块钱实在是比挣一块钱简单多了。

 ## 1. 细沙也能聚成塔，资源挥霍不可取

☆ 精打细算，吃穿不愁；粗茶淡饭，细水长流。

☆ 常将有时思无时，莫把无时当有时。

☆ 侈不可极，奢不可穷，极则有祸，穷则有凶。

曾有这样一句公益广告语："不要让最后一滴水成为我们的眼泪，不要让最后一片绿洲变成沙漠。保护地球，珍惜资源，也就是在保护我

们的孩子和未来。"资源的消耗与我们的日常生活息息相关。节约资源不仅是环保的需要，也是合理消费的需要。如果女性朋友们自觉选择一种绿色节能生活，那么你会发现益处多多。

通过以下一组数据对比，你会发现节能型家用设备和普通型号之间的区别。

灯泡：一个普通 40 瓦白炽灯泡 1.5～3.5 元，同样亮度的 8 瓦节能灯管在 10 元左右。按日照明 6 小时计，8 瓦节能灯每年可节电 70 度，一年可节约 40 多元。若考虑使用寿命，省钱能力更强。

电冰箱：一般而言，在材质相同、容积相同、功能相同的情况下，一台节能冰箱的单价要比普通冰箱高出 300～800 元。但是，每日耗电 0.5 度的节能冰箱与耗电 0.9 度的普通冰箱相比，一天可省 0.4 度电，一年可省钱 89 元左右。

空调：目前在相同规格下，普通空调和节能变频空调两者的差价不过几百元。按夏冬两季共运转 120 天，每天开机 5 小时计，功率 2500 瓦、能效比为 3.0 的节能空调与能效比为 2.5 的普通挂式空调比较，一年可省 180 多元，节能空调比普通的 1.5P 挂式定速空调每年可节省 120 元。

洗衣机：相同容量下，节水洗衣机与普通洗衣机差价 500 元左右。以 5 公斤容量、平均每周洗三次计，一年可节水 7.2 立方米，节约水费 12 元左右。

马桶：国产 6 升抽水马桶价格在 700～900 元，中档的 3/6 升两用马桶价格在 750～1100 元。以 3 人每人每天冲水 5 次计，6 升比 9 升马桶每月可节约 2.24 元，用双键的一年可节约 27～40 元。

千万别小看这些不起眼的数字，聚沙成塔、集腋成裘的道理大家都明白。节能型产品在买的时候可能比同类产品要高一些，但实际运用后却为你节省一笔可观的开支。尤其是使用年限越长的产品，其节约的效

益越可观。当然除此之外，还有一些家电使用的小窍门可以帮助你实现绿色生活的目的。

第一，空调节能小贴士：夏季每调高1摄氏度，空调机最低每天可节约0.5千瓦时，夏季空调温度每天设定在26～28摄氏度，可以节省不少电费；夏季采用窗帘遮阳可降低室内温度，空调与低速运转电风扇配合使用能节电；空调机使用期间，每月至少清洗一次室内机过滤网，定期请专业人员清洗室内和室外机的换热翅片，可以大大节省空调用电量；空调室外机安装雨篷会影响散热，会增加电耗。

第二，冰箱节能小贴士：根据季节，夏天调高电冰箱温控挡，冬天再调低，及时清除电冰箱结霜。电冰箱周围留有足够的通风空间，远离热源、避免阳光直射；食品应冷却至室温后再放进电冰箱。水果、蔬菜洗净沥干后，用塑料袋包好再放入冰箱；为避免电冰箱压缩机增加启动次数或运行时间，存放食物容积不超过80%为宜。

第三，洗衣机节能小贴士：衣物集中洗涤，洗涤前将脏衣物浸泡约20分钟；少量小件衣物尽可能手洗；选用优质低泡洗衣粉，减少漂洗次数；按衣物的种类、质地和重量设定水位，按脏污程度设定洗涤时间和漂洗次数，既省电又节水。

第四，电风扇节能小贴士：电风扇的耗电量与转速成正比，最快挡与最慢挡的耗电量相差约40%，多用中、慢挡转速的和风或微风。功率大的电风扇，耗电多；尽可能选择小功率的电风扇。

第五，电饭锅节能小贴士：使用电饭锅煮饭时，把米淘洗后浸泡10分钟后再煮，可以省电；电饭煲煮同量的米饭，700瓦的电饭煲比500瓦的电饭煲更省时省电。

除了大功率的电耗外，生活中还有很多细节可以为我们节约资源。聪明的"财女"们要记住了：节能的内涵就在于明智地利用我们身边的一切资源。

节约每一张纸：少用纸杯、抽纸，尽量用手帕；打印纸最好用双面打，或者一面打完，另一面作为草稿用。

节约每一滴水：厨房安装节水龙头和流量控制阀门，这样就能根据住房的自来水压力，合理控制水流，达到节约用水的目的。卫生间采用节水洗浴器具；缩短热水器与出水口的距离，对热水管道进行保温处理；准备一个或多个水桶用以盛装洗菜淘米等用水，可以用来冲厕所、浇花等，做到一水多用。

节约每一度电：电脑启动或电视打开后，如果半小时内要继续使用最好不要关，因为重启会耗费大量的电；光线充足时，开灯能用一盏，不开多盏；选择能调节灯光明暗的灯具；安装分时电表；10 点以后开空调、启动洗衣机；使用保温电热水器每晚 10 点后烧水，可保温 24 小时，确保次日清晨有热水使用，电费还能节约一半。

总而言之，节能应该成为一种意识，贯穿到你生活的方方面面、边边角角。俗语说："行船靠掌舵，理家靠节约。"节能生活不仅是一种节俭持家之道，也是一种绿色时尚生活。

2. "拼客" 生活亦尽兴

☆ 买车太贵，挤车太累，不如拼车实惠。

☆ 拼客宣言：我们一起拼吃、拼喝、拼玩、拼乐，就要拼出快乐生活！好酒、好菜、好友兼备，才是生活的华美盛宴。

大都市里有这样一群人，由于城市生活成本太高、压力太大，他们找到了一个少花钱多办事的好方法。生活中很多事情他们都会找人来

"拼"。这个"拼"意味着分担、合在一起的意思。他们"拼房""拼饭""拼卡""拼班"……他们有一个共同的名字叫作"拼客"。

有心省钱的"财女"们，如果你想分摊成本、共享优惠或者结识一些朋友并从中享受快乐，那么不妨选择这样一种时尚共赢的新型生活方式。就像拼客网站上的宣言：我们展示的是一种精明与节俭的生活理念，追求的是足金足量的生活品位。

逢年过节，许多知名品牌都会搞一些促销活动，往往是购买几百或几千元以上的商品，赠一些小型装礼品。品牌的价格一般比较高，一个人一次性花那么多钱不值得，但是，如果"拼购"的话，就有可能以小钱享受到大服务。

徐仪日前闲逛商场的时候发现一个化妆品专柜正在做促销："买满880赠送6件套与一个挎包"。想到不久前才在此专柜买了300多元化妆品，却没有得到一件赠品，徐仪不禁后悔。然而她又对活动所赠送的挎包特别感兴趣。最终徐仪想出了一个办法：拼购。

几天后，徐仪约上一位正好有购物需要的同事，各自列单，每人买了400多元的商品。而后同事拿了6件套赠品，而徐仪自己则如愿收获了赠送的挎包。"如果两个人分开购买，就什么礼品也得不到。大家合在一起买，不仅可以享受到更低折扣，还可额外获得赠品，何乐而不为？"徐仪说道。

商家促销时总是诱惑多多，弃之可惜。这时和他人拼单购买就有效解决了这一问题。除了拼购之外，拼客一族还有其他多样的选择。

拼书：书报亭里各色杂志价格不菲，一个月买下几本就是一笔不小的开支。于是，可以找来志同道合的姐妹们，每人买一本，大家轮流看。还有阅读倾向相近的朋友间也可以时不时地交流一下彼此的藏书，互通有无，不仅省钱，还丰富了谈资，增进了感情。

拼卡：健身卡、美容卡、剪发卡、购书卡，甚至积分卡，有很多卡办一张动辄就几百元乃至几千元。在关系比较亲密的朋友间或相熟的同事里，大家三五个人拼卡轮流使用，不仅每个人都节省了钱享受到了服务，又让这些卡"物尽其用"。

拼团旅游：跟着旅行社旅游行程比较受拘束，而单人旅游不仅成本高，还有很多安全隐患。预算有限的"财女"们如果计划着出一趟远门散散心，又不想太过奢侈，那么拼团旅行或许会是不错的选择。

姜欢是一名小学美术老师，平时工作不是很紧张，每年还有寒暑假，喜欢旅游的她便常利用这段时间出行。然而，由于家在外地，身边的朋友并不是很多，姜欢旅游时一般是"独行客"。但她慢慢发现单独旅游不但缺乏交流和乐趣，开支也相对较高。在朋友的建议下，姜欢在网上找到两个同好，三人在暑假结伴去了趟新疆。出游之前，三人早早便推选出一个"财务主管"。先由"财务主管"做旅途预算，然后三人平摊，把钱交给"财务主管"看管。这样出门时，相当于就"拼"成了一个小的自助旅游团。

一路下来，姜欢感觉异常开心。因为三人的旅行时间、地点没有约束和限制，同时比单独一人出游要节省得多。最关键的是，三人一路上有说有笑，可以说是花得省心，玩得尽兴。

当然拼客一族因为是新兴产物，在法律上还缺乏相关保障。所以大家在尝试前也要有所准备。比如"拼游"时，如果在拼车旅游的过程中万一发生交通事故，由谁来承担责任；选择"拼房"时，虽然节省了开销，但跟陌生人住在一起却也存在隐患。专家建议，拼客们在这些情况下可以通过购买保险或签署事前协议来规避风险。

3. 巧购衣，"小钱"也能穿出时尚

☆ 只要用几滴五号香水，穿上一条裙子和套头毛衫，所有的女性都可以成为香奈儿。

☆ 时尚不仅仅指服装而已，时尚存在于天空中、街道上。它和观念、生活方式以及周围各种变化都有关系。

时尚先锋可可·香奈儿曾说："我无法理解，一个女人怎么能够不稍微打扮一下就出门，哪怕是出于礼貌。而且，谁也说不准，也许那天就是她遇到命中注定的缘分的日子。为了命中注定的缘分，最好是能多漂亮就多漂亮。"由此可见，穿衣打扮在女性生活中扮演了何其重要的一个部分。它代表了一种悦己悦人的生活态度，也应该成为一种像呼吸一样自然的习惯。穿衣要时尚，这并不意味着要用时下最奢侈的潮流品牌来"堆"出你的风格。如果你懂得买衣穿衣的一些技巧，不仅能打造出专属自己的时尚范儿，还能进入一个简约而不简单的新消费模式。

第一，大众高端，组合购衣。

衣柜中要常备一些色调百搭的基本款服装。像白色、蓝色、黑色等最大众的色调，也是最保险的色系，有这样一部分颜色的打底衫，你就可以拥有一些最易搭配的服饰，在购物时，会省去为刻意搭配而额外购买的许多不必要的开支。

之后你要学会把买衣服的钱划分成几个部分，分别用来购买不同规格、不同档次的衣服，力图达到"品牌和杂牌兼有，流行和经典齐具"

的衣柜构成。比如，一部分的钱用来买经典的品牌衣服，重点是手包和鞋等配饰，配饰往往起着画龙点睛、不可小觑的作用，细微之处彰显格调，这部分的钱是不可省的；一部分的钱用来购买地摊货，这部分就要考验你的眼光了，这种大路货虽然便宜，但只要巧妙组合搭配，也会产生很好的效果。甚至于在一些品位独特的摊主手里，你还能慧眼识珠，找到一些样式别致、款型独特的服饰；再有一部分的钱用来买当季的流行服饰，时尚杂志会介绍每季自身的流行色和款式，这部分投资可以使你紧跟潮流，让自己的着装不落伍，尤其是当你的职业对你的着装有相应要求时，这部分的衣服能保证你走在时尚的前沿。

这样，既买了经典名牌，又不失时尚形象，还可以少花钱，更重要的是，来回搭配着穿，天天会有焕然一新的感觉，既省钱又有创造的乐趣，何乐而不为呢？

第二，网购名牌，降低成本。

网络上许多卖家都会售卖一些品牌服装，因为网上开店少了房租、水电费等成本，价格会比商场专柜便宜许多。如果进货渠道是厂家，将会有更多折扣。所以，钟情名牌但又想少花钱的"财女"们不妨试试网上购衣。

拿巴宝莉举个例子，新款刚上架的时候，专卖店是绝不会打折的，但网上同款的新货一般却可以打到7～8折。在高级搜索里的"在店铺中搜索"中填入"巴宝莉"，勾选"在物品名称和描述中同时搜索"和"仅搜索仓储式物品"两项，然后开始搜索，花费几分钟就能将经营巴宝莉品牌的几个网上大店铺淘出来了。有这方面需要的女性朋友们不妨用心定期浏览一下，几乎总能碰到与专柜同步上架却有折扣的新货，这时候下手是很划算的。

虽然网上的衣服已经比专柜便宜很多，但卖家肯定还是有很大利润的，这部分利润能分享几成，就要靠你的临场应变和砍价策略了。如果

机变出色，肯定还能省下不少的票子，只是需要你多动动那些灰色的脑细胞。而且如果一旦选定某个品牌，成为长期会员，你还能享受一般买家享受不到的 VIP 会员优惠。

第三，瞄准店铺，定点购衣。

女性朋友买衣服，建议多去固定的几个店铺。不仅因为这有助于你形成自己比较统一的穿衣风格，还可以因为多次购买而成为熟客。而对于熟悉的回头客，会做生意的老板一般都会不吝优惠。如果你的服装搭配很引人注目，有意无意之中给店主拉来不少主顾的话，老板会更乐意用质优价廉的衣服留住你这样的"活动广告"。所以，建议大家买衣服尽量在固定的店铺消费，时间一长和老板混熟后，一般都可以享受到比陌生店铺低很多的折扣。

此外，现在的品牌服装，都设有自己的专卖店，虽然价位比较高端，但其中的衣服无论是做工还是面料，都是比较精良的。而且品牌服装都有专业对口的设计师，很多都是以系列推出，有层次感和推广度，款式大方又不容易过时，按照穿着的概率和时间的跨度来计算成本，从长期效益来说，其实是比较省钱的。同时，专业店铺一般都有会员制，成为会员则能在购买时享受更多优惠，尤其是在新店开业、老店店庆、换季打折搞促销的时候，拉上闺密们一起购买，达到一定购买数量和金额，就可以轻松申请加入 VIP，享受品牌服装的至低折扣了。

第四，把握时机，反季购衣。

无论是服装大卖场还是小型制衣坊，新品上架的时候价位普遍较高，但到临换季的时候，为了回笼资金，在换季之前向服装厂家预订下季的服装，抢占市场，增强竞争力，商家往往会提前半月甚至是一个月的时间，采取打折的方式尽快把本季的服装出售，防止积压。而这时候的服装往往还能继续穿一到两个月，但价格最多的却可以打到 3 折。所以准备购衣的女性要伺机出手。新品上架的时候，要留心是否有自己合意的服装，等到换季打折的时候，就能在最短时间内以相对少的银子买到自己最心仪的服装！

除此之外，反季购衣也是省钱妙招，即在夏天购买去年冬季的服装，冬天购买去年夏天的服装，虽然款式会稍稍落伍一些，但价格却会被拉低不少。此时就要靠你沙里淘金了，反季时精心选购，穿的时候再和当季的衣服巧妙搭配，也不会给人留下古板守旧的印象，但钱财却不知不觉中节省了许多。

人们总会戏谑地说，女人的衣柜里总是会少了那件要穿的衣服。很多女性朋友买衣服时不惜血本，可穿衣服时总是挑不出那件在当下合心意的衣服。其实，不是衣服不够多，而是组合不够巧，你需要的不是银子，而是省钱又扮靓的种种技巧。好好观察，默默学习，努力感受，你终会找到自己的时尚嗅觉！

4. 瘦身省钱两不误

☆ 如果你不是全心全意、真心真意想要创造财富，那么你可能创造不出多大财富；如果你不是全心全意、真心真意地想要减肥，那么你可能减不下多少体重。

☆ 不管你是要当个有钱人也好，想成为一个苗条的美女也好，不付出努力是不行的，天下从没有免费的午餐。

不少女性在减肥上投入了大量的金钱与时间，然而收效甚微。针灸、埋线、减肥药、抽脂手术等，不仅耗资甚巨，还不见得能让你达到理想的效果。或者效果是立竿见影的，但反弹也是防不胜防的。那么有

没有既省钱又有效的减肥方法呢？当然是有的。有一些简单实用的方法，只要持之以恒，就能达到经济又减肥的目的。

第一，将肥大的服装移出你的衣柜。当那些标着 XXL 的衣服裤子充斥着你的衣柜时，你会陷入一种看似麻木实则自暴自弃的状态。留一两件可以替换的，将其他的移出你的衣柜，再挂上一件你觊觎已久的小号衣服。你就会受到足够的刺激来坚定减肥的决心。

第二，利用色彩的心理暗示。不同的色彩对食欲有不同的暗示作用。比如蓝色就具有抑制食欲的效果，相对地，红色、黄色、橙色则具有增强食欲的效果。所以就餐时，在桌布、餐具的选择上要留意这种色彩的暗示作用，能让你在潜意识里避开肥胖的诱因。

第三，多喝白开水，少碰有色饮料。白开水不仅有利于补充机体所需的水分，而且能帮助排出毒素，而且容易产生饱腹感，降低人的食欲。不要相信"喝水也会胖"这种说法，除非这里的水指的是有色饮料。以橙汁为例，如果经常喝橙汁，甚至以橙汁代替白水，那一年下来大概会摄入 9 万千卡热量，足以让你增重 25 磅。所以尽量避免在早餐后再喝有色饮品。

第四，三餐定时，各有侧重。规律的饮食有助于你维持体重的平衡，尽量减少外出吃饭的频率，可以避开不少高脂高热食品的摄入。早餐营养要足但维持低脂，如稀饭、水煮蛋、牛奶、生菜沙拉等都是不错的选择。午餐不要吃得过油，细嚼慢咽有助消化，也容易以较少的食物获得饱腹感，七八分饱即可，吃得过饱既加重肠胃负担又会影响大脑反应速度。晚餐吃点清淡的蔬菜即可，甜品不可碰，要避免因活动不足而堆积脂肪。当然如果你有少食多餐的习惯更好，不过零食之类的食品，还是浅尝辄止为宜。

第五，适当适时地运动能有效燃烧热量。如餐前散步 20 分钟，能够减低食欲；上下班途中尽量避开电梯走楼梯，这一点对于久坐人士尤其适用；看电视时可以踩踩室内脚踏车、跑跑步。当然即使是简单运动，也最好每次持续时间在 40 分钟以上，每星期至少三次。一切运动的关键都在于坚持，与其一天运动三小时，不如每天运动一小时，千万别以没时间为借口。记住，只要你有吃饭的时间，你就一定能挤出运动的时间。下面提供一些简单的运动方式。

第一，原地跑。室内或过道挑选一块约 1 平方米的空地，坚持每天赤脚原地跑 15 分钟。这对消耗身体热量大有帮助。

Point：每星期最低限度 3 次，注意手臂的摆动。

第二，上楼梯。有助强健及紧实小腿、大腿及股部肌肉。

Point：每星期练习爬楼梯 3～4 次，每次运动约 30 分钟，可消耗 400～500 卡热量。

第三，瑜伽。强健肌肉，增加灵活性，改善姿态及保持体态苗条。

Point：每周练习 3～4 次，会对你的身体健康有极大的好处。

第四，骑自行车或溜旱冰。主要减腿上的脂肪，对瘦腿有比较明显的作用。

Point：每星期 3～4 次，每次持续半小时以上，每一分钟可消耗 10 卡热量。

第五，跳绳。重点锻炼到大腿、小腿和腹部。

Point：每星期 3～4 次，每次持续半小时以上，非常有成效的可以锻炼全身的方法。

第六，保持充足的睡眠。熬夜会打乱你身体内部的各项平衡，甚至阻滞毒素的排泄，引起脾胃的虚弱，新陈代谢的减缓，从而导致肥胖。而保持充足的睡眠则有利于身体各项机能的正常运作，也不容易产生饥饿感，避免了消夜的诱惑。

在越来越多的食品、药物生产商把眼光盯在"想瘦心切"的女性群体时，减肥产品无论从效果还是健康的角度看都不是那么尽如人意。而

这种靠花钱买来的苗条总是让人顾虑重重。为了免除后患，也是为了长远的持续发展，女性朋友们还是应该遵循自然之道，从自身出发，寻找瘦身、省钱又高效的减肥方式。"少食多动"是个知易行难的基本准则，但的确也是科学有效的实用方法。祝福各位想瘦身的"财女"们控制了体重，也把握了人生。